HEYNE BÜCHER

Guy Claude Burger

Die Rohkost-therapie

wissenschaftlich auch als »Instinktotherapie« bekannt

Deutsche Erstausgabe

WILHELM HEYNE VERLAG
MÜNCHEN

HEYNE RATGEBER
08/9168

8. Auflage

Titel der Originalausgabe
LA GUERRE DU CRU
erschienen bei Edition Roger Faloci, Paris

Aus dem Französischen übersetzt von Brunhild Seeler

Printed in Germany 1993
Umschlaggestaltung: Atelier Ingrid Schütz, München
Satz: VerlagsSatz Kort GmbH, München
Druck und Bindung: Presse-Druck Augsburg

ISBN 3-453-02730-2

Inhaltsverzeichnis

Vorwort
von Doktor Jean Devernoix de Bonnefon

Eines Nachts – es war am Ende meiner zwanzigjährigen Laufbahn am Universitätsklinikum, wo ich als Arzt für die Ausbildung angehender Mediziner verantwortlich war – klingelt bei mir zu Hause das Telefon.

Eine nahe Verwandte bittet mich an das Krankenbett ihres Mannes; er sei in eine Klinik in Marseille eingewiesen worden, habe große Schmerzen, aber niemand wisse, was ihm fehle.

Sofort nehme ich den nächsten Schnellzug (er war so voll, daß ich die ganze Fahrt über stehen mußte) und lasse den Kranken mit dem Flugzeug nach Paris bringen. Krebs, der bereits viele Metastasen gebildet hat – ein Fall, in dem die Allopathie kaum noch etwas auszurichten vermag.

Zu dieser Zeit gelangt der Bericht eines Amerikaners gleichen Alters in meine Hände; er hatte an derselben Krankheit in einem ebenso fortgeschrittenen Stadium gelitten, sie aber wie durch ein Wunder überstanden und schreibt nun seine Heilung einfachen diätetischen Maßnahmen zu. Wie konnte so etwas möglich sein?

Der Bericht beschäftigt mich außerordentlich, denn dieser Mann ist, wie ich, Arzt an einem Krankenhaus; er ist Chefarzt der Anästhesie.

Trotz aller Vorbehalte beschließe ich, mir einige sich außerhalb der Schulmedizin bewegende Heil- und Diätverfahren einmal näher anzuschauen. Sehr schnell muß ich feststellen, daß es, sogar für einen Arzt, alles andere als einfach ist, sich über diese Heilmethoden einen Überblick zu verschaffen, und dabei erstaunt mich am meisten, daß solche Nachforschungen, wie ich sie jetzt anstelle, meines Wissens noch nie Gegenstand einer von Wissenschaftlern organisierten fundierten Untersuchung gewesen sind.

Nach einem Aufenthalt im 40 km von Toulouse entfernten makrobiologischen Institut lande ich in einem verfallenen Gehöft, auf der Spitze der Erhebung einer Gebirgslandschaft gelegen, wie sie ökologischer nicht sein kann. Ich komme abends an, verbringe die Nacht im Jeep und in Begleitung meiner zukünftigen Frau.

Ein ganz unberührtes Plätzchen, weit ab von jedem Dorf. Zwei große, zottige Hunde begrüßen uns an der Einfahrt. Die Mauern sind rissig, die Fenster ein bißchen schmutzig. Der sich uns beim Eintreten bietende Anblick ist absolut anachronistisch. In einer Bauernstube mit rauchgeschwärzten Balken und einer ebenso schwarzen Decke sitzen etwa zwanzig Personen um einen rohen Holztisch. Das Mobiliar ist spärlich: Zwei über Stühle gelegte Bretter müssen als Bänke herhalten. Von der Decke hängt eine nackte Glühbirne, und auf dem gestampften Lehmboden dieses Eßraumes, wie er rustikaler nicht sein kann, scharren Hühner. Auf dem Tisch stolzieren wie selbstverständlich einige Katzen zwischen großen Platten aus Flechtwerk umher, die förmlich überquellen von Eßwaren, sortiert nach eiweißhaltigen Nahrungsmitteln (Fleisch, Eier, Fisch, Schalentiere); Gemüse aller Art; Obst; Ölfrüchten. Und alle diese Lebensmittel sind roh und naturbelassen. Der Hausherr erscheint. Er ist groß, er ist blond, hat lange Haare und einen Bart. In welche Sekte sind wir hier nur hineingeraten?

»Wo ist der nächste Gasthof?«

»Das kommt überhaupt nicht in Frage. Wir haben schon ein Zimmer für Sie vorbereitet.« Beinahe hätten wir, in einer ersten Reaktion, die Flucht ergriffen, aber man rückt zuammen auf den Bänken, und schon sitzen wir mit am Tisch.

Seltsame Manieren haben diese Leute. Sie haben kein Besteck, und bevor sie sich ein Nahrungsmittel auswählen, riechen sie erst eingehend daran, an einem nach dem anderen (wie es übrigens Hunde und Katzen machen). Irgendwie ist das verwirrend. Jedenfalls herrscht ausgelassene Stimmung, und ein jeder ißt mit bestem Appetit. Eigentlich ist diese Tafel mit einer solchen Auswahl ganz verschiedenartiger, teils exotischer Lebensmittel ja auch ziemlich einladend. Jedenfalls dauert dieses Abendessen zwei Stunden, dann gehen wir alle schlafen.

Ein Teil der Leute nächtigt auf dem Heuboden auf Schaumstoffmatratzen. Wir haben mehr Glück: Für uns ist auf einem benachbarten Bauernhof ein eigenes Zimmer reserviert. Holzböden, Holzbalken, Holzfensterläden und ein großer normannischer Kleiderschrank. Die Toiletten sind ganz hinten in der Scheune, unter einem Schwalbennest, in dem lauter Junge hocken, die Schnäbel weit aufgesperrt, umflattert von ihren Eltern. Wir schlafen in einem großen rustikalen Bett, über dem als Fliegenfänger ein langer Klebestreifen schwebt. Das Bett ist bequem, und wir erwachen in Hochform. Das Gehöft ist von Hunderten schimpfender Graugänse umzingelt. Die Lehrgangsteilnehmer hatten sie geärgert, und nun rächen sie sich auf einem Zelt mit Blechdach. Mein Auto ist voller Hühner, die sich die Reste unseres Picknicks holen. Wir beschließen, noch den Vormittag über zu bleiben. Tatsächlich bleiben wir zehn Tage – die Dauer des heute beginnenden Lehrgangs für zukünftige Ausbilder.

Der Unterricht wird im Gras abgehalten, im Schatten einer großen Eiche, auf dem Gipfel des höchsten Hügels, von wo aus man einen phantastischen Ausblick hat. (Zur Beruhigung des Lesers sei hier gleich klargestellt, daß sich inzwischen alles geändert hat und Menschen wie Tiere nun alle ihre eigenen Plätze haben.)

Der Unterricht in dem uns in diesem Lehrgang vermittelten Wissensstoff kann nicht gründlicher sein. Zehn bis zwölf Stunden täglich. Kaum haben wir Zeit, einander in den Pausen etwas näher kennenzulernen, geschweige denn, einen Brief aufzugeben: Biochemie, Anthropologie, Diätetik, Psychologie, Biologie, Genetik, Immunologie. Guy-Claude Burger, ehemaliger Physiker, und seine Tochter, Biologie-Assistentin an der Fakultät Toulouse, halten den Kurs ab. Dieser bot mir, in geraffter Form, Gelegenheit für eine Wiederholung des ersten Teils meines Medizinstudiums.

Der Standpunkt des Autors hat mich von Anfang an interessiert. Auf ganz und gar neue und synthetische Weise verknüpft er mit äußerster Logik die verschiedenen Grunddisziplinen der Medizin. Was mich ebenfalls sofort interessierte, war die Originalität seines Werkes. Es handelte sich dabei nicht um eine rein spekulative, sondern im Gegenteil um eine progressive, pragmatische, gleichzeitig reflexiv und experimentell entwickelte Arbeit, auf die ihr Urheber fast die ganzen letzten zwanzig Jahre seines Lebens verwandt hatte – Folge einer Krebserkrankung, die zunächst mit allopathischen Methoden behandelt und dann dank des Einsatzes, den er selbst leistete, um seine Überlebenschancen zu erhöhen, auch geheilt wurde.

Krebs und Physik: Zwei ganz ungewöhnliche Ausgangspunkte, um Fragen der Medizin anzugehen, rufen einen außerhalb der Schulmedizin stehenden Denkansatz hervor, dessen Originalität es vielleicht ermöglichen wird, der medizinischen Forschung eine ganz neue Richtung zu weisen. Die Theorie der Anopsologie* rührt in der Tat an vier große Problemkreise:

1. Die Denaturierung unserer Nahrung, seit einiger Zeit sogar industriell, systematisch erfolgend; um diese Vorgänge kümmert sich die Medizin nicht genügend.

2. Das Grundproblem, daß wir genetisch, also von unserem Stoffwechsel her, gar nicht an diese denaturierte Nahrung angepaßt sind.

---

* Vergleiche Erklärung auf Seite 336

Das ist

- eine Grundsatzfrage der Medizin schlechthin,
- eine wissenschaftliche Frage, die wir uns seit Darwin hätten stellen können,
- eine in der Praxis und selbst angesichts von Krankheiten völlig vernachlässigte Frage, während wir doch seit einigen Jahren wiederentdecken, was wir schon immer wußten, daß nämlich unsere Gesundheit von dem abhängt, was wir unserem uns nährenden Körper zuführen, was wir in ihm speichern. Zwischen unseren Eßgewohnheiten und unseren Krankheiten besteht jedenfalls ein eindeutiger Zusammenhang.

3. Die Frage des Ernährungsinstinkts, der gewissermaßen als ›Gebrauchsanweisung‹ für ursprüngliche Nahrung dient. Ein Instinkt, den Lehre und Forschung unserer Universitätskliniken vollkommen vergessen haben, während doch gar kein Zweifel darüber bestehen kann, daß ein solcher Instinkt wirklich existiert und daß er mit Sicherheit effizienter ist als alle unsere Computer und alle unsere Theorien. Der Geruchssinn ist chemisch sehr präzise, sofern er unter den Bedingungen eingesetzt wird, für die er programmiert worden war. Und sei es nur, weil es ihn eben vor unserer Intelligenz schon gab und weil die heute existierenden Arten, zu denen auch wir gehören, von den Mechanismen der natürlichen Auslese eliminiert worden wären, wenn ihr Ernährungsinstinkt (der einst genetisch festgeschrieben wurde) nicht im Sinne ihrer Gesundheit, ihres Überlebens, funktioniert hätte.

4. Aus diesen drei Überlegungen ergibt sich eine vierte: die der sogenannten naturfremden Moleküle, die nicht weitervererbbar sind, die in der Natur nicht vorkommen, für die wir kein genetisches Anpassungsvermögen besitzen und die, wenn sie, selbst nur in Spuren, in unseren Organismus eindringen, Probleme aufwerfen, die sich für unsere Enzyme, für unseren Stoffwechsel, für unser Immunsystem, für unsere Gesundheit also, vielleicht als unlösbar erweisen.

Diese naturfremden Moleküle tragen dadurch, daß wir sie uns täglich dreimal zuführen, möglicherweise direkt und indirekt zu etlichen Krankheiten bei, und zwar durch Induktion unserer Immuntoleranz oder durch den Zusammenbruch unseres Immunsystems.

Alles, was ich im Laufe dieser zehn Tage höre, erschien mir derart logisch und zusammenhängend, wie es auf dem Gebiet der Diätetik so unwiderleglich noch nie zu vernehmen gewesen war.

Die Tatsache, daß diese vier grundlegenden und dennoch vernachlässigten Erkenntnisse: Denaturierung unserer Nahrung, die nicht erfolgte genetische Anpassung an eben diese Art von Nahrung, Ernährungsinstinkt und naturfremde Moleküle – in einen Zusammenhang gestellt wurden, bewirkt in der Folge aber noch mehr – nämlich eine Gesamtsicht, die der Diätetik bisher fehlte und die direkt mit Fragen der Genetik, der Immunologie und der Pathologie verknüpft ist – ein von der Medizin bisher vernachlässigter Aspekt, der heute vielleicht die Gesundheit von Millionen von Menschen betrifft.

Die von Guy-Claude Burger aufgeworfene Frage erscheint mir nicht nur legitim, sie erscheint mir nicht nur von wissenschaftlicher, nein, sie erscheint mir von grundlegender Bedeutung, und darum war ich bereit, dieses Vorwort zu schreiben.

Ich übernehme diese Aufgabe um so bereitwilliger, als die Anopsologie keineswegs in den Bereich der Heilkunde fällt. Sie wendet weder Diagnose noch Therapie an und auch keinerlei Technik oder Kunstgriffe. Es handelt sich bei ihr nicht einmal um eine Diät. Wenn überhaupt etwas verschrieben wird, so verschreibt der Kranke es sich selbst. Sein Körper verschreibt es ihm. Nicht einmal sein Verstand! Die Medizin behandelt Symptome oder Krankheiten. Die Instinktotherapie* begnügt sich damit, ganz gezielt bei der Ernährungsweise des Kranken anzu-

---

* Vergleiche Erklärung auf Seite 336

setzen und damit die Abwehrlage seines Organismus zu korrigieren. Und um dies zu tun, begnügt sie sich im übrigen damit, all das auszuschalten, was ihm schadet. In diesem Zusammenhang sei der Leser auf die folgenden drei Feststellungen verwiesen, die mir außerordentlich wichtig erscheinen:

- Unsere Gesundheit hängt, selbst wenn der Ernährung dabei die entscheidende Rolle zukommt, auch von anderen, insbesondere psychologischen und affektiven Faktoren ab.
- Die Instinktotherapie läuft nicht darauf hinaus, sich ›nach dem Instinkt‹ zu ernähren. Denn unser Instinkt hat sich in kultureller, soziologischer, wirtschaftlicher, utilitaristischer, intellektueller, wissenschaftlicher und affektiver Hinsicht, nicht zuletzt durch unsere Konditionierung im Zuge der Werbung, verändert.
- Und selbst wenn wir diesen Instinkt wiederfänden, so würde er seine Funktion nicht so erfüllen, wie es uns vielleicht beliebt. Denn alles, was man durch kulinarische Kunstgriffe verändert und zur Lebenskunst erhoben hat, wurde in eben der Absicht verändert, die Instinktbarriere in uns zu überwinden, um unseren Zungenpapillen auf Kosten unserer Gesundheit künstlich zu schmeicheln. Das ist heute wissenschaftlich belegt.

Sich der Ernährungsanopsologie zu überantworten, ist also nicht ganz ungefährlich, und es kann nicht von einem Tag auf den anderen, nicht ohne ein Umdenken, ein Neu-Lernen, improvisiert werden. Dieses Neu-Lernen unter Anleitung von Fachleuten erscheint mir also geboten; ferner muß es unter ärztlicher Kontrolle erfolgen, insbesondere bei Menschen, die auf der unbewußten Suche nach einer zu engen Ideologie oder einem zu engen Lebensmuster zu ängstlichen oder zwanghaften Reaktionen neigen. Die in jedem Falle wünschenswerte ärztliche Kontrolle wird bei organischen Krankheiten mit Organschädigungen, besonders wenn diese schwer sind, absolut unerläßlich. In all diesen Fällen ist es meiner Meinung nach ganz und gar statthaft, mit sämtlichen zur Verfügung stehenden Mitteln zu kämpfen. Und indem die Instinktotherapie die Abwehrkräfte des Körpers stärkt, steigert sie auch die unerläßliche Wirkung der gegen Symptome und Krankheiten kämpfenden Medizin.

Eine medizinische Überwachung ist um so dringender geboten, als es zur sogenannten ›Eliminierung von Toxinen‹ kommen kann, einer Reaktion, die noch nicht völlig geklärt ist (Wegfall der Immuntoleranz, wenn die Vergiftung des Organismus durch naturfremde Moleküle unterbunden ist).

Eine ärztliche Kontrolle bleibt auch für die diese Theorie betreffende wissenschaftliche Forschung unabdingbar.

Ich kann den Leser nur mit größtem Nachdruck auf die Wichtigkeit dieser letzten Punkte meiner Ausführungen hinweisen, sowohl im Interesse seiner Gesundheit wie auch aus deontologischen Erwägungen heraus.

Mit Hartnäckigkeit lehrt Guy-Claude Burger seit nunmehr zwanzig Jahren in den verschiedensten Ländern seine Theorie, ohne daß die Medizin sich jemals für diese interessiert hätte. Gewiß, diese Theorie ist, da sie sich auf den Instinkt gründet, sehr ungewöhnlich und erfordert aus eben diesem Grunde, daß man sich ihr mit etwas Abstand nähert – stellt sie doch unsere täglichen Gewohnheiten und unsere ganze Lebenskunst in Frage. Dabei fällt es selbst den Wissenschaftlern schwer, bewußt, aber auch unbewußt, Abstand von dem zu nehmen, was sie seit eh und je konditionierte: von ihren eingefahrenen Eßgewohnheiten. Es ist auch richtig, daß es Forschern, die es normalerweise ja gerade ablehnen, sich dem Instinkt hinzugeben, sondern die ganz im Gegenteil ihren Intellekt und, ein legitimer Anspruch, die Logik wissenschaftlicher Methodik zu entwickeln bemüht sind, schwerfallen muß, sich mit dem Instinkt zu befassen. Aber genauso richtig ist es, daß jede wissenschaftliche

Einstellung mit einem Infragestellen, mit einem Loslösen von erworbenen Zwängen beginnt. Eine gewisse Vorsicht und Skepsis sind dabei durchaus geboten; denn es ist immer schwierig und sogar anmaßend, unterscheiden zu wollen, ob man es nun mit einer etwas wunderlichen oder – ganz im Gegenteil dazu – mit einer avantgardistischen Theorie zu tun hat. Die Verantwortung für seine Aussagen kommt denn auch ganz allein Guy-Claude Burger zu, und dies um so mehr, als diese sich auf seine eigenen Erfahrungen stützen.

Man kann auch einer Ernährungsweise solange keinen wissenschaftlichen Wert beimessen, wie sie nicht offiziell Gegenstand einer wissenschaftlichen Untersuchung gewesen ist. Ich freue mich, unter den eingangs gemachten Vorbehalten, das Vorwort zu diesem Buch zu schreiben, denn ich bin der festen Überzeugung, damit einen für die öffentliche Gesundheit wichtigen Beitrag zu leisten. Die Instinktotherapie scheint mir in der Tat Fragen aufzuwerfen, die für unsere Gesundheit von äußerster Bedeutung sind, und nur mit Hilfe der Massenmedien (und dieses Buch über die Instinktotherapie ist dabei ein erster Schritt) wird es, wie ich hoffe, gelingen, entsprechende Forschungsarbeiten in dieser Richtung in Gang zu setzen. Und ich freue mich um so mehr, als die Instinktotherapie am Universitätsklinikum (in der Abteilung für Naturheilverfahren des Universitätsklinikums Paris XIII) gelehrt wird und Hunderte von Ärzten, die diese nach mir entdeckten, durchweg von ihr begeistert waren.

In diesem Zusammenhang möchte ich den Leser sogleich warnen vor der gegenwärtig üblichen Differenzierung zwischen Naturheilverfahren und Schulmedizin. Seien wir demütig. Die Allopathie hat ihre Fähigkeiten bereits unter Beweis gestellt. Sie muß aber ihre Grenzen erkennen lernen. Die Naturheilkunde ist erst vor wenigen Jahren wieder aufgekommen; sie ist allgemein anerkannt, befindet sich zum Teil aber noch im Forschungsstadium. Auch sie muß ihre Grenzen erkennen lernen.

Ich möchte den Leser ersuchen, selbstverantwortlich zu handeln, anstatt sich in einer eher kindischen Haltung der einen oder der anderen Theorie zu verschreiben. Man darf nicht vergessen, daß jeder einzelne ein Fall für sich ist und daß es nur eine einzige Medizin gibt, nämlich die, welche einem zu einem bestimmten Zeitpunkt am zuträglichsten ist. Wer das vergißt, läuft Gefahr, dem Sektierertum anheimzufallen – der größte Fehler in der Medizin. Auch als Naturheilkundler freue ich mich, das Vorwort zu diesem Buch zu schreiben.

Die Industrienationen investieren heute effektiv ihr ganzes Geld, ihre ganze Intelligenz in eine fast ausschließlich prothetisch ausgerichtete medizinische Forschung,

- eine materielle Prothetik (bis hin zum künstlichen Herzen)
- eine chemische Prothetik (um unsere geschwächten Funktionen zu unterstützen)
- eine psychologische Prothetik (Tranquilizer, Schlafmittel, Psychopharmaka, Analgetika, die trotz der symptomatischen Linderung zum Verlust unseres individuellen Gedächtnisses und zu einer Verminderung unseres Lebensbewußtseins führen).

Und nun auch genetische Prothetik, deren Konsequenzen für unsere Spezies noch gar nicht abzuschätzen sind.

Unsere Medizin und unsere gegenwärtige Forschung sind prothetisch ausgerichtet. Selbstverständlich leugne ich, soweit sie unerläßlich und geboten ist, keineswegs die Nützlichkeit, und ich hoffe, daß auf diesem Gebiet noch weitere Fortschritte gemacht werden. Die meisten dieser Prothesen aber hätten durch eine gesündere Lebensführung vermieden werden können, ein Aspekt, den die Medizin immer mehr vernachlässigt, eben weil die Fortschritte von Chemie und Technik solcherlei Fehler im Leben erst ermöglichen.

Mit der Unterdrückung von Symptomen (und das sind Abwehrreaktionen unseres Organismus), der Ruhigstellung von Organen und Chemotherapie für Geist und Körper – mit derlei Kunstgriffen verdrängt man heutzutage die wahre Gesundheit. Ihr mißbräuchlicher Gebrauch ist allgemein verbreitet. Und so gilt unser Bemühen, um nicht zu sagen all unser Trachten, der Heranzüchtung einer neuen Fürsorge-Gesellschaft, die mehr und mehr von der Chemie, von Artefakten, von der elektronischen Kontrolle abhängig sein wird.

Man darf keine Angst vor der Zukunft haben, und gegen den Fortschritt ankämpfen zu wollen, das wäre utopisch. Aber hier und heute heißt es nachzudenken, heißt es, eine Wahl zu treffen zwischen einer Zivilisation der Prothetik und jener, in der der Mensch seine natürlichen Eigenschaften bewahren und seine noch in den Anfängen steckende Liebesfähigkeit entwickeln kann, welche zweifellos den Sinn des Lebens ausmacht.

Michio Kushi drückte es kürzlich so aus:

»Die Geschichte der Menschheit ist eine Spirale.

- Zweiunddreißig Jahrhunderte großer Kaiserreiche,
- zwölf Jahrhunderte Christentum,
- vier Jahrhunderte Neuen Zeitalters,
- ein Jahrhundert der Industrialisierung,
- dreißig Jahre Gegenwart,
- der Lauf der Geschichte beschleunigt sich, der nächste Zyklus wird zehn Jahre betragen,
- der nächste vielleicht drei.
- Wir befinden uns am Kreuzweg der Geschichte der Menschheit!
- Wir müssen die Richtung wählen, die wir in Zukunft einschlagen wollen. Es ist eine individuelle Wahl. Und diese Wahl wird entscheidend sein.«

Es kann nicht so weitergehen, wie einige Konservative es wollen. Ebensowenig können wir zur Vergangenheit gewandt leben, wie einige ewig gestrige Utopisten es predigen. Vielmehr müssen wir Erfindungsgabe zeigen, müssen wir eine neue Dimension auftun.

Besonders in der Medizin müssen neue Denkansätze gefunden werden in bezug auf unser Konzept von Symptomen, von Krankheit und Gesundheit, denn diese, die wahre Gesundheit, wird niemals von einer Pille abhängen. Das ist ein Mythos! (Was nicht heißt, daß Pillen nicht nützlich, ja notwendig für unsere Gesundheit sind, wenn es darum geht, gewisse kritische Situationen zu überstehen.) Die Natur beherrscht man jedoch nur, wenn man sich ihren Gesetzen unterwirft. Und eine Wissenschaft, die das vergißt, handelt gewissenlos! Aus diesem Grunde habe ich mich für Naturheilverfahren interessiert. Sie sind für mich so etwas wie eine der am Kreuzweg zu wählenden Richtungen; sie sind ein Übergang zur Welt von morgen. Innerhalb eines neuen individuellen und sozialen Verständnisses und einer neuen, umweltbewußteren Lebensweise muß die Medizin sich in einen größeren, reiferen, erzieherischen Gesamtrahmen einfügen, um so zu einer wahren, eben nicht künstlichen Gesundheit zu gelangen. Ohne die Allopathie leugnen zu wollen, wo sie notwendig ist (und dann ist man sehr froh, auf sie zurückgreifen zu können), und ohne die unbestreitbare Qualität der Medizin und Forschung an unseren Universitätskliniken in Abrede zu stellen, müssen wir parallel dazu eine auf die Natur gerichtete Forschung betreiben. Die Instinktotherapie ist hier nur ein Beispiel.

Die Naturheilkunde ist bemüht, die Selbstheilungskräfte des Kranken zu mobilisieren, eine Fähigkeit, die effektiv existiert und die sehr stark sein kann.

Unter bestimmten Bedingungen äußern sich diese Kräfte, und die Rolle des Naturheilkundlers besteht gerade darin, bei seinem Patienten die Voraussetzungen zu schaffen, daß sie sich äußern können.

Diese vergessenen Selbstheilungskräfte sind übrigens Teil der Homöostase, ein Charakteristikum eines jeden Lebewesens (die Fähigkeit, trotz äußerlicher Aggressionen unversehrt zu bleiben). Der Instinkt wiederum ist Teil dieses homöostatischen Vermögens.

Ich bin Guy-Claude Burger dankbar, daß er, auf der Grundlage der Ernährung, der Erforschung des Instinkts den Weg geebnet hat – einen neuen Weg für die Medizin und für die Naturheilkunde.

Er hat es mir ermöglicht, diesem seine wissenschaftliche Basis zu geben: Gesundheit ist das Ergebnis der Anpassung unserer unveränderten (oder zumindest höchst selten mutierten) Gene an unsere psychische und physische Umgebung, die leider sehr schnell und immer mehr von unserer theoretischen Intelligenz, mit anderen Worten von kulturellen und technischen Einflüssen, verändert wird. Ich halte dieses Buch, trotz seines lockeren Tenors, für außerordentlich wichtig.

Und so möchte ich denn mit dem Wunsch schließen, daß dieses erste Buch über die Instinktotherapie den Forschungsarbeiten für unsere Zivilisation und für unsere Medizin neue Wege öffnen möge.

Dr. Jean Devernoix de Bonnefon
Früherer Klinikchef an der Medizinischen Fakultät. Präsident der nationalen Vereinigung der Naturtherapeuten

Meiner Frau Nicole
und meinen Kindern Anne-Catherine, Christian,
Sylvie, Marielle, Nathalie und Jean-Marie,
meinen treuen Begleitern während dieses
zwanzigjährigen Aufenthaltes
im Lande der Rohkost...

Zu diesem Buch

Vor einigen Jahren hörte ich von den Arbeiten Guy-Claude Burgers, eines Schweizer Forschers, der eine revolutionäre Methode entwickelt hatte: die Instinktotherapie.

Diese Instinktotherapie wurde für mich sehr schnell zu einer in Vergessenheit geratenen Gewißheit, einer Erkenntnis, die unter den entfremdenden Raffinessen unserer Welt verschüttet war. Eine Erkenntnis, die Guy-Claude Burger sichtbar gemacht hatte, indem er die Spuren unserer Vorfahren zurückverfolgte und das ursprüngliche Festmahl des verlorenen Paradieses neu entdeckte und zelebrierte. Das war einfach, und wir hatten es vergessen. Der Eßvorgang wurde wieder zu etwas Schönem und Spontanem. Mehr noch: zu etwas Persönlichem, zur Kommunion mit dem Nahrungsmittel, völlig außerhalb einer aufgezwungenen Diät.

Ich wollte Guy-Claude Burger aufsuchen, diesen Propheten eines neuen kulinarischen Evangeliums. Aber leider war er von der Schweiz nach Südamerika gegangen. Als er dann einige Jahre später nach Frankreich kam, beeilte ich mich, ihn in seinem neuen Therapiezentrum, im Château de Montramé, zu besuchen, und dort dann ist mir klargeworden, wie sehr diese Methode über eine gewöhnliche Therapie hinausgeht. Bei dieser Gelegenheit entspann sich auch mit Marie, meiner Mitarbeiterin, der hier wiedergegebene Dialog. So lade ich Sie denn ein zu diesem Fest des mit den Früchten der Erde im Einklang lebenden Menschen, der auf Grund dessen auch mit sich selbst und mit den Seinen im Einklang lebt.

R. Faloci

FRAPAR.

Der Kampf für die Rohkost hat begonnen

Also ich habe eigentlich nie einen Ernährungsinstinkt in mir verspürt. Es sei denn, mich auf Schokolade und Kekse zu stürzen. Aber fangen wir ganz von vorn an: Können Sie mir sagen, wie die Instinktotherapie entstanden ist?

In einem Kohl. In einem Rotkohl, genauer gesagt.

Im Ernst?

Absolut. Ich meine immer alles ernst. Das war während der letzten Konzerttournee, die ich gemacht habe. 1964, in den USA. Eine Reise von zwei Monaten, mit etwa vierzig Konzerten in allen großen Städten im Osten der Staaten. Damals fühlte ich mich noch zu einer Solistenkarriere berufen.

Nun, Sie wissen, daß die Amerikaner gesetzlich verpflichtet sind, alle chemischen Lebensmittelzusätze auszuweisen. Sie können sich vorstellen, wie ungeheuer appetitanregend es ist, wenn einem im Restaurant jeden Tag auf der Speisekarte die Liste der Konservierungsstoffe, Süßstoffe, Farbstoffe, Emulgatoren und Hilfssubstanzen präsentiert wird, deren kanzerogene Eigenschaften überdies genauestens bekannt sind.

Da hatten Sie Ihre Krankheit schon gehabt?

Genau. Und ich war bei diesem Thema natürlich besonders empfindlich. Und so faßte ich also den weisen Entschluß, lieber für mich selbst, im Hotelzimmer, zu kochen, als mich von zweifelhaften Zusätzen vergiften zu lassen. Ich hatte einen kleinen Kocher mitgenommen; eigentlich mehr, um mir mal einen Tee machen zu können, was sich aber in Anbetracht der Unmengen Chlor, die da aus dem Wasserhahn kamen, als unmöglich herausstellte. Damals brauchte ich noch vor jedem Konzert meine zwei bis drei Tassen Tee, um dann auch wirklich in Form zu sein. Ohne Anregungsmittel hatte ich immer irgendwie Probleme mit der Fingergelenkigkeit.

Jedenfalls hatte ich gedacht, daß ich mir auf diesem Kocher von Zeit zu Zeit wenigstens mal ein Süppchen oder hin und wieder ein paar Nudeln kochen könnte, um mein Picknick etwas aufzubessern. Aber als ich nun den Stecker in die Steckdose stecken wollte, habe ich, weil er nicht der amerikanischen Norm entsprach, einen fürchterlichen Schlag bekommen. Und vor lauter Verzweiflung beschloß ich, alles roh zu essen...

Und Sie hatten keine Angst, das nicht durchhalten zu können, so ganz ohne etwas Warmes im Magen? Schließlich erfordert das Cellospiel doch viel Konzentration und Ausdauer.

Eigentlich hatte ich schon festgestellt, daß ich jedes Mal, wenn ich vor dem Konzert eine gut zubereitete Mahlzeit zu mir nahm, nicht so in Form war, während ich, wenn ich nur ein Stück Obst aß, Spitzenleistungen brachte. Dafür habe ich mich dann nach dem Konzert schadlos gehalten... Ich war immer ein großer Gourmand!

Jedenfalls entdeckte ich dann ein Reformhaus, wo ich jede Menge Obst fand und Wabenhonig, Avocados, etwas Gemüse, Tomaten und eben diesen berühmten Rotkohl. Ich stopfte das alles in meinen Koffer, neben den Frack, das weiße Hemd und die Lackschuhe...

Ich sehe das förmlich vor mir.

Und so kam es dazu, daß ich mich eine ganze Zeit von roher Kost ernährte, lange genug, um eine seltsame Beobachtung zu machen: Als ich zum ersten Mal ein Blatt von meinem Rotkohl probierte, fand ich ihn einfach köstlich, und zwar dermaßen, daß ich dachte: »Wieso macht man den bloß mit Essig, Öl und Salz an, so ohne alles ist er doch viel besser!« Nur, als ich am nächsten Morgen dann ein weiteres Blatt desselben Kohls probierte, da brannte er mir regelrecht auf der Zunge und hatte einen absolut unangenehmen Geschmack. Das nächste Blatt erschien mir noch schlimmer. Meine erste Erklärung war, daß der Kohl die Reise nicht recht vertragen hatte und deswegen ganz plötzlich alt schmeckte. Ein paar Tage später wagte ich mich noch einmal an ihn heran, eigentlich nur, um zu sehen, ob es jetzt noch schlimmer geworden war. Aber zu meiner Überraschung schmeckte er mir so gut wie am ersten Tag, und diesmal konnte ich ja nun schließlich nicht annehmen, er sei frischer geworden... Man mußte also wohl davon ausgehen, daß sich etwas verändert hatte – aber in mir, nicht in dem Kohl!

Handelte es sich dabei um einen von meinem Organismus vorgesehenen Mechanismus, der mich dazu bringen sollte, ein Nahrungsmittel zu mir zu nehmen, nach dem der Körper verlangte, es aber abzulehnen, wenn es überflüssig war? Eine Art Ernährungsinstinkt, gewissermaßen? Ich schrieb das sofort meiner Frau. Aber irgendwie erschien mir diese Vorstellung dann etwas gewagt, und ich vergaß die ganze Angelegenheit, als ich wieder in Europa war.

Und dabei ist es genau das, was Sie nun, zwanzig Jahre später, lehren... Aber im Ernst, kann Instinkt uns heutzutage, in unseren zivilisierten Gesellschaften, überhaupt noch etwas nutzen?

Im Begriff vom Instinkt steckt etwas Doppeldeutiges. Man spricht vom Instinkt der Tiere gerade so, als hätten sie die

Weisheit gepachtet und wüßten infolgedessen genau, welche Nahrung ihnen zuträglich ist, welche sie vergiften könnte und daß sie, wenn sie krank sind, überhaupt nichts fressen dürfen. In Wirklichkeit weiß man doch gar nicht, was in ihnen vorgeht. Vom Menschen glaubt man, daß er jeden Instinkt verloren habe und nur noch dank seiner Intelligenz überleben könne. Das ist falsch. Der Instinkt ist durchaus bereit, seine Funktion zu erfüllen. Sogar der Ernährungsinstinkt. Dazu braucht man dem Organismus nur wieder die Bedingungen zu verschaffen, unter denen sich dieser Instinkt einst herausgebildet hatte, genetisch programmiert wurde, wie man das heute nennen würde.

Welches sind, Ihrer Meinung nach, diese Bedingungen?

Der Ernährungsinstinkt äußert sich darin, daß man Geruch, Geschmack, Schmackhaftigkeit und selbst die Konsistenz der Nahrung ganz unterschiedlich empfindet. Nehmen Sie als Beispiel die Katze. Wenn man sieht, wie unsere lieben Miezen sich auf das Katzenkraut stürzen, dann hat man den Eindruck, sie hätten so etwas wie ein Vorherwissen, als wüßten sie in einer Art Intuition, die uns nicht recht in den Kopf will, was gut ist gegen ihre Verstopfung oder was ihnen helfen könnte, ihre Haarknäuel wieder auszuwürgen. Nun können wir die Katze natürlich nicht fragen, was sie empfindet. Um zu verstehen, was in ihr vorgeht, müßte man es schon selbst erlebt haben. In dem Moment, wo die Katze das Bedürfnis hat, sich einer ›Abführkur‹ zu unterziehen, ändert sich nämlich in Wirklichkeit für sie der Geruch der Kräuter, der, neben all den anderen Gerüchen in der Luft, für sie dominierend wird und sie somit schnurstracks zum Ziel hinführt.

Im Gehirn der Katze gibt es Instinktzentren, die dafür sorgen, daß der Geruch der Nahrung, die die Katze im Moment nicht braucht, unterdrückt wird, während der ihr nützliche gerade besonders hervortritt. In ihrem Geruchsuniversum (bei den Katzen spielt der Geruchssinn eine wichtigere Rolle als das Sehvermögen) nimmt die Katze dann nur noch das Kraut wahr, das sie braucht. Sie findet es auf Grund ihrer Fähigkeit des Formerkennens, der Stereognostik, die ihre beiden Nasenöffnungen ihr verleihen, sogar auf Anhieb. Dann probiert sie es, und wenn der Geschmack ihr angenehm erscheint, schluckt sie das Kraut herunter. Die Katze kann eben nicht sagen: »Ich habe schon seit zwei Tagen eine Verstopfung, ich muß mal ein Abführmittel nehmen.« Das Kraut muß ihr schon gut schmecken, sonst würde sie es nämlich nicht fressen.

Und dann, mit einem Mal, hört sie auf. Weil sie in einem ernährungswissenschaftlichen Nachschlagewerk gelesen hat, daß zuviel Pantothensäure oder zuviel Chlorophyll nicht gut sind? Natürlich nicht, sondern ganz einfach, weil das Kraut plötzlich einen unangenehmen Geschmack bekommen hat. Beobachten Sie Ihre Katze einmal daraufhin. Sie werden sehen, daß ihr Verhalten sich genau so erklären läßt.

Der Ernährungsinstinkt äußert sich in einer sich ändernden Geruchs- und Geschmackswahrnehmung. Aus diesem Grunde ist die Ernährung der Tiere in der freien Natur auch immer in einem Höchstmaß ausgewogen gewesen, und zwar sowohl mengenmäßig als auch qualitativ. Auch bei uns Menschen funktioniert dieses System noch, *allerdings nur mit Nahrungsmitteln, wie sie seit eh und je in der Natur vorkamen.*

Und mit Schokolade oder Kuchen funktioniert das nicht? Und auch mit keinem gekochten Gericht?

Man glaubt immer, daß wir unseren Instinkt verloren haben, dabei schalten wir ihn mit all unseren kulinarischen Raffinessen einfach aus. Mit Kochrezepten verstekken wir die Nahrung unter einer äußeren Hülle, und die täuscht unsere Geschmacksfunktionen...

Das hieße, daß das Kochen nur dazu da wäre, unsere Sinnesorgane durcheinanderzubringen? Immerhin hat das Feuer in vorgeschichtlicher Zeit der Menschheit doch alle möglichen Hungerszeiten zu überstehen erlaubt...

Das bezweifle ich, wenn Sie gestatten. Schließlich hat man das nie an Ort und Stelle nachprüfen können. Und die Tatsache, daß man mit Hilfe des Kochens Hungersnöte überstand, bedeutet ja auch nicht, daß es für unsere Gesundheit nicht schädlich war.

Und Sie haben gar keine Sehnsucht nach einem Steak mit Morcheln... oder einem guten Käse... nach einem Chambertin? Ist das alles nicht Teil unserer Kultur?*

Aber wenn man nicht gesund ist – was nutzt dann die ganze Kultur?

Sie glauben, daß es einen Einfluß auf unsere Gesundheit hat, wenn wir unseren Instinkt täuschen, wie Sie sagen?

Einen weit größeren, als es zunächst den Anschein haben mag. Das fängt schon damit an, daß es unser ganzes Verdauungssystem, so wie es ursprünglich gedacht war, gefährdet. Wenn man ein Steak mit Morcheln ißt, oder irgendein anderes, lecker zubereitetes Gericht, einen mexikanischen Salat etwa oder ein Orangeneis, dann verändert sich der Geschmack beim Essen überhaupt nicht, und gerade diese Geschmacksveränderung zeigt ja an, wann die nötige Dosis erreicht ist. Man weiß also nicht, daß der Bedarf gedeckt ist oder daß man gar Gefahr läuft, sein Verdauungspotential zu überschreiten. Man weiß nicht einmal, ob der Bedarf überhaupt besteht. Und hinterher beklagt man sich dann darüber, daß die Dickleibigkeit so verheerende Schäden anrichtet.

---

* berühmter französischer Rotwein aus Burgund

Es fällt mir ein bißchen schwer zu glauben, daß ein Geschmack sich so verändern kann, daß er einen effektiv davon abhält, diese Frucht dann zu essen.

Der Geschmacksunterschied zwischen dem Augenblick, in dem man eine Orange, beispielsweise, braucht, und dem, wenn man sie nicht mehr braucht, ist enorm, sofern der Körper nicht durch Störungen kulinarischer Art schon zu sehr geschädigt ist. Im ersten Fall wird man ihr Aroma köstlich finden, eine wahre Geschmacksexplosion, im zweiten Fall stört man sich an ihrer Säure, die so stark sein kann, daß es einem absolut unmöglich ist, sie 'runterzuschlucken. Bei einem Orangeneis dagegen tritt eine solche Geschmacksveränderung überhaupt nicht ein, dieses Eis wird einem immer gleich köstlich vorkommen. Die Frucht ist zerquetscht worden, um ihr den Saft zu entziehen, und die damit ausgelöste chemische Reaktion bewirkt, zusammen mit dem Zucker und der Sahne, eine Zerstörung jener Aromasubstanzen, die unseren Geschmackspapillen normalerweise erlauben, den Moment auszumachen, in dem eine instinktive Sperre uns am Weiteressen hindert.

Wenn man Sie so hört, hat man den Eindruck, daß Sie Restaurants nicht gerade in Ihr Herz geschlossen haben.

Sagen wir, daß ich sie nicht in meinen Magen geschlossen habe. Den Restaurateuren kann man überhaupt keinen Vorwurf machen. Was man aufs Korn nehmen muß, ist das Phänomen ›Kochen‹. Seit Jahrtausenden denkt man an Tafelfreuden, jagt man geschmacklichen Genüssen nach, ohne sich um die Konsequenzen zu kümmern. Ich glaube leider, daß die Eßlust auf Kosten der Gesundheit geht. Und das erscheint mir ein bißchen teuer.

Weiß man, wann das Kochen in der Geschichte der Menschheit aufgekommen ist?

Ich glaube, daß sich diese Praxis mit Beginn der Seßhaftigkeit eingebürgert hat, also ungefähr 10000 Jahre vor unserer Zeitrechnung. Von da an begann man Getreide anzubauen, kam die Töpferei auf, entstanden Backöfen, fertigte man Metallbehältnisse; mit der Haustierhaltung von Ziege und Kuh wurde vor etwa 7000 bis 8000 Jahren der Verzehr tierischer Milch und verschiedener Milchprodukte möglich.

Trotzdem: wenn man die wildesten und mit der Zivilisation am wenigsten in Berührung gekommenen Völker unseres Planeten betrachtet, so stellt man fest, daß sie alle ihre Nahrung zumindest zum Teil kochen. Manch einer behauptet gar, daß jede Kultur mit dem Kochen überhaupt erst beginne. Stehen Sie folglich nicht zu der der menschlichen Natur eigentlich angemessenen Lebensweise im Gegensatz, wenn Sie eine solche Rückkehr zu roher Nahrung propagieren?

Das ist eine Frage, mit der ich mich sehr lange auseinandergesetzt habe. Alle Tiere fressen ihr Futter roh. Warum muß der Mensch sein Essen aufbereiten? Wie will man wissen, ob es sich dabei nicht um einen grundlegenden Irrtum handelt, der Ursache vieler gesundheitlicher Störungen ist, oder, ganz im Gegenteil, ob dies wirklich ein unerläßlicher Bestandteil menschlicher Lebensbedingungen überhaupt ist? Die Wissenschaft hätte sich dieses Problems schon vor langer Zeit annehmen müssen, schließlich hängt die Gesundheit der gesamten Menschheit davon ab und, nicht zu vergessen, auch die unserer Haustiere. Es erscheint mir dringend geboten, festzustellen, welches die wirklichen Folgen des Kochprozesses und unserer Nahrungsgewohnheiten sind, und, wenn uns die Konsequenzen negativ erscheinen, verstehen zu lernen, welche Mechanismen uns dahin geführt haben.

Es reicht nicht, einfach zu sagen: »Wir handeln nun schon seit Jahrhunderten so, und der Organismus wird sich schon angepaßt haben«, wie es generell geschieht. Um auf diesem Gebiet voranzukommen, muß man wirklich in der Lage sein, alles objektiv in Frage zu stellen, selbst wenn es sich um überlieferte altehrwürdige Traditionen handelt.

Als ich mit meinen Untersuchungen begann, wußte man nichts über die Auswirkungen des Garprozesses; man behauptete nur treuherzig, er übernehme quasi die Funktion einer Vorverdauung.

Aber hat er denn nicht dem Menschen erlaubt, einen Teil seiner auf die Verdauung gerichteten Energie einzusparen und diese statt dessen für seine intellektuelle Entwicklung einzusetzen?

Einige Prähistoriker haben es effektiv gewagt, derartiges zu behaupten. Glauben Sie, daß die Schimpansen die Mathematik deswegen nicht entdeckt haben, weil sie Schwierigkeiten mit der Verdauung von Früchten hätten, die seit Millionen von Jahren ihre tägliche Kost ausmachen?

Aber es kann doch kein Zufall sein, daß am Anbeginn menschlicher Zivilisation das Feuer steht?

Sind Sie sicher, daß die Geschichte nicht genau da einsetzt, wo die Dinge nicht mehr ihren normalen Lauf nehmen...

Aber wie erklären Sie sich den Aufschwung der Kultur; da gab es doch phantastische Leistungen!

Das stimmt: das Fernsehen, die Fahrt zum Mond, die Pershings... Wir sind dem Orang-Utan eindeutig um einiges voraus.

Ich weiß, ehrlich gesagt, wirklich nicht, ob die Art von Zivilisation, deren glückliche Erben wir sind, nun auf der

Soll- oder auf der Habenseite der Evolutionsgesetze zu verbuchen ist.

Sie können aber nicht leugnen, daß die Intelligenz sich in einem zuvor nie gekannten Ausmaß entwickelt hat!

Dann ist es immerhin seltsam, daß wir eben diese Intelligenz nicht im Einvernehmen mit der Natur einsetzen! Aber wenn Sie wirklich finden, daß es in dieser besten aller möglichen Welten zum Besten steht, wie Candide sagte...

Es stimmt, daß viele Dinge nicht so laufen, wie sie sollten. Schon Voltaire bemängelte das. Und das geht nun schon seit Jahrhunderten so. Aber es wäre doch bestimmt noch schlimmer, wenn wir wie die Tiere äßen!

Da erinnern Sie mich an eine Bemerkung, die ich am Anfang mehr als einmal anhören mußte: »Mit einer Nahrung von Wilden werden Ihre Kinder niemals eine Intelligenz von Zivilisierten entwickeln können!« Die Praxis hat aber das Gegenteil gezeigt! Alle meine Kinder sind Klassenbeste, ohne daß wir sie in irgendeiner Weise angetrieben hätten. Das Gehirn leistet mit roher Nahrung weit bessere Arbeit, wie übrigens auch der restliche Organismus.

Immerhin werden durch den Kochprozeß Nahrungsmittel genießbar, die man roh nicht essen könnte.

Gandhi schreibt in seiner Autobiographie genau dasselbe. Und dann stellt er eine Frage, die mir sehr angebracht scheint: »Vielleicht sollte man Nahrungsmittel, die ungekocht nicht eßbar wären, gar nicht essen?« Mit dem, was wir heute über die biochemischen Auswirkungen von Hitzeeinwirkung wissen, darf es da gar kein Zögern mehr geben. Aber die Ergebnisse wissenschaftlicher Forschung brauchen sehr lange, bis sie auch einer breiten Öffentlichkeit bekannt sind.

Welche Forschungsergebnisse meinen Sie jetzt?

Schon 1916 hat ein Aromachemiker namens Maillard vorgehabt, die Substanzen zu isolieren, die den gegarten Lebensmitteln ihre typischen Geschmackscharakteristika verleihen, wie der Geschmack von Brot, Schokolade, Kaffee. Er plante zweifellos, sie, wenn er sie erst identifiziert hätte, zu geringen Kosten herzustellen und sie den Produkten der Lebensmittelchemie beizugeben, um den Reiz, den diese auf den Gaumen der Verbraucher ausüben, noch zu steigern...

Waren dies die Anfänge der synthetischen Nahrungsmittel?

Bevor man überhaupt darangehen konnte, sie zu synthetisieren, mußte man zunächst einmal die genaue Struktur ihrer Moleküle bestimmen. Dabei stellte sich nun aber heraus, daß diese von sehr komplexen und sehr zufallsbedingten chemischen Reaktionen zwischen Zucker und Proteinen herrührten und daß sie mit einer erstaunlichen Leichtigkeit bei jedem erhitzten Nahrungsmittel auftraten, selbst wenn dieses Erhitzen nur bei schwacher Temperatur erfolgt war.

Maillard wollte sich der Unschädlichkeit dieser verführerischen kulinarischen Substanzen, die seither seinen Namen tragen, vergewissern und verabreichte sie einigen Ratten. Aber ach! Da gab's dann ein paar Probleme: hypertrophische Nieren und nekrotische Lebern. Die armen Tiere gingen jämmerlich zugrunde. Aber man vergaß diese lästigen Zeugen. Sie waren zu gefährlich für eine Lebensmittelindustrie, die noch glaubte, sich alles erlauben zu können! So mußte man bis nach dem Zweiten Weltkrieg warten, bis einige Biochemiker sich erneut dieses Problems anzunehmen geruhten. Diese Untersuchungen blieben lange Zeit ohne nennenswerte Fortschritte, bis unsere Wissenschaftler 1982 (also achtzehn Jahre nach Beginn meiner eigenen Arbeiten) zum ersten Male die geschätzte Anzahl der unter der Wirkung des Garprozesses entstandenen anormalen Substanzen bekanntgaben.

Warum sagen Sie ›anormale Substanzen‹? Es gibt doch gewiß auch in rohen Nahrungsmitteln eine ganze Reihe komplexer Substanzen?

Die mit dem Garvorgang entstehenden Substanzen gibt es in keinem naturbelassenen Nahrungsmittel; sie sind vor Beginn des kulinarischen Zeitalters in der menschlichen Nahrung niemals aufgetaucht.

Mit unseren Kochrezepten schaffen wir also neue Substanzen?

Selbstverständlich, und genau das weiß die breite Masse nicht. Mit dem bloßen Auge kann man ja auch nicht erkennen, was sich da in molekularer Hinsicht in unserem Kochtopf abspielt.

Wenn ein Chemiker zwei Substanzen in einem Reagenzglas zusammenfügt und diese Mischung dann über einem Bunsenbrenner erhitzt, dann brodelt das oder flockt aus oder explodiert, je nach Fall. Weil nämlich eine neue Materie die beiden vorhergehenden ersetzt hat. Unter der Einwirkung der Hitze sind die Moleküle der beiden gegenübergestellten Substanzen zusammengeprallt und haben sich unter der Schockwirkung dann plötzlich paarweise wieder aneinanderklammern und so zu Molekülen einer neuen Substanz werden können. Und genau das geschieht beim Garen unserer Nahrungsmittel, nur mit dem Unterschied, daß es sich hier nicht um zwei, sondern um eine unermeßliche Anzahl von Molekülen handelt, die sich da gegenüberstehen.

Und mit welchem Ergebnis? Sie sprachen vorhin von Zahlen...

Allein bei der Grillkartoffel hat man schon 450 Derivate jeder Art zählen können. Sogar einen hübschen Namen hat man dafür gefunden: neue chemische Arten oder NCA.

Weiß man, was aus ihnen im Organismus wird?

Bis jetzt hat man gut fünfzig untersuchen können, die sich als entweder peroxydierend oder antioxydierend, als toxisch oder sogar als mutagen erwiesen haben, was bedeutet, daß sie ganz massiv sogar den Zellkern angreifen und Krebs verursachen können...

Könnte es nicht sein, daß gerade die Kartoffel besonders geeignet ist, schädliche Substanzen hervorzubringen?

Da muß ich Sie enttäuschen. Denn was man mit einer Grillkartoffel aufzeigen konnte, einer immerhin relativ einfachen Zubereitungsart, wird bei komplizierteren Gerichten immer schlimmer. Nehmen wir als Beispiel ein Kartoffelgratin. Mit dem Erhitzen schafft man ein ganz außergewöhnliches Spektrum chemischer Reaktionen. 450 Substanzen allein in der Kartoffel und noch weit mehr im Käse, der in biochemischer Hinsicht außerordentlich komplex ist. Die Wirkung dieser unerwünschten Moleküle verdoppelt sich nicht nur, vielmehr können diese Moleküle wiederum alle nur erdenklichen Verbindungen untereinander eingehen. Und so können sich bei einem Gericht, für dessen Zubereitung immerhin nur zwei Nahrungsmittel benötigt werden, Zehntausende von anormalen Substanzen bilden. Sie können sich leicht vorstellen, was bei kulinarischen Erzeugnissen geschieht, für die man eine ganze Reihe von Zutaten verschiedenster Herkunft braucht...

Das ist ja schrecklich beängstigend, was Sie da sagen. Ich werde nicht mehr wagen, noch irgend etwas in meinen Töpfen zu kochen. Und mein Mikrowellenherd? Sagen Sie mir wenigstens, daß mein Mikrowellenherd...

Leider! Der löst das Problem auch nicht. Er arbeitet zwar mit niedrigeren Temperaturen, aber toxische Produkte treten nicht zwangsläufig bei den höchsten Temperaturen auf. Wenn Sie die bösen Konsequenzen dieser kulinarischen Substanzen umgehen wollen, müssen Sie nur Ihren normalen Herd so stark einstellen, daß garantiert alles verbrennt, also verkohlt. Denn reine Kohle ist mit Sicherheit nicht toxisch!

Wie kommt es, daß diese Dinge in der Öffentlichkeit nicht bekannt sind?

Ich glaube nicht einmal, daß sich die Wissenschaftler mit diesem Problem derzeit ernsthaft befassen. Das ist auch immer eine Frage von Subventionen, und niemand hat Interesse daran, diese Art von Arbeiten zu finanzieren, weder die Lebensmittelindustrie noch die chemische Industrie, und vielleicht nicht einmal die Medizin.

Natürlich, denn das stellt ja alles in Frage.

In China wurden die Ärzte bezahlt, wenn ihre Patienten gesund blieben, nicht aber, wenn sie krank wurden. Wäre das heute der Fall, bekäme man, glaube ich, leichter Subventionen.

Ich verstehe nicht, daß seit Maillard fast ein Dreivierteljahrhundert vergangen ist und man noch immer nicht weitergekommen ist.

Man glaubte lange, die Erde sei der Mittelpunkt des Universums, wie man heute glaubt, der Kochtopf sei der Mittelpunkt des Lebensinhalts. Zwischen Kopernikus und Galilei lag fast ein Jahrhundert, und der letzte mußte seiner Lehre noch abschwören, wenn er nicht auf den Scheiterhaufen kommen wollte. Das Problem des Essens ist schlimmer als astronomische Überzeugungen, die die Gemüter durchdringen. Es ist eine gastronomische Konditionierung, die unseren Verdauungskanal von der einen Seite zur anderen durchzieht.

Einige Fortschritte hat man aber doch gemacht. Ist der Fall der Grillkartoffel nicht zumindest in einer wissenschaftlichen Zeitschrift veröffentlicht worden?

Selbstverständlich. In den ›Cahiers de nutrition et de diététique‹, einer ausgezeichneten Zeitschrift, die auf Anregung von Professor Trémolières, dem vor einigen Jahren verstorbenen Nestor der Ernährungswissenschaft in Frankreich, ins Leben gerufen wurde. Aber man nennt die Dinge nur widerstrebend beim Namen. Aus Angst zu schockieren. Dieser Artikel war überschrieben: »Nahrungsmittelpyrolyse und Toxizitätsrisiken«.

Sagten Sie Pyrolyse? Das Wort habe ich noch nie gehört.

Das ist ein kleiner typisch wissenschaftlicher Euphemismus, um das Wort ›Garen‹ weniger deutlich auszudrükken. Unsere Wissenschaftler fühlen sich vermutlich etwas geniert, ein solch entscheidendes Problem nicht schon früher angegangen zu sein, sie, von denen man doch annimmt, daß sie die Verantwortung tragen für die Gesundheit der Welt.

Aber nolens volens müssen unsere lieben Wissenschaftler es wohl zur Kenntnis nehmen: Mag das Garen auch bis ins Altertum zurückreichen, mag es auch die mutmaßliche Basis unserer Zivilisation sein – das heißt trotzdem noch nicht, daß es für unseren Organismus nicht eine Katastrophe ist.

Nun ja, aber man stirbt ja nicht gleich, nur weil man eine Tüte Pommes frites gegessen hat.

Das ist ja gerade das Schlimme! Wenn sie in einem Tag töteten, hätten die Weltmeister im Frites-Verzehr, die Belgier, ihre Schädlichkeit schon längst erkannt! Aber da sie leider in achtzig Jahren töten, indem sie nämlich Ihre Arterien unterminieren, und das mit der schleichenden Langsamkeit der Arteriosklerose – wie wollen Sie da zwischen Ursache und Wirkung noch einen Zusammenhang herstellen?

Wenn dann der letzte Schlaganfall erfolgt, werden Sie alle Umstände des Augenblicks beschuldigen: einen Schock, Überarbeitung, das hohe Alter... Niemals aber die Pommes frites, die Sie ungestraft seit drei Generationen jeden Sonntag essen!

Es ist nicht ganz einfach, einzusehen, daß sich in den guten alten Kochkünsten unserer Großmütter soviel Unheil verbergen soll...

Unsere Großmütter taten ihr Bestes. Sie haben ihr Leben lang mit Liebe gekocht und sich zum Sklaven des Kartoffelschälens und des Geschirrtuchs gemacht. Das war nicht ihre Schuld. Wie hätten sie erraten sollen, was unsere Wissenschaftler selbst nur gerade eben zu ahnen beginnen.

Gibt es derzeit weitere Anklagepunkte gegen das Kochen?

Es regt sich in allen Ecken. So hat beispielsweise ein Kanzerologe namens Ames in den Vereinigten Staaten eine Methode entwickelt, mit der sich kanzerogene Wirkungen von Nährstoffen messen lassen.

Damit hat man ermitteln können, daß man mit normaler Kochkost pro Tag eine Menge kanzerogener Substanzen zu sich nimmt, die zwei Päckchen Zigaretten entsprechen. Wird diese selbe Nahrung gegrillt, und das erscheint einem ja doch ›diät‹-bewußter, so kommt man auf eine bis zu zehn Päckchen entsprechende Menge!

Auszug aus:
›Cahiers de nutrition et de diététique‹.
Gründer: Jean Trémolières.
›Lebensmittelpyrolyse und Toxizitätsrisiken‹
R. Derache, März 1982, S. 39

»Bereits 1916 wies Maillard nach, daß die bei der Pyrolyse auftretenden braunen Pigmente und Polymere nach der Initialreaktion einer Aminogruppe mit einer Carbonylgruppe der Zucker entstehen.

Diese a priori einfache Reaktion ist in Wirklichkeit sehr komplex; sie führt, mittels einer ganzen Reihe von Zwischenprodukten, zur Bildung von braunen Pigmenten, Melanoidine genannt.

Die Zahl der schließlich entstandenen Derivate ist außerordentlich beeindruckend: flüchtige Alkohole, Ketone, Aldehyde, Ester, Äther, nicht flüchtige Heteroside. Insgesamt enthält man eine Mischung von Derivaten, von denen die meisten unterschiedliche chemische und biologische Eigenschaften aufweisen: aromatische, peroxydierende, antioxydierende, toxische, vielleicht mutagene und kanzerogene oder sogar antimutagene und antikanzerogene Stoffe. Zur Information: Bis heute hat man bei der Grillkartoffel mehr als 50 Derivate identifiziert, von denen die meisten aus Pyrosinen und Thiazol hervorgegangen sind. Man weiß jedoch, daß noch 400 weitere Derivate zu identifizieren bleiben.«

Anmerkung: Die, von denen man noch überhaupt nichts weiß, nicht mitgerechnet...

Dann lohnt es sich ja nicht einmal mehr, das Rauchen aufzugeben!

O.k. Lieber soll man aufhören, Gegartes zu essen... Übrigens ist die Instinktotherapie das beste Mittel, um sich das Rauchen abzugewöhnen.

Wirklich?

Raucher, die mit der Instinktotherapie beginnen, hören spontan das Rauchen auf. Im allgemeinen genügen schon einige Tage, damit sie keine Lust mehr darauf verspüren. Mit dieser Ernährungsweise gelangt man nämlich in einen derartigen Zustand des Wohlbefindens, fast möchte ich sagen der Euphorie, daß es überhaupt keinen Anlaß mehr gibt, Zuflucht bei irgendwelchen Drogen zu suchen.

Aber ist nicht die Gefahr sehr groß, sich Parasiten einzuhandeln, wenn man alles roh ißt? Ich denke dabei besonders an Fleisch.

Auch hier zeigt die Erfahrung genau das Gegenteil dieser Volksmeinung (um nicht zu sagen der Meinung der Ärzteschaft). Mit einer instinktbestimmten, ausgewogenen rohen Nahrung wird man im Gegenteil seine Parasiten los, selbst in Fällen, wo klassische Medikamente versagen. Die rohen Lebensmittel mögen ruhig Eier von Parasiten enthalten – was zählt, ist der Faktor, der dazu führt, daß der Parasit sich festsetzen kann.

Aber das Kochen bietet doch einen gewissen Schutz, weil dadurch Krankheitskeime abgetötet werden.

Dann müßte man wirklich alles kochen. Adieu, Steak saignant! Adieu, Remouladensaucen und Salate! Dann müßte man das Fleisch so braun wie eine Schuhsohle braten – was kanzerogen ist!

Es ist unmöglich, sich zu 100% von Kochkost zu ernähren. Die Sache mit dem Skorbut kennen Sie. Der würde früher oder später zum Tode führen. Mit Kochen würde man eine ganze Reihe von Vitaminen, von lebensnotwendigen Nährstoffen zerstören. Eine vernünftige Ernährung muß daher ein Minimum an Rohkost enthalten, die aber immer auch Eier von Parasiten enthalten kann. Man muß sich vielmehr fragen, warum diese Eier sich mal ausentwickeln und mal ohne Nachkommenschaft bleiben. Wir haben die Beobachtung gemacht, daß sich mit der Instinktotherapie niemals Parasiten festsetzen. Im Gegenteil. Selbst hartnäckige parasitäre Krankheiten heilen manchmal in wenigen Tagen aus.

So stieß beispielsweise ein junger Mann zu uns, der seit acht Monaten unter Madenwürmern litt und sie einfach nicht los wurde, selbst mit den stärksten Wurmmitteln nicht. Innerhalb von drei Tagen waren sie alle mit dem Stuhl abgegangen, ein wimmelnder Haufen kleiner Würmer, die durch die Zufuhr roher Nahrung im Darm-Lumen regelrecht herausgejagt worden zu sein schienen.

Seit dieser Geschichte hat er nie mehr auch nur einen einzigen Madenwurm gehabt. Und das gleiche haben wir bei Spulwürmern, Bandwürmern, bei Amöben und in Fällen von Toxoplasmose beobachtet.

Aber es gibt Menschen, die sterben an einer Amöbiasis. Wenn das alles so einfach wäre...

Ich weiß. Das ist wirklich etwas, um Mediziner zum Erschauern zu bringen: Es *ist* so einfach! Aber es ist natürlich noch einfacher, Pillen zu verschreiben.

Wie erklären Sie sich diese Wirksamkeit der Instinktotherapie?

Wirksam ist vielmehr die Kochkost: Indem sie unserem Organismus Myriaden von anormalen Molekülen zuführt, verändert sie die biochemischen Gegebenheiten des Darminhalts und gefährdet überdies die korrekte Funktion unseres Immunsystems. Auf diese Weise können sich die Parasitenkeime in einem chemisch günstigen Milieu entwickeln: Das unwirksam gemachte natürliche Abwehrsystem ist weder in der Lage, sie zu zerstören noch ihre Entwicklung zu blockieren – und schon kommt es zu einer starken Vermehrung dieser Keime.

Im Falle einer Infektion haben wir genau das gleiche Phänomen. Ich habe in den zwanzig Jahren, in denen ich nun schon alles roh esse, nie mehr ein Desinfektionsmittel oder ein Antibiotikum gebraucht, wenn ich mich verletzt habe. Jede Infektion bleibt unter der Kontrolle des Organismus, und es ist praktisch niemals notwendig, von außen her einzugreifen.

Da erstaunen Sie mich, denn schließlich ist es doch normal, daß eine Mikrobe, wenn sie durch eine Verletzung erst einmal in den Organismus eindringen konnte, sich in ihm festsetzt und vermehrt.

Das ist eine etwas zu vereinfachende Sicht der Dinge: Zwischen der Mikrobe und dem Organismus besteht ein Gleichgewicht. In uns wurde eigens ein ganzes Abwehrsystem geschaffen, um auf der Hut zu sein. Der Keim kann sich nur dann vermehren, wenn dieses Kräftegleichgewicht zerstört wird, wenn das immunologische Potential unzureichend ist. Eine an Nährstoffen reiche und wohlabgewogene Kost läßt die Waagschale natürlich zur guten Seite hin ausschlagen.

Ich habe Sie an anderer Stelle sagen hören, daß Mikroben nützlich sind?

Richtig, das Problem ist noch viel komplizierter. Aber bleiben wir noch einen Moment bei dem klassischen Schema: Wirt – Eindringling.

Für Sie ist es also nicht normal, daß es nach einer Übertragung auch zur Infektion kommt?

Was versteht man unter ›normal‹? Wenn alle Menschen, die Sie beobachten, aufgrund der gleichen falschen Ernährung Störungen aufweisen, so werden Sie den doch offenbar anormalen Zustand, in dem sie sich befinden, normal nennen.

Die ganze Medizin ist ein Opfer dessen geworden, was man in der Physik einen systematischen Fehler nennt. Selbst der gesunde Menschenverstand. Wenn Sie sich erkälten, wird man ganz automatisch zu Ihnen sagen: »Sie haben sich verkühlt.« Aber hat man vielleicht schon mal eine Gemse gesehen, die sich zu Beginn des Winters erkältet oder niest, braucht sie etwa Taschentücher oder Sprays, um die Atemwege freizumachen?

Mit roher Kost gibt es keine Erkältung mehr. Auch wenn man sich verkühlt, ist von Sinusitis keine Rede und auch nicht von geschwollenen Schleimhäuten und nicht endenden Schnupfen. Wenn dagegen eines meiner Kinder ein Butterbrot futtert, dann läuft ihm manchmal schon wenige Stunden später die Nase. Derart betrachtet, bekommt eine Erkältung eine ganz andere Bedeutung. Und das ist das Phantastische an der Instinktotherapie: Wir sind dabei, ein völlig neues Bezugssystem der Normalität zu erstellen. Vorher erlaubte nichts irgendwelche Rückschlüsse darauf, wie der menschliche Organismus mit seiner ursprünglichen Nahrung funktionieren müßte.

Daß man wegen eines Stückchen Brots einen Schnupfen bekommen soll, erscheint mir trotzdem nicht normal.

Warum nicht? Brot ist vielleicht schädlicher, als es den Anschein hat!

Ja, aber warum läuft mir denn nicht nach jeder Mahlzeit die Nase?

Wenn ein Jugendlicher seine erste Zigarette raucht, dann hustet er, dann wird ihm schlecht, und manchmal muß er sich übergeben. Bei der zehnten Zigarette spürt er überhaupt kein Unwohlsein mehr. Durch ständige Wiederholung gewöhnt man sich letztlich an jedes Gift. In dieser Zeit aber werden die Abwehrkräfte in der Tiefe unterminiert...

Ihrer Meinung nach dürfte es Krankheiten also überhaupt nicht geben?

Man glaubt, es sei völlig normal, pünktlich jedes Jahr Grippe zu bekommen, sein Leben mit lauter Kinderkrankheiten zu beginnen, in der Pubertät sein Gesicht voller Pickel zu haben, sich bei der nächsten Gelegenheit die Syphilis zu holen, Gefahr zu laufen, an Pocken zu erkranken, wenn man sich nicht impfen läßt, an Krebs, an einem Herzinfarkt oder bestenfalls noch an Altersabbau zu sterben... Ich persönlich finde das nicht gerade verlockend.

Ohne unsere Hygiene, ohne Impfungen und Medikamente gäbe es noch viel mehr Krankheiten...

Ich bin überzeugt, daß die Ärzte sehr gute Arbeit leisten und daß mit den heutigen Verfahren viel Unheil verhütet werden kann. Aber das ist nicht das Problem. Vielmehr muß man sich fragen, ob es diese Krankheiten überhaupt gäbe oder in welcher Form sie aufträten, wenn dem Organismus die Nahrungsbedingungen geboten würden, die seinen genetischen Gegebenheiten entsprechen. Denn darüber weiß man absolut nichts.

Letztlich hat sich der Arzt bisher verhalten wie ein Mechaniker, der Ihnen regelmäßig Ihr Auto repariert, der den Motor nachschaut, die Zylinderköpfe auskratzt, Ersatzteile auswechselt, jede Art von Superschmiermitteln verschreibt und Ihnen, selbstverständlich, die Rechnungen schickt... Aber der Sie noch niemals gefragt hat, ob

Sie wohl den Treibstoff in den Tank gefüllt haben, für den der Motor konstruiert wurde. Und dabei ist das die erste Frage, die man sich hätte stellen müssen.

Ja, aber in der Praxis ist es unmöglich, 100%ig biologische Lebensmittel zu bekommen. Schließlich kann nicht jeder seinen eigenen Gemüsegarten haben.

Man ist außerordentlich hellhörig geworden in bezug auf die Chemie und die Umweltverschmutzung. Und es ist ganz bestimmt richtig, Praktiken anzuprangern, deren langfristige Auswirkungen man nicht kennt. Denn damit geht man das Risiko ein, das ganze ökologische Gleichgewicht völlig sinnlos zu gefährden. Im Hinblick auf unsere Ernährung aber glaube ich, daß das Hauptproblem nicht da liegt. Die Chemie tut nichts weiter, als unserem Menü noch einige besondere Moleküle hinzuzufügen. Von diesen Molekülen wird angenommen, daß sie unseren Organismus nicht zu sehr schädigen, denn die Chemiker haben ihre Pestizide im Grunde genommen so entwickelt, daß sie die Kaltblüter und nicht die Warmblüter vernichten. Während der Garprozeß dagegen unzählige chemische Reaktionen bewirkt, durch die eine Überfülle bunt zusammengewürfelter Moleküle Zugang zu unserem Körper finden, deren Wirkungen nicht vorhersehbar sind. Das Garen bewirkt eine Art Umweltverschmutzung von innen heraus. Selbst wenn nur eine verhältnismäßig geringe Anzahl von Molekülen gefährlich wird, so kann sie doch schon ausreichen, um unseren Organismus zu unterminieren und jede Menge Unheil anzurichten.

Die chemischen Gifte lagern sich doch auch an. Und über ihre langfristige Wirkung weiß man überhaupt nichts.

Sie haben recht. Die Chemie bleibt ein ›brennendes‹ Problem. Aber vergessen Sie nicht, daß auch sie in einem Kochtopf beginnt.

Wie denken Sie über die künstliche Zuchtwahl? Die Pflanzen, die wir in unserem Garten anbauen, sind nicht mehr ganz genau dieselben wie die, von denen sich unsere Vorväter ernährten.

Das stimmt. Die heutigen Nährpflanzen sind das Ergebnis einer langen Auslese, die man seit Jahrhunderten oder seit Jahrtausenden getroffen hat. Unsere Vorfahren des Neolithikums vor 10000 Jahren haben damals schon eine Auswahl unter ihren Getreidesorten getroffen, vermutlich ohne genau zu wissen, was sie machten. Sie haben ihre Saat einfach von den Pflanzen genommen, die im vorhergehenden Jahr den besten Ertrag gebracht hatten. Heute hat sich diese Auslese eigentümlich beschleunigt. Durch Bestrahlen des Saatguts führt man sogar Mutationen herbei, und jedes Jahr kreuzt man neue Arten. Das birgt eine Gefahr, an die man generell nicht denkt: Eine mutierte Pflanze könnte sehr leicht darangehen, anormale Moleküle zu synthetisieren, die unserem Metabolismus einen schlechten Streich zu spielen vermögen.

Dann kann man also nicht einmal mehr ruhigen Gewissens herzhaft in einen Apfel beißen?

Glücklicherweise sind diese Mutationen im allgemeinen nicht zu gefährlich. Eine kürzlich vorgenommene Studie hat beispielsweise ergeben, daß die Zuchthirse sich von der wilden Hirse nur durch etwa zehn Mutationen unterscheidet. Man kann also hoffen, daß die biochemischen Vorgänge, welche die Synthese der verschiedenen Nährstoffe lenken, dieselben geblieben sind. Das Verhältnis zwischen diesen einzelnen Nährstoffen hat sich hingegen augenfällig verändert, aber das stellt den Organismus ernährungsmäßig nicht vor unlösbare Probleme. Wie dem auch sei, die Gefahr besteht, und ich denke, daß man alle Zuchtpflanzen sehr genau unter die Lupe nehmen muß.

Selbst Getreide?

Gerade Getreide, und zwar die Sorten, die es am längsten gibt, denn bei ihnen ist die Gefahr, daß sie etliche Male mutiert haben, besonders groß.

Also wirklich – gekochte Nahrung, Getreide... da wird uns ja nichts mehr bleiben! Wie kommt es, daß Sie exotische Früchte auf Ihrem Tisch haben?

Weil der Instinkt sie häufig den einheimischen Früchten vorzieht.

Aber heißt es nicht, man solle das Obst des Landes essen, in dem man lebt?

Gewiß. Unter der Bedingung, daß man in dem Land lebt, dessen Obst man essen soll.

Ist das ein Scherz?

Ich meine immer alles ernst. Es ist nicht so, daß, bloß weil die Barbaren, unsere Vorväter, sich vor einigen Tausend Jahren in diesem Gebiet angesiedelt haben, unsere genetische Anlage sich deswegen nun an diese kalten Landstriche gewöhnt hätte, deren glückliche Erben wir wurden.

Sie verbieten also einheimische Früchte?

Keineswegs. Ich denke nur, daß es schade wäre, sich exotische Früchte zu versagen, denn wenn unser Organismus an diese genetisch besser angepaßt ist, dann werden sie sich im Hinblick auf unsere Gesundheit ganz besonders segensreich auswirken.

Es gibt in unseren Breitengraden ganz gewiß genug zum Überleben, und für die tägliche Ernährung mögen die einheimischen Früchte auch ausreichen. Hat man dagegen ein therapeutisches Ziel im Auge, so tut man gut daran, eine möglichst breite Palette zu bieten.

Wenn ich recht verstehe, wird ein Baby eine Banane im allgemeinen verlockender finden als einen Apfel. Aber die Bananen, die bei uns in Europa zum Verkauf kommen, werden auf Kühlschiffen hierher gebracht und dann, so sagt man, in Gaskammern künstlich gereift. Glauben Sie, daß das gesund sein kann?

Das darf man nicht mit den Gaskammern der Konzentrationslager verwechseln. Diese Bananen werden nicht mit Kriegsgasen ermordet. Mit ihnen geschieht folgendes: Man bringt sie zunächst in einen Raum, in dem eine Temperatur von 20 Grad und eine Luftfeuchtigkeit von 100% herrschen. Damit schafft man künstlich die idealen Reifebedingungen, wie sie auch in ihren Herkunftsländern herrschen. Wenn Bananen auf natürliche Weise reifen, setzen sie ein Gas frei, das Acethylen, ein nicht sehr kompliziertes Molekül, C_4H_6, falls Sie etwas Ahnung von Chemie haben. Dieses Gas hat nun die seltsame Eigenschaft, und zwar selbst in sehr kleinen Dosen, die Reifung noch grüner Bananen zu bewirken, was dazu führt, daß die ganze Staude auf einmal reif wird.

Es gibt nichts, was es in der Natur nicht gibt...

Solange sich die Menschheit darauf beschränkt, die Natur nachzuahmen, ist ja auch alles in Ordnung. Das künstlich erzeugte Gas ist sicherlich identisch mit dem, das die Bananen entwickeln, weil es sich um ein ganz einfaches Molekül handelt. Der einzige Unterschied zur natürlichen Reifung besteht darin, daß man Gefahr läuft, dieses Gas zu früh in den Reifeprozeß einzuführen oder auch die Staude zu ernten, wenn sie noch zu grün ist. Das wird die Qualität der Banane ein wenig verändern, was aber auch nicht schlimmer ist, als wenn man eine noch etwas grüne Banane ißt. Und übrigens schützt uns unser Instinkt gegen eine Frucht, die nicht normal gereift ist.

Wenn also jemand mit der Instinktotherapie beginnt und jetzt wie ein kleines Kind anfängt, ein Kilo Bananen zu verschlingen, weil sein Instinkt es ihm so eingibt, dann kann ihm das überhaupt nicht gefährlich werden?

Überhaupt nicht. Sofern sein Instinkt wirklich funktioniert. Wissen Sie, es ist auch viel Angst mit im Spiel, bei unseren Ernährungsproblemen. Und wer Angst sagt, muß auch Mangel an kritischem Geist sagen. Auch in Kreisen, die Fragen natürlicher Lebensweise gegenüber aufgeschlossen sind, hört man derzeit eine ganze Reihe von Ammenmärchen. Ich habe erlebt, wie Kindern, die sich sehnlichst Bananen wünschten, diese von den Eltern mit dem Argument verwehrt wurden, sie seien schwer verdaulich...

Sie sagen, daß der Instinkt nicht tot ist. Aber wie will man wissen, ob das, was unser Geschmack uns zu essen aufgibt, nun für unseren Organismus gut oder schlecht ist? Gaumenfreuden sind etwas ganz und gar Subjektives; manche mögen auch vielleicht Senf oder Essig köstlich finden.

Jetzt fallen Sie wieder in die klassische Weise zu argumentieren zurück! Der Instinkt funktioniert nicht mit naturfremden Nahrungsmitteln: Essig und Senf gibt es in der Natur nicht!

Aber Essig ist doch gereifter Wein!

Wein ist kein natürliches Nahrungsmittel, sondern fermentierter Traubensaft, doch Traubensaft kommt in der Natur nicht vor. Im Urwald gibt es keinen Obstsaft. Es sei denn, eine Orange fällt zu Boden, in eine kleine Felsnische, und es kommt gerade ein Mammut vorbei, zerquetscht sie mit seiner Pfote, und genau in dem Moment kommen Sie daher, um das zu trinken, bevor es verdunstet ist. Nur dürfte so etwas in der Ernährungsgeschichte der Menschheit nicht allzuoft vorgekommen sein.

Letzten Endes geht es darum, erkennen zu können, wo die Grenze ist zwischen natürlich und nicht-natürlich. Sobald ein Nahrungsmittel nicht mehr die Form aufweist, in der sie unsere Vorväter noch fanden, gibt es keinen Grund dafür, daß der Instinkt korrekt funktioniert. Deswegen ist die Ernährungswissenschaft nicht darauf gekommen. Der Instinkt ist schon definitionsgemäß genetisch programmiert, zumindest teilweise. Um dem Problem beizukommen, mußte man zunächst einmal definieren, was man *die naturgemäße Nahrung des Menschen* nennt, das heißt, man mußte herausfinden, welches die Nahrungsmittel sind, die unsere Vorväter einst in ihrer ursprünglichen Umwelt vorfanden, damals, in grauer Vorzeit, als sich unser Gen-Bestand herausbildete.

Aber nehmen wir mal den Löwenzahn. Das ist eine Pflanze, die bei uns auf dem allergewöhnlichsten Feld noch wächst. Wenn jemand ihn probiert, findet er ihn bitter, ißt ihn aber trotzdem, weil er Bitteres besonders gern mag...

Wenn er den Löwenzahn gut findet, so deshalb, weil der Körper nach etwas verlangt, was in der Pflanze enthalten ist: Ein bitterer Geschmack kann in der Tat angenehm erscheinen. Nur, etwas stimmt da nicht ganz, wenn Sie nämlich sagen: »Weil er Bitteres besonders gern mag.« Sie vergessen dabei, daß ein bitterer Geschmack mal eine angenehme und mal eine unangenehme Empfindung auslösen kann, das richtet sich nach dem jeweiligen Zustand des Körpers. Man kann also nicht beschließen, Bitteres ein für alle Mal besonders gern zu mögen...

Und der Geruch giftiger Beeren, beispielsweise. Riechen sie nun gut oder nicht?

Das ist von Mensch zu Mensch verschieden. Für die einen sind sogenannte giftige Beeren vielleicht gut, während sie für andere schädlich wären. Es ist sehr gut möglich, daß der Organismus in bestimmten Fällen eine gewisse Menge Gift braucht. Sonst hätte die Pharmazie auch nie das Licht der Welt erblickt: In kleinen Dosen wird ein Gift zum Medikament.

In Wirklichkeit muß man nämlich den eigentlichen Begriff der Giftpflanze neu überdenken: Eine als giftig geltende Pflanze kann unterhalb einer gewissen Dosis nützlich sein. Es handelt sich also nur darum, diese Dosis, die je nach Fall verschieden sein wird, zu kennen. Und da uns diese optimale Dosis von unserem Instinkt jedes Mal genau angezeigt wird, gibt es auch keine Giftpflanzen mehr...

Mir braucht also eine giftige Beere nur gut zu erscheinen, damit ich sie ganz bedenkenlos essen kann? Das würde ich dann doch nicht wagen. Haben Sie das mal experimentell nachweisen können?

Beim ersten Mal war es ein unfreiwilliges Experiment. Drei meiner Kinder, sie waren damals zwischen acht und zwölf Jahren alt, waren mit zwei Spielkameraden spazierengegangen – in einem Wald nicht weit von dem Chalet entfernt, wo wir unsere Ferien verbrachten. Sie kamen an eine Lichtung und fanden dort jede Menge Tollkirschen. Sie kannten diese Pflanze überhaupt nicht und fingen ganz unbefangen an, die Beeren zu essen, als seien es Heidelbeeren. Meine älteste Tochter konnte ungefähr zehn Stück essen, bis sie fand, daß sie einen unangenehmen Geschmack hätten. Wie es scheint, ist diese Menge nicht weit von der tödlichen Dosis entfernt. Meine etwas jüngere Tochter Sylvie aß nur drei, und dann wurde der Geschmack derartig herb, daß sie die vierte nicht herunterbekam. Eine der beiden Freundinnen, die es weniger gewohnt waren, dem Instinkt zu folgen, zwang sich, nachdem sie zwei Beeren gegessen und ihren Geschmack ebenfalls unangenehm gefunden hatte, noch eine dritte zu schlucken, ohne sie zu zerkauen, um es wie die anderen auch zu machen. Sie war die einzige, die über ein leichtes Unwohlsein klagte und bei der ich einige Vergiftungserscheinungen feststellte, die auf das Atropin zurückzuführen waren.

Es ist also wichtig zu kauen, damit der Instinkt korrekt funktioniert?

Genau. Alles, was von den Regeln der Natur abweicht, kann zu Unannehmlichkeiten führen. Zu ernsten Unannehmlichkeiten sogar.

Und Pilze?

Ich lasse meine Kinder alle Pilze essen, die sie möchten, giftige wie eßbare. Für uns macht der Begriff vom giftigen Pilz keinen Sinn mehr. Wenn man Pilze roh ißt, dann haben die, die als eßbar gelten, manchmal einen sehr schlechten Geschmack, was bedeutet, daß sie schädlich sind. Wenn umgekehrt ein Giftpilz gut schmeckt, so heißt das, daß dafür ein körperliches Bedürfnis vorliegt und daß er folglich nützlich ist. Und sobald man die Dosis erreicht, wo er schädlich wird, schmeckt er auch nicht mehr gut, und damit hat man dann auch keinen Grund mehr, ihn runterzuschlucken. Man könnte also höchstens sagen, daß eine Pflanze giftig ist, wenn sie Störungen hervorruft, nachdem man die Instinktbarriere durchbrochen hat.

Einer meiner Freunde, ein begeisterter Pilzesser, macht das immer so: Er probiert jeden Pilz, den er sammelt. Wenn er ihn geschmacklich unangenehm findet, wirft er ihn weg, findet er ihn gut, legt er ihn in seinen Korb, und dann bereitet er sie alle in der Pfanne zu, mit Knoblauch. Ihrer Meinung nach ist das also völlig ungefährlich?

Es ist die beste Art, sich zu vergiften!

Nun widersprechen Sie sich aber.

Überhaupt nicht. Wenn er von einem Pilz ein kleines Stück abbeißt, kann das genau in dem Moment sein, wo dieser Pilz für ihn nützlich ist. Wenn er nun aber gleich ein ganzes Kilo davon brät, dann läuft er Gefahr, sich eine gewaltige Vergiftung zu holen. Denn Ihr Freund weiß nicht, daß dieselben Pilze, roh verzehrt, vielleicht schon nach zwanzig oder nach fünfzig oder auch nach zweihundert ihren Geschmack verändert hätten. Indem er sie aber zubereitet, gibt er ihnen die Möglichkeit, direkt in seinen Verdauungskanal zu gelangen, ohne daß der Instinkt als unmittelbar reagierendes Kontrollorgan Gelegenheit zum Eingreifen gehabt hätte. Auf Pilze mit Sauce ist der Instinkt nicht eingestellt. Und genau so passieren auch viele Unfälle. Einfach, weil man das System des Ernährungsinstinkts nicht verstanden hat.

Sie würden also, ohne mit der Wimper zu zucken, einen grünen Knollenblätterpilz auf den Tisch bringen? So sicher ist der Instinkt?

Nach einer gewissen Zeit der Neugewöhnung, ja. Das mag überraschend erscheinen. Es besteht eine Art Angst, eine Art Mißtrauen der Natur gegenüber, die genau auf den Verlust des Instinkts zurückzuführen ist. Oder vielmehr auf den Verlust, Gebrauch davon zu machen (Sie sehen, ich falle selbst manchmal noch in traditionelle Floskeln zurück). Das erinnert mich an eine Journalistin, die meine Geschichten nicht glauben wollte. Sie brachte eine Sammlung von Pilzen an, die sie von einer Pilzausstellung geholt hatte. Ich mußte mir die Augen verbinden lassen, und dann sollte ich ihr jeweils sagen, was mein Geruchssinn mir eingab. Unter dieser Mischung befand sich auch, ohne daß ich es wußte, ein grüner Knollenblätterpilz, und ich fand effektiv, daß er einen Geruch hatte... keinen sehr starken, aber einen abstoßenden. Giftig und widerlich. Wäre ich ein Tier gewesen, wäre ich nicht auf den Gedanken gekommen, ihn zu probieren. Aber da ich ein Mensch bin, nahm ich aus Neugier ein Stückchen des Hutes in den Mund und kaute einen Moment, um zu sehen, was geschieht. Und je mehr ich kaute, desto ekelhafter wurde der Geruch. Der Geschmack war schal, widerlich, und ich hätte niemals daran gedacht, ihn runterzuschlucken. Ich habe das Experiment dann nicht weitergetrieben...

Sonst hätte es die Instinktotherapie niemals gegeben... Es wundert mich aber trotzdem, daß der Schutz wirklich so absolut ist.

Die Tiere in der freien Natur müssen ja auch von Futter, das ihrem Organismus nützt, angezogen und von dem, was ihnen schadet, abgestoßen werden, und etwas muß sie auch dazu bringen, daß sie zu fressen aufhören, wenn ein ansonsten nützliches Nahrungsmittel sie zu überlasten beginnt. Wäre das nicht der Fall, würden sie sich entweder vergiften, oder sie würden sich völlig unausgewogen ernähren und damit allmählich in einen Zustand der Unterlegenheit bringen. Bekanntlich werden aber Individuen, die unterlegen sind, kraft der Gesetze der natürlichen Auslese eliminiert, sie und ihre Nachkommenschaft, zugunsten derer, die ihnen gegenüber im Vorteil sind, so daß die Art sich auf einen Zustand wachsender Perfektion hin entwickelt. Der Instinkt mußte sich deshalb, wie alle lebensnotwendigen Funktionen, immer weiterentwickeln, und zwar bereits seit Urzeiten. Und das erklärt auch seine große Verläßlichkeit.

Ich habe mal gehört, daß Pferde manchmal Eibe fressen und dann sterben... Demnach scheint es in einigen Fällen Ausnahmen von der Regel zu geben?

Mag sein. Ich selbst habe noch keine Erfahrung mit dem Pferd und der Eibe machen können. Aber sobald sich die Gelegenheit dazu ergibt... Es ist denkbar, daß der Instinkt beim Haustier durch eine unausgewogene Fütterung gestört ist. Es ist auch denkbar, daß Eibe nicht zum ursprünglichen Biotop des Pferdes gehörte – dem, von welchem dieses Tier sein Genmaterial bekam.

Aber Erbsen, weiße Bohnen, grüne Bohnen, Oliven, Kastanien, Linsen, Rotkohl gab es im ursprünglichen Milieu doch auch nicht. Könnten diese Nährpflanzen nicht den menschlichen Instinkt täuschen, so wie die Eibe den des Pferdes?

Nicht so sehr, zum Glück: Mit ausgewählten Gemüsen und Früchten funktioniert der Instinkt noch gut genug, um ein ausgezeichnetes Ernährungsgleichgewicht zu gewährleisten. Es gibt sehr präzise Kriterien, mit denen man das aufzeigen kann.

Und das heißt, daß ich, soweit ich Appetit darauf habe, so viel rohe Erbsen essen kann, wie ich will, und daß ich keine Verdauungsbeschwerden haben werde?

Keine. Unter der Bedingung, daß Sie nicht noch zu stark unter dem Einfluß der Kochkost stehen. Da gibt es nämlich ein Problem, das die Interpretation der Dinge erschwert: Ein nützliches Nahrungsmittel bewirkt manchmal eine Reaktion des Organismus, gerade so, als nutze er die Zufuhr von ihm besonders zuträglichen Nährstoffen aus, um sich von den anormalen Stoffen zu befreien, die er zuvor in sich gespeichert hat. Meistens versteht man nicht, daß es sich dabei um eine heilsame Reaktion handelt, sondern glaubt, man habe sich vergiftet, und schließt daraus, daß der Instinkt sich getäuscht hat oder daß es ihn gar nicht gibt. In Wirklichkeit ist es der Bumerang-Effekt einer Vergiftung durch die frühere gekochte Kulturkost.

Die frühere gekochte Kulturkost... was wollen Sie damit sagen?

Die mit der üblichen Kost zugeführten anormalen Moleküle – oder alle anderen Moleküle, an die unser Organismus genetisch nicht angepaßt ist – akkumulieren sich im Organismus offenbar. Eine ganze Reihe von Beobachtungen scheint das zu beweisen; wir werden noch darauf zu sprechen kommen.

Ich will das ja gern glauben, aber wie können Sie beweisen, daß das vom Verzehr eines rohen Nahrungsmittels bewirkte Unwohlsein ein Bumerang-Effekt und nicht die Konsequenz einer direkten Vergiftung ist? Das kommt mir ziemlich rätselhaft vor.

Diese Art von Störungen hat man nur am Anfang der Instinktotherapie beobachtet, und sie verschwinden auch in dem Maße, wie die denaturierte Nahrung von ihrer Wirkung auf den Körper verliert. Es dürfte also schwierig sein, derartige Beschwerden direkt dem Verzehr von rohen Lebensmitteln zuzuschreiben.

Dazu muß gesagt werden, daß sich derartige Entgiftungsreaktionen an einer ganzen Reihe kleiner charakteristischer Anzeichen erkennen lassen.

Ist das der Grund dafür, daß Rohkost in dem Ruf steht, nicht ganz ungefährlich zu sein?

Wenn man ganze Salatschüsseln voll geriebener Karotten oder Spinat mit Vinaigrette ißt, hat der Instinkt nicht mehr viel zu melden! Die Zufuhr roher Nahrungsmittel wird gewisse Entgiftungsreaktionen auslösen, die in sich absolut heilsam sind, aber die zu großen Mengen, die man da verzehrt hat, werden den Organismus durcheinanderbringen. Daher kommt es manchmal zu Symptomen, die beunruhigend sein können, wenn man dieses Phänomen nicht zu deuten versteht. Mit der Instinktotherapie pendelt sich das alles automatisch ein, sofern man sie korrekt durchführt.

Ist man auch gegen infizierte Muscheln geschützt? Da gibt es doch oft Vergiftungen...

Ich glaube, daß man auch hier die Wirkung einer direkten Infektion durch eine Muschel mit der Entgiftungsreaktion des Organismus verwechselt, die ihr Verzehr auslösen kann.

Ja, aber wenn sie eine Mikrobe enthält?

Gerade eben. Die Mikrobe kann einen Entgiftungsprozeß bewirken. Ich würde sogar so weit gehen zu sagen, daß es der Organismus ist, der die Mikrobe benutzt, um diese Entgiftung durchzuführen.

Wenn man Sie so hört, könnte man meinen, der Organismus sei ein wandelndes Lexikon. Zu behaupten, er könne die Mikroben gewissermaßen für sich arbeiten lassen – ist das nicht ein bißchen utopisch?

Sie selbst lassen, hier und jetzt, vor mir, Milliarden und Abermilliarden von Bakterien in sich, in Ihrem Darm, für sich arbeiten, damit sie Ihnen bei der Verdauung helfen. Das sind so viele Bakterien, wie Sie Zellen in Ihrem gesamten Organismus haben. Zum Glück sind die Bakterien kleiner als Ihre Zellen, so daß Ihr Darm nicht zuviel Platz beansprucht!

Und da wir gerade von Zahlen sprechen, möchte ich hinzufügen, daß jede einzelne unserer Zellen Träger von mehr Wissen sein kann als das gelehrteste Gehirn.

Und wie, bitte, berechnet man den Intelligenzquotienten der Zellen?

Der Kern jeder einzelnen unserer Zellen enthält so etwas wie ein EDV-Speicherband: ein Molekül, das 1,74 m mißt – das ist die Größe eines Menschen!

Das ist ein langer Doppelstrang, der von einem bestimmten Zucker, der Desoxyribose, gebildet wird, daher auch der Name: Desoxyribonukleinsäure oder, kürzer, DNS.

Und diese riesigen Moleküle passen in einen Zellkern?

Der Strang ist unendlich fein und vollkommen in sich zusammengerollt.

Ich habe geglaubt, daß man in den Zellkernen vielmehr Chromosomen sieht.

In der Tat, bei der Zellteilung rollt sich die DNS zu winzigen Knäueln zusammen, die zwischen den beiden Tochterzellen leichter aufzuteilen sind als ein total verwirrter Strang, und diese kleinen Knäuel sind es, die man in einem gewöhnlichen Mikroskop seinerzeit zuerst erkannt hatte.

Das Leben hat wirklich an alles gedacht.

Das ist noch nicht alles. Auf diesen DNS-Strängen stehen gewissermaßen sämtliche Informationen, die den ganzen Erbgang verkörpern, alle erforderlichen Daten, um einen Organismus zu bilden und ihm bis ins Detail seinen Funktionsplan zu erstellen.

Das muß aber ein ziemlich langer Satz sein...

Er entspricht ungefähr einer Bibliothek mit 1000 dicken Bänden, von denen jeder einzelne 3000 Seiten hat und 5000 Buchstaben pro Seite. Etwa 50 große Enzyklopädien, also 50mal die ganze Kultur des Okzidents.

Dann wäre also jede einzelne unserer Zellen intelligenter als unser Gehirn?

Sie haben zumindest genügend Platz in ihrem Speicher, um dort ein Wissen zu erfassen, welches das unseres Gehirns bei weitem übertrifft. Man darf sich nicht darüber wundern, jede Art von Taschenspielertricks in unserer genetischen Programmierung zu finden. Und die werden wir mit unserer beschränkten Intelligenz nie völlig inventarisieren können. Es ist also beispielsweise überhaupt nicht erstaunlich, daß unser Verdauungsapparat mit den 120 Mikrobenarten fertig wird, die die Darmflora aufweist.

Gut. Aber wir sprachen über Mikroben, die sich in Muscheln entwickeln. Handelt es sich dabei nicht um krankmachende Bakterien?

Vielleicht weiß unser Organismus besser als wir selbst, was er zu tun hat, selbst mit Mikroben, die man für pathogen hält.

Sie werden mich nicht von der Idee abbringen, daß ich mich, wenn ich infizierte Muscheln esse, vergiften werde, selbst wenn ich jeden Tag brav meine Portion roher Karotten verspeise.

Ich weiß, daß das eine hartnäckige Vorstellung ist. Ich selbst mußte ja auch einmal davon loskommen, und das war nicht einfach. Zunächst darf man eine mikrobielle Infektion nicht mit einer Vergiftung durch eine Muschel verwechseln, die Quecksilber, Pestizide oder überhaupt irgendein Gift enthält. Ein giftiges Agens dieser Art könnte Sie effektiv vergiften, aber dazu bedürfte es für eine einzige Mahlzeit einer solchen Menge, daß die Muschel lange vor Ihnen tot wäre! Eine chemische Verseuchung wird nur durch die fortschreitende Akkumulierung giftig, jedenfalls bei Dosen, wie sie gegenwärtig in der Biosphäre anzutreffen sind. Hoffen wir, daß sich dieser Zustand nicht zu sehr verschlechtert! Zweite Möglichkeit: wenn sich nach dem Genuß einer Auster eine heftige Reaktion einstellt, so könnte sie auf Toxine zurückzuführen sein, welche Mikroben, die sich auf Kosten der armen Auster vermehrten, freigesetzt haben. Wenn Sie sich jedoch nach der Instinktotherapie ernähren, sind sie von vornherein zwangsläufig gegen eine Vergiftung dieser Art geschützt, denn die Auster wird für Sie einen so abstoßenden Geruch haben, daß es Ihnen kaum möglich wäre, sie herunterzuschlucken. Unter den Hunderttausenden von Muscheln, die meine Nacheiferer in den letzten zwanzig Jahren verzehrten, habe ich nicht einen einzigen Vergiftungsfall gehabt.

Und wenn ich den traditionellen Tropfen Zitronensaft hinzugebe?

Also damit werden Sie das Warnzeichen schnell überdekken und Ihre Sicherheitsschranken durchbrechen. Ich glaube, daß die sogenannten Vergiftungen, von denen in den Zeitungen die Rede ist, im allgemeinen Entgiftungsreaktionen sind, die man natürlich falsch interpretiert. Ich habe beispielsweise festgestellt, daß Leuten, die früher ausgesprochen viel Milchprodukte und Käse aßen, schon schlecht wurde, wenn sie rohen Fisch auch nur gerochen haben. Und daß sie ihn, wenn sie davon aßen, häufig wieder erbrachen.

Und die Japaner, die sich von rohem Fisch ernährten?

Sie hatten keine Kühe! Hätten sie sich mit Milchprodukten vollgestopft, hätten sie ihre Ernährungsweise nicht vertragen.

Ihre Art zu argumentieren ist etwas verwirrend!

Es sind die Tatsachen, die verwirrend waren, und zwar in einem solchen Maße, daß ich von den klassischen Erklärungen abgehen mußte. Ich habe beispielsweise gesehen, daß Katzen, die früher mit Milchprodukten gefüttert worden waren, natürliche Nahrung am Anfang wieder erbrachen, also rohes Fleisch, rohen Fisch, ja selbst die Maus, die sie gefressen haben, die doch wahrhaftig ihre naturbestimmte Nahrung darstellt. Dagegen erbrechen sich Katzen, die natürliches Futter bekommen hatten wie rohes Fleisch, Mäuse, Avocados usw. niemals, wenn sie zum ersten Mal rohen Fisch fressen. Wie will man diese Art von Asymmetrie erklären, wenn nicht durch eine Vergiftung durch Kuhmilch oder ihre Derivate, die effektiv keine ursprünglichen Nahrungsmittel sind.

Finden Sie nicht, daß das möglicherweise ein etwas voreiliger Schluß ist?

Zu diesem Schluß bin ich anhand von unzähligen Vergleichen gekommen. Dabei muß ich an ein kleines Mißgeschick aus unserer Pionierzeit denken. Damals hatte die Instinktotherapie erst wenig Anhänger, und wir hatten uns ein Reh untereinander geteilt, das wir bei einem Jäger gekauft hatten. Dieses Wildfleisch war für die meisten von uns sehr wohlschmeckend, trotz einer leichten Überwindung, die es vor allem diejenigen kostete, die erst vor kurzem den Verzehr von Milchprodukten aufgegeben hatten. Am nächsten Morgen klingelte unaufhörlich das Telefon; eine ganze Menge meiner Rehliebhaber hatten ihr Abendessen in der Nacht erbrechen müssen. Ich dachte sofort, daß dieses Fleisch infiziert gewesen sein mußte. Und nachdem ich ein paar Erkundigungen eingezogen hatte, erfuhr ich, daß der Jäger es die ganze Nacht über in seinem Kofferraum liegen gelassen hatte. Ich war gar nicht damit einverstanden, daß ich nun für seine Nachlässigkeit büßen sollte, und ließ das Fleisch sofort von einem Labor der zuständigen Lebensmittel-Aufsichtsbehörde untersuchen. Ich war mir ganz sicher, daß man sogleich auf die Schuldigen unseres Unwohlseins stoßen und eine Population von Streptokokken oder Salmonellen finden würde... aber nein, zu meiner Überraschung fand man nichts! Nicht die kleinste Mikrobe, die man auf die Anklagebank hätte plazieren können!

Der Veterinär des Kantons tippte auf einen anaphylaktischen Schock. Aber das erschien mir auch nicht überzeugend.

Was ist das, ein anaphylaktischer Schock?

Eine schockartige allergische Reaktion. Aber wieso hätten wir einem natürlichen Fleisch gegenüber allergisch reagieren sollen, das wir doch zum ersten Mal aßen... Normalerweise sind Allergien ja eine durch Wiederholung bewirkte Sensibilisierung. In den folgenden Jahren hatten wir noch ziemlich regelmäßig Gelegenheit, Rehfleisch zu essen, und diejenigen, die das erste Mal eine Reaktion gezeigt hatten, verspürten keinerlei Unwohlsein mehr, wohl aber die Neulinge. Mit der Theorie von der Sensibilisierung stimmte das kein bißchen überein.

Warum also diese Reaktion?

Nach reiflicher Überlegung entschied ich mich für die These der Dekorporation, also der Entgiftung: Die Zellen, die endlich die ihnen zuträglichen natürlichen Moleküle bekommen, beeilen sich, die alten unverdaulichen Moleküle abzustoßen, mit denen sie sich bei herkömmlicher Ernährungsweise (einschließlich der Milchprodukte) hatten zufrieden geben müssen. Alle diese unerwünschten Stoffe gehen zwangsläufig ins Blut über. Das bewirkt eine Art Vergiftung von innen heraus, die sich durch die gleichen Symptome äußert wie eine direkte Vergiftung. Säuglinge, die ihr erstes Fläschen Kuhmilch bekommen, erbrechen sich ebenfalls häufig.

Glauben Sie, daß eine Zelle einen Austausch von Molekülen vornehmen kann? Das setzt eine erstaunliche Fähigkeit zu wählen voraus.

Unsere Zellen sind intelligent genug dazu. Jede einzelne von ihnen stellt eine regelrechte biochemische Fabrik dar. Eine Zelle ist in der Lage, ein Molekül zu erkennen und es zu nutzen oder aber zurückzuweisen, je nach dem Gebrauch, den sie von ihm machen könnte. Im Zwischenstadium (wenn also ein Molekül beispielsweise zum Teil abgebaut worden ist) wird die Zelle sich in einer schwierigen Lage befinden: Sie wird das Molekül, indem sie es nach seinen normalen Bestandteilen identifiziert, hindurchlassen und es dann aufgrund eines Mangels, den sie am Anfang nicht erkannt hatte, nicht nutzen können. Sie kann es dann entweder zurückweisen oder aber ›zur Beobachtung‹ behalten, ähnlich wie man alte Bestände noch auf Vorrat behält, wenn man fürchtet, nichts Besseres zu beißen zu bekommen. Denken Sie nur an den letzten Krieg: Als alles wieder im Überfluß zu haben war, warfen die Leute erst die alten Konservendosen weg, die seit Jahren in ihren Speisekammern gelagert hatten.

Ich habe mir das Verhalten einer Zelle als etwas viel Mechanischeres vorgestellt.

Eine lebende Einheit wird zwangsläufig von Gesetzen des Gleichgewichts, der Wahl, der Ablehnung, der Vorliebe, des Austauschs durchdrungen. Die Notwendigkeit, auf Kosten der Außenwelt zu bestehen, bedingt eine regelrechte Ökonomie, selbst für mikroskopische Einheiten. Man stößt jedes Mal wieder auf das elementare ökonomische Prinzip, ob es sich nun um ein Land, ein Individuum oder eine einfache Zelle handelt.

Ihrer Meinung nach wird einem von rohem Fleisch also nicht übel, oder erbricht man es gar, weil es widerlich ist?

Es erscheint einem nur dann widerlich, wenn man durch eine denaturierte Ernährung vergiftet ist.

Und wenn Sie gerade keine Proteine brauchen?

Das ist etwas anderes. In dem Fall riecht oder schmeckt dieses Fleisch unangenehm, fade, schal, bitter oder sonstwie, aber es verursacht keine Übelkeit.

Ich glaube trotzdem, daß ich niemals in ein rohes Stück Fleisch hineinbeißen könnte. Wenn ich nur daran denke, daß das vom Tier kommt…

Und Tatar: das ist doch auch rohes Fleisch!

Ja, aber dazu gibt es dann die leckeren Saucen!

Sehen Sie: die leckeren Saucen fügt der körperliche Bedarf ganz von selbst hinzu.

Wie meinen Sie das?

Der Geschmack von rohem Fleisch ist sehr gut, wenn der Körper es braucht. Besser als der allerbeste Tatar, den Sie je machen könnten.

Ehrlich gesagt, ich kann es einfach nicht ganz glauben.

Das verstehe ich. Das ist etwas, das man in sich selbst erfahren haben muß. Alle natürlichen Nahrungsmittel erreichen, wenn der Organismus sich in einem normalen Zustand befindet und wenn ein Bedarf besteht, einen Grad von Schmackhaftigkeit, den man sich am Anfang einfach nicht vorstellen kann.

Ich wundere mich auch über die Riesenmenge Bananen, die ich Sie essen sah.

Der Bedarf schwankt erheblich von einem Tag zum anderen.

Und Sie haben keinerlei Verdauungsschwierigkeiten mit all diesem Obst? Immerhin sagt man – in der Makrobiotik –, daß die Banane Yin ist.

Wenn man sich mit Getreideprodukten vollstopft, ohne jemals Obst zu essen, dann reicht schon, daß man nur eine Banane ißt, um im Organismus eine kleine Revolution zu starten. Dann fühlt man sich nicht gut und erklärt, daß Bananen schädlich seien. Meiner Meinung nach ist der Organismus ganz im Gegenteil sehr froh, nun endlich mal wieder ein natürliches Nahrungsmittel zu bekommen, und stößt sofort alle anormalen Substanzen ab, die ihm zuvor von gegartem Getreide zugeführt worden waren, und das führt dann zu einem vorübergehenden leichten Unwohlsein.

Wie lange dauert es, bis man ohne Probleme roh essen kann?

Auszug aus:
La préhistoire, Gabriel Camps.
Verlag: Perrin, S. 160

Hier sei das Beispiel der ›Primitiven‹ erwähnt, Pygmäen im afrikanischen Urwald oder Eskimos im hohen Norden. Beide sind sie in der Lage, ohne größere Verdauungsprobleme gewaltige Fleischmengen zu sich zu nehmen, ein Fleisch, dessen Verzehr, und das ist noch vorsichtig ausgedrückt, selbst der laxeste unter unseren Ernährungswissenschaftlern strikt verbieten würde.

Es gibt Leute, die brauchen ein Jahr, bis sie sich so weit lösen, daß sie rohes Fleisch essen. Aber Vorsicht. Nach dem Prinzip der Instinktotherapie darf man ein Nahrungsmittel ohnehin nur essen, wenn es einem gut schmeckt. Wenn Sie beim Verzehr irgendeines Obstes blockiert sind, dürfen Sie sich vor allem nicht zwingen, denn sonst könnte das Obst in Ihnen eine unliebsame Reaktion hervorrufen, einfach, weil Sie noch unter der Wirkung früherer Ernährungsüberlastungen stehen.

Was meinen Sie mit ›blockieren‹ nun genau?

Wenn rohes Fleisch einem schlecht, fade, schmierig, teigig vorkommt, so heißt das, daß man noch unter den Auswirkungen einer zu hohen Eiweißzufuhr durch die übliche Ernährungsweise steht. Dann blockiert der Instinkt den Verzehr von rohem Fleisch so lange, bis sich das geändert hat und die Überlastung resorbiert worden ist. An dem Tag wird das Fleisch dann so gut rutschen, daß man wirklich den Eindruck hat, eine Art Sperre in einem habe sich gelöst, und nun beginne die Maschine wieder zu laufen.

Diese Vorstellung vom Geschmack, der sich ändert, je nach den Bedürfnissen des Körpers, erstaunt mich noch immer. Eine Banane schmeckt doch einfach immer nach Banane!

Irrtum! Das ist eine Illusion, die dadurch hervorgerufen wird, daß Sie jeden Tag Ihre Ration Brot, Nudeln, Reis oder sonstige Kohlehydrate in irgendeiner Form zu sich nehmen. Daraus resultiert eine ständige überhöhte Zufuhr von Zucker oder Stärke, und diese verhindert, daß Sie sich ganz normal instinktiv zu süßen Früchten hingezogen fühlen. Gleichzeitig können Sie nun aber einen dringenden Bedarf an anderen Nährstoffen haben, die in der Banane enthalten sind. Ihr Instinkt wird also zwischen

Einige von Pionieren der Instinktotherapie
gehaltene Weltrekorde:

Die aufgeführten Nahrungsmittel waren roh verzehrt worden, ohne daß sich direkt oder indirekt irgendwelche Verdauungsstörungen daraus ergeben hätten:

52	Eigelb bei einer Mahlzeit
151	Eigelb in zwei Tagen
156	Austern bei einer Mahlzeit
67	Bananen an einem Tag
120	Passionsfrüchte bei einer Mahlzeit
219	Passionsfrüchte an einem Tag
7	Gurken bei einem Abendessen
16	Melonen von 500 bis 600 Gramm bei einer Mahlzeit (ein Mädchen von 12 Jahren)
15	Kassiefrüchte an einem Tag
1,35 kg	Honig bei einem Nachtisch
7 Liter	Wasser an einem Tag

Anmerkung 1: Die Tatsache, daß derartige Mengen verzehrt und anschließend problemlos verdaut werden können, beweist, daß der Instinkt dem Verdauungspotential Rechnung zu tragen vermag oder, umgekehrt, daß das Verdauungspotential dem vom Instinkt signalisierten körperlichen Bedarf Rechnung zu tragen vermag.

Anmerkung 2: Diese Rekorde wurden zum größten Teil von Schwerstkranken aufgestellt, die sich dabei absolut wohl fühlten und deren spezifische Bedürfnisse sich aus ihrem besonders prekären Zustand heraus erklären lassen.

Anmerkung 3: Derartige Heldentaten werden aber nicht täglich begangen. Sie können also, was Ihren Geldbeutel anbelangt, beruhigt sein...

Anziehung und Ablehnung schwanken. Mit dem Ergebnis, daß Sie einen diffusen Geschmack wahrnehmen, der sich von einem Tag zum andern kaum verändert, nicht mehr jedenfalls als Ihr Metabolismus, so wie er von Ihrer täglichen Ernährung gesteuert wird. Sie werden daraus schließen, daß Bananen immer ein und denselben Geschmack haben, und dabei ist das in Wirklichkeit auf die paradoxe Funktion Ihres Instinkts zurückzuführen. Und da es allen Leuten mehr oder weniger ähnlich ergeht, empfinden auch alle ein wenig denselben diffusen Geschmack. Und dann einigt man sich darauf, daß dies eben der Geschmack von Bananen sei. In Wirklichkeit ist das ein Irrtum der Gesellschaft...

Ihre Beweisführung erscheint mir auch etwas paradox. Gibt es zwischen den einzelnen Menschen denn nicht erhebliche Unterschiede? Einige werden ernährungsmäßig stärker überlastet sein als andere, und dann müssen sie doch auch eine andere Geschmacksempfindung haben?

Sicherlich. Aber da Sie selbst nicht wissen können, was Ihr Mann, Ihre Schwester oder Ihre Schwiegermutter nun wirklich bei ein und demselben Obst schmecken, glauben Sie zu wissen, wovon Sie sprechen, wenn Sie einmütig ›Geschmack der Banane‹ sagen. Und doch schmeckt jeder dabei gewiß etwas anderes. Für die verschiedenen Geschmacksarten gibt es keine Meßlatte. Das ist ein Thema, bei dem man gar nicht objektiv sein kann. Bedenken Sie aber, daß gekochte Nahrungsmittel sich im Geschmack nicht ändern. Brot schmeckt immer nach Brot.

Und die Gelüste Schwangerer auf Erdbeeren?

Eine gute Frage. Zu Beginn der Schwangerschaft stellt sich der Organismus der Frau um. Auch ihr Bedarf und ihre Instinktsignale. Bananen, die sie am Vorabend noch gern mochte, wird sie abscheulich finden, den Geschmack von Erdbeeren hingegen hervorragend. Da man keine Erklärung für dieses Phänomen hat, sagt man: »Das sind die unberechenbaren Launen von Schwangeren.« Dabei handelt es sich in Wirklichkeit um ein Erwachen des Instinkts.

Das hieße also, daß jede Frucht zwei Arten von Geschmack haben kann, einen guten und einen schlechten?

Es ist sogar noch etwas komplizierter. Eine Frucht kann so viele verschiedene Geschmacksrichtungen aufweisen wie es Unterschiede im Stoffwechselgeschehen geben kann. Ich denke hier an einen Multiple-Sklerose-Kranken, dessen Fall ich kürzlich mitverfolgen konnte: Am Anfang war er in bezug auf Bananen total blockiert, er fand, sie würden nach Gas riechen, wodurch er sie heftig ablehnte. Dann, nach etwa zehn Tagen, verströmten dieselben Bananen, wie es scheint, einen köstlichen Geruch; er begann, bei jeder Mahlzeit zwischen acht und zehn Bananen zu vertilgen. Das ging eine Woche so. Dann verzog er wieder das Gesicht, sobald er sie sich unter die Nase hielt. Ein scheußlicher Geruch, gummiartig, aber anders als der, den er in der ersten Phase wahrgenommen hatte. Dann wurde der Geruch wiederum positiv, und wieder aß er Bananen mit großem Appetit; ihr Geschmack verunsicherte ihn allerdings; er war überzeugt, es handele sich um eine andere Sorte. Als sein Bedarf gedeckt war, rochen die Bananen wieder anders, diesmal nach ranziger Wurst. Das ging so weit, daß er schwor, diese Bananen seien nicht normal, sie seien mit Gas behandelt, voller Chemie, manipuliert... Dabei waren es immer dieselben Bananen.

Da muß es ja zu etlichen Quiproquos kommen?

Einmal hatten wir eine Krankenschwester bei uns, die sich wegen einer Albuminurie (Ausscheidung von Eiweiß im

Harn) behandeln ließ. Sie fing an, zu jeder Mahlzeit Lauch zu essen, den sie milde und köstlich fand. Als sie wieder zu Hause war, beschloß ihr Mann, die Diät mitzumachen, um sie moralisch zu unterstützen. Sie beeilte sich, ihrem Mann den Lauch zu empfehlen, der ihr so phantastisch schmeckte. Für ihn war er aber derart scharf, daß er ihn beim ersten Bissen schon ausspucken mußte. Seine Frau aber bestand darauf, jeden Tag ging nun das Schauspiel wieder an, und sie gerieten sich regelrecht in die Haare. Der arme Mann verbrannte sich immer die Zunge, warf seiner Frau vor, ihn zum besten zu halten, während sie ihn beschuldigte, aus reinem Widerspruchsgeist nur so zu tun. Es hätte nicht viel gefehlt, dann hätten sie sich wegen einer lächerlichen Lauchgeschichte scheiden lassen... Aber die Albuminurie verschwand bald, und sie waren schließlich dann beide davon überzeugt, daß die Instinktotherapie sehr ernstgenommen zu werden verdient.

Sie sehen nicht so aus, als würden Sie sich selbst sehr ernst nehmen?

Ich finde, es gibt nichts Langweiligeres, als immerzu über die Ernährung zu reden. Und Sie?

Ihre Ideen sind für mich eher überraschend. In dieser Form habe ich noch nie über Diätetik sprechen hören.

In der Diätetik wie in der Philosophie hat man noch nicht verstanden, daß Geschmack und Geruch keine Sinne sind wie die übrigen. Nehmen Sie das Sehen, beispielsweise. Wenn Sie einen Bedarf an Erdbeeren haben, so ist ihr Geschmack köstlich und ihre Farbe rot. Wenn Sie so lange gegessen haben, bis Sie instinktiv aufhören, haben sie einen scheußlichen Geschmack, und Sie werden weder das Süße noch das Fruchtige herausschmecken, aber sie sind immer noch rot! Die Farbe ist eine objektive

Gegebenheit, die direkt mit dem Objekt verbunden ist. Der Geschmack, den Sie wahrnehmen, hängt vom Belieben Ihres Instinktcomputers ab und ändert sich nach den jeweiligen Gegebenheiten Ihres Stoffwechsels; man kann also sagen, daß er in der Hauptsache subjektiv ist. Der Beweis dafür ist, daß man die Farbe einer Erdbeere fotografieren, ihre Wellenlänge messen kann. Aber ihren Geschmack kann man nicht fotografieren und ihren Geruch nicht messen.

Irgendwie stört mich das, von der Philosophie her betrachtet. Mir erschienen die fünf Sinne immer als eine homogene Einheit.

Das haben wir in der Schule gelernt. Aber es ist falsch. Geschmack und Geruch sind gewissermaßen die Leitung, über die der Ernährungsinstinkt sich äußert. Wenn Ihre Zungenpapillen die von einer Frucht abgegebenen Moleküle auffangen, so senden sie ein Signal aus, das nur dann an die Zentren Ihrer bewußten Wahrnehmung weitergeleitet wird, wenn Sie diese Frucht brauchen. Wenn Ihr Organismus sie nicht braucht, wird dieses Signal zurückgehalten, und Sie spüren überhaupt nichts mehr, zumindest nichts Angenehmes.

Ah! Jetzt übertreiben Sie aber wirklich. Ein Apfel riecht nun aber bestimmt immer nach Apfel!

Da muß ich Ihnen leider widersprechen. Jetzt werde ich Ihnen noch eine kleine Geschichte erzählen, um Sie zu überzeugen. Es war die erste Beobachtung, durch die mir bewußt wurde, wie absolut relativ der Geruchssinn tatsächlich ist. Wir hatten im Keller einen ziemlichen Vorrat an Lageräpfeln für den Winter; sie verbreiteten einen köstlichen Geruch. Eines Tages bittet meine Frau mich, einen Korb voll für das Essen raufzuholen. Ich erinnere mich noch an das wundervolle Aroma, das meine Lungen füllte, als ich die Tür aufmachte. Nach dem Abendessen brachte ich den Korb wieder in den Keller zurück und freute mich schon auf diese erhebenden Düfte, die des wunderbarsten Garten Eden angemessen gewesen wären. Ich öffnete also wieder die Tür und – nichts mehr! Es hing lediglich ein ganz leichter Geruch nach Schimmel und gestampftem Lehmboden im Raum. Der Apfelduft war völlig verschwunden. Im ersten Moment habe ich mich gefragt, ob irgend jemand inzwischen gelüftet oder die Kisten mit den Äpfeln weggenommen hat. Es schien mir undenkbar, daß die Sensibilität meiner Nase sich derart verändert haben sollte.

Wie erklärt es sich dann, daß Sie den Schimmelgeruch, der doch bestimmt schwächer als der der Äpfel gewesen ist, noch wahrgenommen haben?

Das war tatsächlich das Verwirrendste daran. Man mußte wohl davon ausgehen, daß mein Geruchssinn seine Empfänglichkeit für Äpfel, nicht aber für andere Düfte gesperrt hatte.

Hatten Sie in der Zwischenzeit Äpfel gegessen?

Daran kann ich mich nicht erinnern, darauf hatte ich im Moment nicht geachtet. Aber es ist gut denkbar, und es würde auch erklären, warum dieser Geruch verschwunden war. Da mein Organismus keine Äpfel mehr benötigte, bestand für meinen Geruchssinn auch keine Veranlassung mehr, diese Früchte für mich attraktiv zu machen.

Das heißt also, daß ein Geruch, selbst wenn er in der Luft hängt, unter Umständen überhaupt nicht wahrgenommen wird! Dabei arbeitet das Geruchsorgan doch aber ständig?

Man weiß seit Anfang des Jahrhunderts, daß es im Gehirn der Ratte beispielsweise Nervenanschlüsse gibt, die dieses Phänomen sehr gut erklären. Die Geruchspapillen der Nasenschleimhaut werden durch Nervenstränge mit dem Riechkolben verbunden, andere Nervenstränge wiederum gehen vom Riechorgan in die Gehirnzentren der bewußten Wahrnehmung. Aber dann gibt es noch einen dritten Nervenstrang, der seltsamerweise vom Hypothalamus aus zum Riechkolben führt. Diese Art der Verkabelung hat man lange nicht zu deuten gewußt.

Sagten Sie Hypothalamus?

Das ist ein ganz in der Nähe der Hypophyse gelegener Teil des Gehirns, der das vegetative Nervensystem und das gesamte Stoffwechselgeschehen kontrolliert. 1974 durchgeführte direkte Messungen des Nervenimpulses haben ergeben, daß der Hypothalamus dem Riechkolben ein Signal sendet, welches in der Lage ist, den von den Geruchspapillen gesendeten Nervenimpuls bei seiner Weiterleitung zu modulieren, daß nur ein Teil davon bis zur Hirnrinde gelangt. Man hat beispielsweise eine Ratte an einem Nahrungsmittel riechen lassen, bevor sie ihr Futter bekam, und da ging ein ganz starker Nervenimpuls vom Riechkolben aus; nach dem Essen hingegen passierte fast überhaupt nichts mehr.

Wieso ist man nicht sofort darauf gekommen, daß der Geruch sich mit den Bedürfnissen des Organismus verändert?

Doch, man ist schon darauf gekommen, aber nur in bezug auf die Ratte! Da derartige Reaktionen mit herkömmlicher Kost praktisch nicht beobachtet wurden, hat man sich damit begnügt zu meinen, der Mensch habe seinen Instinkt verloren!

Und niemand hat jemals ähnliche Versuche angestellt wie Sie?

Nicht daß ich wüßte. Man kommt nicht leicht darauf, daß das, was man mit den Sinnen empfindet, direkt vom Zustand des Körpers abhängt. Man glaubt dann, der Geruch gehöre genauso zum Nahrungsmittel wie sein Gewicht, seine Form, seine Temperatur. Das wäre anders, wenn ein Baby seine unterschiedlichen Geruchs- und Geschmacksempfindungen ausdrücken könnte. Ein Baby bekommt nur leider überhaupt kein ursprüngliches Nahrungsmittel mehr zwischen die Zähne.

Vielleicht müßte man damit anfangen, bevor es überhaupt Zähne hat.

Jeder Lernvorgang muß zu dem von der Natur vorgesehenen Zeitpunkt erfolgen. Statt dessen verabreicht man Babys gräßliche Fläschchen mit gekochter und gezuckerter Kuhmilch; ein Gummigeruch kommt hinzu, der dem Inhalt der Flasche überhaupt nicht entspricht. Und wenn sie ein Obst möchten, dessen Geruch ihnen verlockend erscheint, so verwehrt man es ihnen oder mischt es einem scheußlichen Stärkemehlkleister unter, den man bombastisch ›Getreidebrei‹ getauft hat.

Das stimmt; um den Geruchssinn des Kindes zu entwikkeln, wird überhaupt nichts unternommen.

Und dann wundert man sich darüber, daß die Erwachsenen einen geschwächten Geruchssinn haben! Die Gehirnzentren müssen sich in der Kindheit ausbilden, und dafür bedürfen sie einer Stimulation, die mit einem Minimum an Lerntätigkeit einhergehen muß. Denn sonst entwickeln sich die Nervenstränge nicht normal, und die entsprechenden Gehirnanschlüsse bleiben unvollendet.

Demnach wäre es äußerst wichtig, Babys von Anfang an schon rohes Obst und rohes Gemüse zu geben, damit ihr Zahnfleisch kräftig wird – und ihre Nase!

Ganz gewiß. Dabei macht man genau das Gegenteil dessen, was man tun müßte. Stellen Sie sich eine junge Mama vor, die eine Banane zu essen beginnt, während ihr Sprößling in seiner Wiege schläft. Beim Ausatmen verströmt sie einen wunderbaren Duft, der bis zur Nase des Babys dringt. Und das Baby, das spürt, wie dringend es frisches Obst braucht, fängt an zu weinen. Was macht nun die Mama? Sie denkt natürlich nicht an das Geruchsproblem ihres Babys. Sie wird ihre Banane auf den Tisch legen, wird sich fragen, warum sich ihr Kleines heiser schreit, sie wird das Kind aus dem Bettchen nehmen, das Höschen ausziehen, ihm die Windeln wechseln, es wieder anziehen und, da es immer weiter weint, unter dem Kinn kitzeln, was ihm noch mehr Appetit macht, sie wird ihm einen nicht eßbaren Nuckel in den Mund stecken, ärgerlich werden, wenn es ihn wieder ausspuckt, sie wird es schütteln, nervös werden, ihm einen Klaps geben, es wieder hinlegen, ihre Banane weiteressen und sich die Ohren zuhalten...

Welchen Unterschied würde es für das Kind machen, eine verrückte Mutter zu haben? Das würde das Kind genauso traumatisieren. Es wird seinen Geruchssinn mit Ängsten koppeln, die seiner zukünftigen Entwicklung überhaupt nicht zuträglich sein werden.

Natürlich versetzt man sich nicht in die Lage des Babys. Man vergißt vollkommen, daß der Geruchssinn eine äußerst wichtige Rolle spielt, und das belastet den Lernprozeß dann endgültig mit Konflikten.

Wie kommt es, daß der Instinkt trotzdem funktioniert?

Gerade aus diesem Grund bedarf es zweifellos einer Umerziehung. Das fängt schon bei der einfachen Sensibilität an. Tiere nehmen Gerüche auf eine außerordentliche Entfernung wahr, einige Moleküle, die an ihre Nüstern gelangen, reichen da schon. Wir armen Menschen dagegen müssen uns ein Nahrungsmittel direkt unter die Nase halten, um zu erkennen, ob es uns zuträglich ist, müssen es zerschneiden, mit dem Messer aufteilen...

Wie lange braucht man, um eine normale Sensibilität wiederzuerlangen?

Eine normale... Sagen wir, eine akzeptable! Einige Monate. Das hängt davon ab, wie man die Sache angeht. Ich habe schon erlebt, daß Leute, die fast überhaupt keinen Geruchssinn mehr hatten, ihn in wenigen Tagen wiederfanden. Das sind sehr wahrscheinlich die Fälle, bei denen die Funktion des Riechkolbens durch den Hypothalamus unterdrückt wurde, was aufhört, sobald man zur Instinktotherapie übergeht. Diese Menschen hielten ihren Geruchssinn durch die tägliche überhöhte Nahrungszufuhr gewissermaßen funktionsunfähig. Um nun zu wissen, was ein normaler Geruchssinn ist... Die Buschmänner sollen eine genauso empfindliche Nase haben wie Tiere.

Die Degenerierung dieses Sinnes wäre also nicht zwangsläufig genetischer Art?

Man kann sie ohne weiteres auf die Konsequenzen der Nahrungsüberlastung zurückführen. Das genetisch zu erklären ist ein bißchen willkürlich.

Und was machen die Leute, bei denen der Geruchssinn überhaupt nicht vorhanden ist?

Zum Beispiel nach einer Operation, die zu einer vollkommenen Durchtrennung des Geruchsnervs geführt hat: Dann kann man sich auf seinen Geschmackssinn verlassen. Man kann die zur Verfügung stehenden Nahrungsmittel kosten, ohne sie herunterzuschlucken, um die Verdauung nicht zu komplizieren. Mit dem Geruch geht es natürlich schneller. Aber mit ein wenig Gewöhnung findet man die Frucht, die einem am zuträglichsten ist, in Sekunden.

Und wenn man einfach in die Frucht beißt, auf die man am meisten Lust hat?

Leider stimmen Lust und Bedarf nicht überein: Man kann in Gedanken Lust auf etwas haben, unsere wirklichen Bedürfnisse aber geben nur die Sinnesorgane wieder.

Ist das nicht ein Eingriff in die persönliche Freiheit, nicht das essen zu können, was man gerade möchte?

Aber nein. Das Nahrungsmittel, das unser Geruchssinn für uns auswählt, das also am besten unserem Bedürfnis entspricht, wird uns auch am besten schmecken.

Und Freiheit, das ist das Recht auf Genuß, es sei denn, man ist Masochist. Gehorsam seinem Geruchssinn gegenüber ist daher ein Synonym für Freiheit!

Sie haben vielleicht so Syllogismen...

Vor allem die Erfahrung des Genusses. Ich glaube, es gibt kein Ernährungssystem, das einen größeren Genuß verschafft als die Instinktotherapie. Und im übrigen handelt es sich bei ihr nicht um ein System, sie bedeutet vielmehr die Abschaffung jedes Systems...

Sie haben eine neue Form der Gastronomie erfunden.

Wenn Sie so wollen. Sagen wir vielleicht lieber, daß ich die ursprüngliche Gastronomie wiedergefunden habe: den Genuß, der Gehorsam kompensiert. In der kulinarischen Gastronomie sucht man Genuß, indem man sich von der Natur entfernt, indem man das unnatürlich Raffinierte bei der Zubereitung der Speisen immer weiter treibt.

Geht die ›Nouvelle cuisine‹ nicht schon ein bißchen in Ihre Richtung?

Mehr oder weniger. Irgendwie verspüren alle das Bedürfnis, zum Natürlichen zurückzukehren, selbst die routiniertesten Köche. Man beginnt überall zu verstehen, daß der Wettlauf zu immer mehr Raffinesse eine Sackgasse ist, so etwas wie eine Spirale, aus der es keine Umkehr mehr gibt.

*Wenn ich Sie recht verstehe, geben Sie sich ganz frei dem Genuß hin. Ist das nicht Gourmandise?**

Was nennen Sie Gourmandise?

Die Suche nach Gaumenfreuden und einem intensiven Sättigungsgefühl...

Wenn Sie Ihrem Organismus etwas Gutes tun können mit dem Genuß, was kann dann schlecht daran sein?

Ja, dem Begriff von Gourmandise haftet immer etwas von Schädlichkeit an.

Also gut. Demnach muß Gourmandise Genuß und Schädlichkeit vereinen. Sie werden sehen, daß das mit ursprünglicher Kost nicht möglich ist. Nehmen wir einmal an, Sie essen Erdbeeren, ohne jede Zugabe. Sie werden Ihnen köstlich schmecken, es bereitet Ihnen einen großen Genuß, sie zu essen, und nach dem Gesetz der instinktiven Ernährungsweise können sie Ihnen nur guttun. Hier haben wir also Genuß, aber keinerlei Schädigung. Zweiter Fall: Nehmen wir an, daß Sie Erdbeeren essen, obwohl Ihr Körper sie gar nicht braucht. In dem Fall, wiederum nach dem Gesetz der instinktiven Ernährungswei-

---

* Feinschmeckerei

se, werden sie Ihnen nicht bekommen und somit schädlich für Sie sein. Nur: Sie werden sie so schlecht finden, daß Sie auch keinen Genuß haben werden. Schlußfolgerung: Mit einem ursprünglichen Nahrungsmittel ist Gourmandise nicht möglich. Genuß bei gleichzeitiger Schädigung ist nicht möglich.

In der Natur gibt es also keine Gourmandise?

Dann müßte man den Instinkt überlisten. Wenn die Erdbeeren Ihnen nicht schmecken, dann streuen Sie Zucker darüber und geben einen Klacks Schlagsahne hinzu. Und so können Sie sie dann essen, ohne daß Ihr Körper sie braucht. Diese Mischung wird Ihrem Gaumen schmeicheln, während dieses Obst nur Ihren Verdauungsapparat überlasten und Ihren Stoffwechsel stören wird. Hier haben wir also Genuß und Schädigung gleichzeitig.

Ich finde es, vom philosophischen Standpunkt aus betrachtet, sehr wichtig festzuhalten, daß es Gourmandise im Urzustand nicht gibt. Sie ist das Ergebnis einer Art Kurzschluß zwischen der Intelligenz und dem Instinkt.

Das ist eine Art Erbsünde?

Vor noch nicht allzu langer Zeit betrachtete man Gourmandise als eine der Hauptsünden. Mit all unserem Fortschritt haben wir sie dann als kleine Schwäche eingestuft.

Wenn Sie sich nun dazu zwingen würden, die Erdbeeren auch dann noch herunterzuschlucken, nachdem ihr Geschmack umgeschlagen ist, kommt da nicht ein Moment, wo Sie sich daran gewöhnen und auch der Genuß wiederkehrt?

Auf diesem Gebiet gibt es keine Gewöhnung. An ein ursprüngliches Nahrungsmittel kann man sich nicht gewöhnen. Sobald man die Menge gegessen hat, die dem

Bedarf entspricht, und dann ein ›Mehr‹, das die Verdauungskapazität übersteigt, läßt der Instinkt ›auf Rot umschalten‹. Dann kann man es einfach nicht runterschlucken. Und dann muß man etwas anderes finden, ein Nahrungsmittel, das das Gleichgewicht wieder herstellt, das soeben durch ein Zuviel gestört worden war. Mit Kochkost ist das ganz anders: Man kann sich daran gewöhnen, gekochte Kartoffeln zu essen, sogar so lange, bis man fettleibig geworden ist. Ihr Geschmack wird sich niemals verändern, denn der Instinkt ist an sie nicht angepaßt, und dadurch werden sich auch die Mechanismen der Geschmacksveränderung nicht in Gang setzen. Sie können sich daran gewöhnen, wie man sich an jedes sich wiederholende Verhalten gewöhnt.

Was geschieht, wenn Sie mit einem natürlichen Nahrungsmittel zuviel des Guten tun?

Wenn man es noch nie versucht hat, glaubt man, daß man das könne. Manchmal sind die vom Organismus geforderten Mengen größer, als man es sich vorstellen könnte, und dann hört man zu essen auf, schon bevor der Instinkt dazu auffordert. Dann hat man den Eindruck, daß man nach Belieben weiteressen könnte. Versuchen Sie einmal, Erdbeeren, ohne Zugabe, zu essen, ohne aufzuhören: Ihr Geschmack wird mehr oder weniger schnell umschlagen, wird unangenehm und unerträglich beißend werden, so daß er, wenn Sie nicht aufhören, Ihnen dermaßen auf der Zunge brennt, daß Sie gar nicht weiteressen können.

Wirklich?

Es würde Ihnen so weh tun, als hätten Sie sich die Haut abgeschürft.

Nicht gerade einladend, Ihre Diät...

Da man ja in der Genußphase bleiben will, gibt es überhaupt kein Problem. Im Gegenteil, ich garantiere Ihnen, daß die Intensität des Genusses nicht weniger intensiv ist als das Bedürfnis, aufzuhören zu essen, das ich Ihnen gerade beschrieben habe.

Ich für meinen Teil bin sicher, daß ich, wenn ich rohe Äpfel esse, niemals denselben Genuß verspüren werde wie bei einer Apfeltorte, die frisch aus dem Ofen kommt...

Sie begehen wieder denselben Irrtum: Sie vergessen, daß Sie völlig unter dem Einfluß der Überlastung durch gekochte Nahrung stehen, da muß Ihnen der Geschmack roher Kost uninteressant vorkommen. Für Sie schmeckt der rohe Apfel noch nicht wie ein roher Apfel...

Und Sie glauben, daß sich das ändern könnte?

In dem Maße, wie Sie mit dem Instinkt essen, wird die Überlastung resorbiert werden, und dann entdecken Sie Geschmacksebenen, wie Sie es nie für möglich gehalten hätten. Sie werden von einem Entzücken ins andere verfallen, und das geht so weit, daß Kochrezepte Ihnen bald flach und langweilig vorkommen werden.

Schade... all die kleinen Tafelfreuden...

Aber was verlieren Sie dabei, wenn Sie sie doch gegen noch größere Genüsse eintauschen? Wenn man erst einmal verstanden hat, daß die durch allerlei Kunstgriffe erzielten Genüsse nur Sinnestäuschungen sind...

Trotzdem: eine Schüssel Nudeln mit einem Stück Butter... Das ist nahrhaft und tut einfach gut.

Da erinnern Sie mich an eine kleine Anekdote, die auf die Zeit kurz vor der Instinktotherapie zurückgeht. Damals hatten meine Frau und ich schon so unsere Zweifel in bezug auf den tatsächlichen Nährwert der Dinge, die wir zu uns nahmen. Wir glaubten, daß wir durch das Würzen Gefahr liefen, mehr als nötig zu essen, weil die Speisen dadurch zu verlockend würden. Konsequenterweise beschlossen wir deshalb eines schönen Tages, unsere Vollwert-Nudeln ohne jede Zutat, nur in Wasser gekocht, auf den Tisch zu bringen. Warum sollten wir Salz oder Butter hinzugeben, sie waren schließlich vollwertig und würden uns ein ganzes Spektrum von gehaltvollen und ausgewogenen Nährstoffen zuführen, wie das ganze Weizenkorn mit seiner peripheren Aleuronschicht... Sie wissen schon. Kurz, ich sehe noch die dampfenden Teller vor uns und das Gesicht, das wir zogen, nachdem wir den ersten Bissen geschluckt hatten: ein wäßriger, eisenartiger, brechreizerzeugender Geschmack schreckte uns ab, das Experiment fortzusetzen. So kehrten wir denn zur guten alten Kochkunst zurück: eine Prise Salz und ein Stückchen Butter reichten, um aus diesem miserablen Essen schlagartig ein köstliches Mahl werden zu lassen. Und doch waren es dieselben Nudeln, unter Würzstoffen versteckt. Der derart vermittelte Genuß entsprach nicht dem tatsächlichen Geschmack des Nahrungsmittels.

Und die Gewürzstraße? Und Gandhis Salzmarsch?

Folgern Sie selbst...

Dann wäre Kochen ein grundlegender Irrtum?

Sagen wir, daß es eine Kunst ist: die Kunst, sich von Illusionen zu ernähren...

Ich komme nicht dagegen an: Irgendwie empfinde ich doch so etwas wie Nostalgie bei dem Gedanken, nun endgültig auf all die guten Gerichte verzichten zu sollen, die seit meiner Kindheit auf den Tisch kamen.

Gourmandise?

Nicht nur. Ich habe den Eindruck, als würde mir ein Teil genommen, als würde ich vieler meiner Erinnerungen beraubt.

Sie wissen etwas über Psychoanalyse. Nach Freud entsteht das größte Trauma des Daseins in der frühen Kindheit, wenn das Kind Liebesgefühle seinen Eltern gegenüber verdrängen muß. Das Kind erwartet eigentlich Liebe und erhält statt dessen einen Teller Suppe oder Kartoffeln; das erfüllt nicht sein Herz, füllt aber den Magen, der nur wenig tiefer sitzt. Damit wird das Essen, das man ihm gibt, zum Symbol elterlicher Liebe. Später wird das Kind, sobald es ein Problem, eine Depression, einen Kummer hat, wiederum Zuflucht zum Essen nehmen, das in seinem Unterbewußtsein noch immer die Liebe seiner Mutter verkörpert.

Dann kann ein Nahrungsmittel ein Liebessymbol sein?

Symbol wie auch Ersatz. Symbol, weil es an einen lieben Menschen oder an eine Stimmung erinnert. Ersatz, weil es eine der Liebe ähnliche Befriedigung verschafft. Man sagt ja auch, daß Liebe durch den Magen geht.

Man kompensiert also seinen Kummer, indem man sich der Bulimie hingibt. Wenn man aber nach der Instinktotherapie lebt und sich schrankenlos dem Genuß hingibt, besteht da nicht die Gefahr von Fettleibigkeit?*

Das hieße den eigentlichen Sinn des Instinkts leugnen. Im Gegenteil. Es ist die ideale Abmagerungskur. Ich habe Menschen, die unter unheilbarer Fettsucht litten, ein Kilo täglich ohne die geringste Frustration abnehmen sehen.

---

* Gefräßigkeit

Das heißt, daß der Instinkt einem den ganzen Appetit nimmt, um den Organismus zu zwingen, aus seinen Reserven zu schöpfen?

Überhaupt nicht. Wenn man viel ißt, nimmt man gerade am schnellsten ab.

Sie haben wahrhaftig Sinn für das Paradoxe!

Man argumentiert immer, als sei der Körper so etwas wie ein durchlöcherter Sack: die Nahrung, die man hineinfüllt, kommt durch das Loch wieder raus. Gibt man zuviel hinein, bläht der Sack sich auf. Verringert man die einzugebende Menge, entweicht die Luft wieder. Dieses Modell ist ein bißchen zu vereinfachend!

Bei gekochter Nahrung stimmt es allerdings. Je mehr man eine Gans mästet, desto fetter wird sie, ihre Leber ist voller kleiner weißer Kugeln, die zeigen, daß sie mit ihrer Assimilationsarbeit nicht nachkam. Daraus macht man dann Gänseleberpastete und delektiert sich.

Und dabei ist sie so schrecklich gut!

Es lebe die Kochkunst: Ein krankes Organ, gut zubereitet, genügt schon, höchste Gaumenfreuden zu vermitteln.

Was ist in diesen kleinen Fettkügelchen drin?

Die Nahrungsüberschüsse, die umzusetzen die Leber nicht geschafft hat, und wahrscheinlich jede Menge von durch das gekochte Futter entstandenen Toxinen.

Sie verderben mir den Appetit...

Was ist das: Appetit?

Und wenn man Gänse mit rohen Nahrungsmitteln mästet?

Das wird nie gemacht. Ich habe es nie versucht, aber ich bin sicher, daß das nicht ginge. Sie würden nicht nach Belieben fett werden.

Hingegen konnte ich zahlreiche Experimente mit Fettleibigen der Spezies Mensch machen: Je mehr rohe Nahrungsmittel sie aßen, desto mehr nahmen sie in der Regel auch ab. Die ursprünglichen Nährstoffe, die durch ihren Instinkt sorgfältig ausgewählt worden waren, bewirken einen Austausch, durch den die in den Fetten abgelagerten Toxine freigesetzt werden. Je größer die Nahrungszufuhr ist, desto schneller geht der Fettabbau vonstatten.

Besteht dabei nicht die Gefahr, daß man zu schnell abnimmt? Wenn ich dann nur noch Haut und Knochen bin...

Aber nein. Der Instinkt paßt auf. Sobald es zu einem Defizit kommt, wird die Nahrungszufuhr automatisch so dosiert, daß die Gewichtsabnahme gestoppt wird. Meistens folgen zwei Phasen aufeinander: zuerst eine Abmagerungsphase, in der man das überflüssige Fett verliert: die Hängebacken, Zellulitis, den Embonpoint*. Dann eine Phase, in der sich die Muskulatur entwickelt, was für die Ästhetik sehr vorteilhaft ist.

Es gelingt mir einfach noch nicht, in diesen Ernährungsinstinkt Vertrauen zu haben.

Mit gekochter Nahrung mußten Sie ihm ja auch mißtrauen. Da täuscht er sich schließlich regelmäßig.

Die Instinktotherapie bringt also allen Menschen mit Figurproblemen die Traumlösung? Essen, soviel man will, im Zeitraffertempo abnehmen und dabei auch noch schöner werden...

---

* Schmerbauch

Auszug aus:
Les grands singes, Christian Zuber,
Verlag: Flammarion

Gorilla: Der schwerste unter den Primaten. In der freien Natur beträgt das Gewicht der männlichen Tiere zwischen 140 und 185 kg, in Gefangenschaft kann es 318 kg erreichen.

Anmerkung: Die gleichen Gewichtsverschiebungen lassen sich bei den in Gefangenschaft befindlichen Hominiden* beobachten.

Das ist effektiv das, was man, bis auf einige wenige Ausnahmen, beobachten kann. Ich habe Menschen von 150 kg, die alles versucht hatten (Diätkuren, Fasten, Medikamente, alles ohne Erfolg), in drei Monaten bis zu 54 kg abnehmen sehen.

Und Fasten ist weniger wirksam? Das ist paradox!

Mit der Instinktotherapie gibt man dem Organismus Gelegenheit, die Nährstoffe herauszufinden, die die festgefahrenen Mechanismen wieder in Gang setzen. Meistens wartet der Körper nur auf günstige Umstände, um wieder eine normale Gestalt anzunehmen. Schauen Sie sich einmal wilde Tiere an: Innerhalb einer bestimmten Art haben sie alle genau den gleichen Leibesumfang. Selbst die Nilpferde.

Und wenn jemand zu mager ist, bevor er mit der Instinktotherapie anfängt?

---

* Vertreter der Familie der Menschenartigen

Dann wird er sofort zunehmen, abgesehen von einem kleinen Gewichtsverlust in den allerersten Tagen. Ich habe oft ehemalige Vegetarier, die sich langsam einer Magersucht näherten, nach einigen Wochen mit vollen Wangen und phantastischen Brustmuskeln wiederkommen sehen.

Es ist immerhin seltsam, daß ein und dieselbe Diät die Mageren zunehmen und die Dicken abnehmen läßt.

Die Instinktotherapie ist eben keine Diät. Der Instinkt erlaubt jedem einzelnen, seine Nahrungszufuhr entsprechend den wahren Bedürfnissen seines Körpers zu steuern. Daraus ergibt sich eine solche Regulierung, daß jeder Organismus schnellstmöglich wieder seine normale Linie zurückerlangt.

Natürlich kann man dann nicht mehr so argumentieren, wie wir es von der Diätetik gewohnt sind.

Die Instinktotherapie ist die Antidiätkur schlechthin. Bei ihr beruht alles auf Genuß und nicht auf der Einhaltung irgendwelcher mehr oder weniger frustrierender Vorschriften. Sie ist das ganze Gegenteil von Diät- oder Fastenkuren, die immer etwas Selbstquälerisches haben.

Immerhin verzichten Sie auf alle gekochten Nahrungsmittel.

Das stimmt, aber bei diesem Tausch verliert man nichts! Alle Appetithäppchen, die Ihre Leber verkraften könnte, sind nichts im Vergleich zu der Genußebene, die Ihnen ›Instinkto‹ tagtäglich verschafft; plus der Gesundheit obendrein!

Wenn Sie auf die eine Waagschale ›Scheingenuß + Krankheit‹ und auf die andere ›wahrer Genuß plus Gesundheit‹ legen – nach welcher Seite wird sie ausschlagen? Wenn darüber hinaus der Genuß der zweiten Waagschale doppelt so hoch ist wie der der ersten?

Ich würde mich als Gefangene eines Systems fühlen.

Im Gegenteil. Ein System ist das Kochen. Nur – da Sie unter diesem System geboren sind und die ganze Welt eifrig mitmacht, erkennen Sie gar nicht, daß Sie eine Gefangene sind. Der beste Beweis ist, wie schwer es fällt, sich daraus zu befreien; dazu bedarf es einer ganz bewußten Anstrengung. Und keiner geringen!

Aber Sie, Sie hängen doch auch an Ihrer Ernährungsweise?

Das ist etwas anderes. Ich hänge daran, weil die Fakten mir beweisen, daß diese Ernährung korrekt ist und auch, weil diese Theorie kohärent ist. Würde ich sie aufgeben, hätte ich das Gefühl, gegen die elementarste Logik anzugehen.

Hängen Sie nicht auch daran, weil sie Ihnen Genuß verschafft? Wie der Gastronom an der Gastronomie? Denn Sie sagten doch, daß es einen außerordentlichen Genuß verschafft, ursprüngliche Kost zu essen?

Zweifellos. Aber das ist ein Genuß, der einen nicht zum Gefangenen macht. Der Übergang von roher und gekochter Nahrung hat überhaupt nichts Symmetrisches. Wenn man beispielsweise ›Instinkto‹ ißt und dann mal einige gekochte Speisen zu sich nimmt, kehrt man sehr schnell wieder zu gekochter Nahrung überhaupt zurück. Diese aber übergeht den Instinkt, überlastet den Organismus; man verliert sehr schnell den Geschmack am ursprünglichen Essen, das kompensiert man mit noch mehr gekochter Nahrung – und schon steckt man in einem Teufelskreis. Man braucht sich nur gehen zu lassen, und in wenigen Tagen ist man abgerutscht.

In wenigen Tagen! Wenn man die herkömmliche Ernährungsweise aufgibt, muß man sich ganz im Gegenteil sehr lange jedes denaturierten Nahrungsmittels enthalten, um ursprünglicher Nahrung ihren ganz normalen Geschmack abzugewinnen. Ohne Selbstdisziplin fällt man von einem Augenblick zum anderen in alte Kochgewohnheiten zurück. Man hat das Gefühl, kämpfen zu müssen, um aus diesem Loch herauszukommen. Und da auf dem Grunde des Lochs Krankheit lauert...

Wenn der Genuß mit natürlicher Nahrung größer ist als mit gekochter, müßte man doch umgekehrt zur rohen Nahrung hin abrutschen...

Der Genuß ist intensiver und vollkommener, aber nicht gleich am Anfang; derartige Genüsse bleiben einem so lange verwehrt, wie der Organismus noch durch denaturierte Kost gestört ist. Zunächst einmal muß man, je nach Fall, mehr oder weniger lange gegen die ›Versuchung‹ ankämpfen.

Trotzdem finde ich es erstaunlich, daß der Instinkt nicht gegen ein solches Abrutschen schützt.

Das ist leider so! Unser Instinktmechanismus ist an Urkost angepaßt. Das ist die grundlegende Hypothese der Instinktotherapie überhaupt. Es gibt keinen Grund, warum unsere genetisch programmierten Automatismen uns gegen Nahrungsmittel schützen sollten, die aus der Bratpfanne oder aus dem Backofen kommen, oder, ganz allgemein, unserem Hirn entspringen.

Für Sie ist das Kochen wirklich eine Art Falle?

Haben Sie sich, als begeisterte Astrologin, noch nie gefragt, warum unser ganzer Planet sich unter das Zeichen des Kochens gestellt hat?

Ich hätte nie gedacht, daß man, wenn man alles roh ißt, überhaupt leben kann...

Das war natürlich die Frage. Einer mußte sich also opfern, um das zu beweisen. Nun, da wir zwanzig Jahre Abstand gewonnen haben, unsere Kinder sich gut entwickeln, ohne irgendwelche Probleme gesundheitlicher Art...

Wenn alles so perfekt ist, dann verstehe ich aber nicht, was die ersten Menschen dazu veranlaßt hat, ihre Nahrung zu kochen. Wenn sie bei ihrer rohen Kost doch alle Urfreuden fanden...

Lassen Sie mich Ihnen eine kleine Geschichte erzählen, weil Sie dann verstehen werden, was geschehen sein könnte, sobald unsere Vorfahren das Feuer zu beherrschen gelernt hatten: Nehmen wir einmal an, daß eine kleine Sippe Primitiver, die immer alles roh gegessen hatten, eines Tages beginnt, ihr Essen zu kochen. Sei es aus Neugier, sei es aus Zufall; ein Waldbrand vielleicht, bei dem ihr Vorrat an Süßkartoffeln genau richtig gegart worden war...

Süßkartoffeln? Sie können sie aber doch nicht roh gegessen haben.

Warum nicht. Sie bekommen einen wunderbaren Geschmack, *wenn der Körper sie braucht,* eine knusprige, saftige Konsistenz, ein bißchen wie eine Birne, mit einem süßen, aromatischen Geschmack. Wie wir aßen auch diese Primitiven ihre Süßkartoffeln bestimmt roh, mit größtem Genuß, wenn sie sie brauchten. Und brauchten sie sie nicht, dann hinderten eine rauhe Konsistenz und ein Geschmack, der fast an Kölnisch Wasser erinnert, sie am Weiteressen: Das ist die instinktive Sperre beim Verzehr der Süßkartoffel, die Sie eines Tages vielleicht selbst einmal erleben werden.

Die habe ich bereits erlebt. Und immer fand ich nur, daß sie eine abscheuliche Konsistenz und einen ebenso abscheulichen Geschmack haben!

Ich vergaß... Eines schönen Tages werden Sie ihren positiven Geschmack entdecken... Wir sprachen gerade über den ersten Tag, an dem unsere Primitiven gegarte Süßkartoffeln essen konnten. Stellen Sie sich also vor...

Zunächst einmal werden sie schon nicht instinktiv aufgehört haben!

Und Sie raten schon, wie es weiterging. Unsere Primitiven werden eine Menge verzehrt haben, die ihren Bedarf an Glukose, Stärke oder allen anderen Nährstoffen dieser Knollenpflanze bei weitem übertraf. Am nächsten Tag, was geschieht dann, wenn sie versuchen, ihre guten alten Süßkartoffeln wie gewohnt roh zu essen?

Sie werden sie nicht mögen.

Ganz genau. Ihr Instinkt wird sie davon abhalten, die auf das Festmahl vom Vorabend zurückzuführende Überlastung noch zu verschlimmern. Sie werden ihnen also herb und ungenießbar erscheinen.

Und sie werden sich das gar nicht erklären können, stelle ich mir vor.

Da gibt es zwei Möglichkeiten: Entweder denken sie, ihre Süßkartoffeln wären unter dem Einfluß irgendeiner Hexerei so abstoßend geworden; sie fangen also an, sie zu kochen, um die bösen Geister auszutreiben – damit wäre das reinigende Feuer aufgekommen. Oder aber der ernährungswissenschaftlich Gebildetste der Horde sagt: »Diese rohen Süßkartoffeln schmecken uns deswegen so schlecht, weil wir, als wir sie gestern abend gekocht aßen, unseren Instinkt übergangen und unseren Stoffwechsel überlastet haben und weil unser Instinkt, der mit rohen Nahrungsmitteln korrekt arbeitet, uns heute daran hindert, die noch andauernde Überlastung weiter zu verschlimmern.«

Ich kann mir nicht vorstellen, daß die Primitiven so zu argumentieren in der Lage gewesen sein sollen.

Ich auch nicht. Weil nicht einmal unsere heutigen Diätetiker dazu in der Lage sind.

Sie sind hart mit den Diätetikern!

Sie waren hart mit mir: Meinen Krebs bekam ich nach vier Jahren strenger Diät. Das erzähle ich Ihnen gelegentlich mal. Unsere sogenannten Primitiven also hätten demnach am nächsten Tag ihre Knollen wieder gekocht, sie werden die Überlastung noch weiter verschlimmert haben und entfernten sich damit Tag für Tag immer nur weiter vom Geschmack von einst. Nach einigen Generationen dann werden sie total vergessen haben, daß ihre Vorväter die Süßkartoffeln roh aßen, und sie werden zu ihren Kindern sagen: »Süßkartoffeln muß man kochen.« Ich erinnere mich, wie ich, da war ich 7 oder 8, meine Mutter einmal, als sie gerade vor ihrem Herd am Werkeln war, fragte: »Mami, warum kochst du die Kartoffeln?« In einem Ton, der keinen Widerspruch duldete, hatte sie geantwortet: »Hör mal, Kartoffeln muß man kochen!« Ich habe gut zwanzig Jahre gebraucht, um mich davon zu erholen.

Ich habe es dagegen immer völlig normal gefunden, daß man Kartoffeln kocht. Roh schmecken sie abscheulich.

Das kommt, weil wir an demselben Punkt angelangt sind wie unsere Primitiven: Wir glauben, daß eine rohe Kartoffel wie eine rohe Kartoffel schmeckt.

Sie wollen doch damit nicht sagen, daß sie so gut wie eine Frucht schmecken kann?

Dann überlegen Sie einmal, warum kleine Kinder, wenn ihre Mutter beim Kartoffelschälen ist, sich manchmal eine rohe Kartoffel schnappen. Die Mama wird ganz automatisch sagen: »Iß das nicht, das schmeckt doch nicht.« Sie glaubt, daß sie dem Kind so schmeckt, wie sie ihr schmekken würde.

Vor nicht langer Zeit hatten wir hier einen kleinen Jungen, der an Leukämie erkrankt war. Angesichts dieser Tische, auf denen die köstlichsten Früchte standen, Mangos, Datteln, Paradiesfrüchte, wollte er immer nur rohe Kartoffeln. Sogar zur Vesper, so gut fand er sie.

Enthält die Kartoffel nicht ein gefährliches Gift, das nur durch Kochen zerstört wird?

Ja, das Solanin. Es befindet sich vor allem in der Schale und in den Keimen; aber der Instinkt schützt gegen natürliche Gifte!

Stimmt, das vergaß ich. Sie glauben also, man könne sich von rohen Kartoffeln ernähren?

Man würde dann viel weniger Kartoffeln essen, als es gegenwärtig der Fall ist. Es gäbe weniger Fälle von Fettleibigkeit und von Diabetes. Uns hier dient sie eher als eine Art Medikament. Die Süßkartoffel ist nahrhafter als Parmentier-Kartoffeln*.

Es ist beunruhigend, sich vorzustellen, daß man, wenn man ein Nahrungsmittel erst einmal gekocht gegessen hat, es hinterher nie mehr mit dem gleichen Genuß roh essen kann.

---

* In Butter gebratene rohe Kartoffelstückchen, mit Petersilie bestreut

Die Wirklichkeit ist noch schlimmer: Wenn Sie nur ein einziges Mal Gekochtes essen, wird eine allgemeine Überlastung an Nährstoffen die Folge sein, da der Instinkt sie nicht korrekt dosieren konnte. Und am nächsten Tag werden Ihnen *alle* rohen Nahrungsmittel nicht so gut schmecken. Daher ist die Instinktotherapie auch nur dann leicht durchführbar, wenn man sie zu 100% praktiziert.

Das hieße also, daß Ihre Primitiven am Tag nach ihrer Süßkartoffel-Fete kein Obst mehr essen konnten?

Das Übermaß des am Vorabend zugeführten Zuckers wird ganz unvermeidlich ihren instinktiven Appetit auf andere zuckerreiche Nahrungsmittel gezügelt haben. Vielleicht fanden sie sie nicht so schlecht, daß sie nun völlig blockiert gewesen wären, aber der Genuß war nicht mehr derselbe. Am Ende des Tages werden sie frustriert gewesen sein und daher mit Macht nach etwas gesucht haben, das die Leere ausfüllen könnte. Und zu welchem Trick werden sie dann gegriffen, welche Ausflüchte werden sie gefunden haben?

Sie werden sich den Bauch wieder mit gekochten Süßkartoffeln vollgeschlagen haben.

Genau. Es wird ihnen nichts anderes übrigbleiben, als jede Art kulinarischer Tricks auszuprobieren, um wieder den gleichen Genuß zu erlangen. Aber das ist ein Weg ohne Wiederkehr, eine abwärts gehende Spirale. Jedes Rezept führt dazu, daß man noch mehr essen will, daraus resultiert eine zusätzliche Überlastung, ein Nachlassen des Instinktsignals und damit eine erneute Genußminderung, die ihrerseits wiederum nach einem noch raffinierterem Rezept verlangt usw.

So erklären Sie sich die Entstehung der Kochkunst?

Ich denke, daß eine erste Mogelei in bezug auf die Gesetze des Instinkts genügt hat, um die Menschheit in die Suche nach immer neuen gastronomischen Abenteuern zu verwickeln, und diese Suche führt noch heute zu einem Zustand ständiger Frustration.

Ich fühle mich aber dennoch rundum zufrieden nach einer guten Mahlzeit.

War es nicht Rockefeller, der geraten hatte, man solle immer noch etwas hungrig sein, wenn man sich vom Tisch erhebt? Wenn die gastronomische Befriedigung der Gesundheit entgegensteht, dann ist das ein Beweis dafür, daß man sich nicht mehr befriedigen kann, ohne sich zu überlasten.

Selbstverständlich hat man ein Gefühl der Befriedigung nach einer guten Mahlzeit: Suppe, Vorspeise, Fleisch und Beilagen, Nachtisch, Käse, Kaffee, ein Verdauungsschnäpschen; die armen Zungenpapillen, ganz fasziniert von einem solchen Aufgebot an Chemismus, für den sie überhaupt nicht gemacht sind, wissen gar nicht, wie ihnen geschieht. Es ist klar, daß kulinarische Raffinessen unseren Gaumen blenden können. Mit ihren Törtchen und Pralinen wollen unsere Konditoren genau das auch erreichen. Aber über einen Bluff geht das nicht hinaus.

Natürliche Nahrungsmittel vermitteln sehr viel tiefergehende Empfindungen. Man hat das Gefühl, man würde von einem Licht durchdrungen, das das ganze Wesen erfüllt, und dieses Gefühl hält an, noch lange nachdem man heruntergeschluckt hat; ein bißchen, als vollzöge man den Liebesakt mit der Natur.

Mit gekochter Nahrung hat man auch sehr angenehme Empfindungen...

Natürlich, mit gekochter Nahrung wird versucht, die natürlichen Empfindungen zu imitieren, sonst wäre man schon lange von ihr abgegangen. Aber sie kann ihr nicht das Wasser reichen; häufig hat sie einen Nebengeschmack; eine Konsistenz, die nicht dem eigentlichen Geschmack entspricht; einen üblen Beigeschmack, der Widerwillen erregt und nur vom ersten Eindruck überlagert wird. Wenn man die echte Befriedigung erst einmal kennengelernt hat, kommt es einem so vor, als vermittle das Kochen nur leere Genüsse. Diese Nahrung erfreut den Gaumen und füllt den Magen, aber ohne daß man dabei in Verzückung gerät. Das ist wie eine willkürliche Entladung.

Sie vergleichen kulinarische Freuden mit der Masturbation, wenn ich Sie recht verstehe?

Einer Art Masturbation der Speiseröhre, wenn Sie so wollen...

Ich stelle mir vor, daß man mit roher Nahrung niemals ein wirkliches Sättigungsgefühl hat.

Warten Sie, bis Sie selbst die Erfahrung gemacht haben. Die kulinarische Übersättigung nämlich ist es, die ein Gefühl tiefer Frustration hinterläßt. Dieser Frust äußert sich in dem Bedürfnis, den ganzen Tag über etwas knabbern oder einen Drink nehmen zu müssen oder auch in der Suche nach den besten Restaurants, der Schwärmerei für die exotische Küche, in dem Wettlauf um ein neues Rezept, der Suche nach immer stärkeren Empfindungen, Tabak, Alkohol usw.

Wenn man das normale Gleichgewicht erst mal wiedergefunden hat, ist der Genuß nicht nur ungleich höher (ohne irgendwelche Verdauungsprobleme!), sondern, und dieser Vorteil ist noch nennenswerter, man hat auch absolute Ruhe zwischen den Mahlzeiten. Das ist ein Wohlbefinden, das man mit gekochter Nahrung nicht erleben kann.

Das stimmt; man denkt immerzu daran, etwas zu essen, ein Bonbon, ein Sandwich; oder auch einen Kaffee zu trinken...

Und schon entsteht daraus eine Verschlechterung der Situation. Je mehr Zeit vergeht, desto weniger können diese Nahrungsmittel einem einen wahren Genuß bereiten. Wie eine Art Impotenz, die sich mit dem Alter einstellt.

Und dem glauben Sie dank der Instinktotherapie zu entgehen?

Ich denke beispielsweise daran, wie der Geschmack von Joghurt auf mich wirkte, als er kurz nach dem Krieg auf den Markt kam. Ich fand ihn wirklich sehr lecker. Im Laufe der Jahre hatte er dann von seiner Anziehungskraft verloren; ein Beigeschmack überlagerte die Schmackhaftigkeit, die er zu Beginn hatte; mit etwa fünfundzwanzig Jahren war ich sogar fest davon überzeugt, daß man das Herstellungsverfahren geändert hatte; regelmäßig überwog nun ein pappartiger Geschmack. Und mit sechsundzwanzig Jahren hatte ich dann Krebs...

Und da könnte ein Kausalzusammenhang bestehen?

Zu dieser Auffassung mußte ich Jahre später kommen.

Aber wie kann es sein, daß sich der Geschmack des Joghurts für Sie verändert hat, wenn doch der Instinkt nur an natürliche Nahrungsmittel angepaßt ist? Mit Milchprodukten hätte er gar nicht funktionieren dürfen.

Sie haben völlig recht; er hat auch nicht funktioniert. Sonst hätte er mich schon viel eher abschrecken müssen, schon längst vor meiner Krankheit. Auch beim Essen selbst kam von ihm keinerlei Warnsignal. Ich erinnere mich noch an meinen Militärdienst: Während die anderen loszogen, um sich einen Mordsrausch anzutrinken, genehmigte ich mir in der Kantine der Kaserne Unmengen von Joghurt, die leeren Becher stapelten sich zu einer riesigen Säule, die schließlich umkippte, und ich hatte immer noch Hunger...

Da waren Sie nicht der gekochten Süßkartoffel verfallen, sondern, als echter Schweizer, dem Frischkäse...

Und bei allen nicht natürlichen Nahrungsmitteln geschieht dasselbe: Die Instinktbarriere funktioniert nicht, und damit öffnet man der Gefräßigkeit Tür und Tor. Ich glaube, daß im Verhältnis zu den für die Funktionsfähigkeit des Organismus wirklich benötigten Mengen das Kochen die Menschheit gefräßig gemacht hat.

Immerhin ist doch seltsam, daß die gesamte Menschheit zu kochen anfing.

Kochen ist eine unheilbare Krankheit: Sobald man damit anfängt, sitzt man in der Falle. Und eine ansteckende Krankheit ist es obendrein.

Was Sie da sagen, ist nicht eben schmeichelhaft für unsere Küchenmeister.

Stellen Sie sich vor, was mit unseren Primitiven von vorhin geschehen sein muß, als sie, nachdem sie das Kochen erfunden hatten, den Abgesandten einer Nachbarsippe zum ersten Mal Gastfreundschaft gewährten. Man wird den Herren Botschaftern mit der Festtafel alle gebührende Ehre erwiesen haben; man wird ihnen mit größtem Pomp die letzte Erfindung der Küchenmeister, nämlich die gekochten Süßkartoffeln, offeriert haben. Und nun dürften die hohen Gäste sich ihrerseits den Wanst vollgeschlagen haben, ohne daß ihr Instinkt sich auch nur gemuckst hätte. Nach einer Woche durchgehender Überlastung sind sie dann vielleicht heimgekehrt. Ihre Frauen, die die neuesten Nachrichten noch nicht kannten (das Fernsehen des Reviers funktionierte noch nicht so besonders), werden ihnen wie üblich rohe Süßkartoffeln aufgetischt haben. Die ehrenwerten Ehemänner, von deren ungewohnter Konsistenz abgestoßen, dürften ihnen erklärt haben: »Die Frauen der Nachbarsippe kochen die Süßkartoffeln, und das schmeckt viel besser.« Und die Moral von der Geschicht: Diese Frauen mußten kochen lernen, wenn sie ihre Männer behalten wollten.

Das ist ja heute noch so!

Ob es der Frauenbewegung gefällt oder nicht!

Warum wäre nicht das Gegenteil möglich? Männer, die leckere kleine Gerichte zaubern, um ihre Frauen zu halten...

Ich glaube, daß die Entwicklung in diese Richtung geht. Aber damals war das Fläschchen noch nicht erfunden. Die Frauen mußten zu Hause bleiben, um ihre Kinder zu stillen. Heutzutage können die Ehemänner sie auf der ganzen Linie ersetzen (bis auf die Entbindung – aber selbst da... Da läßt man sie heute, unter dem Vorwand, sie müßten sich ihrer Verantwortung bewußt werden, dabei sein). Bald wird es ganz einfach so sein, daß das Geschlecht, das am meisten vom anderen abhängt, zu kochen anfangen muß, um das Objekt seiner Lust zu behalten.

Und Sie glauben, das werden die Männer sein?

Ich habe guten Grund für diese Befürchtung.

...?

Aber das ist ein ganz anderes Thema!

Das mit der Instinktotherapie zusammenhängt?

Eine ziemlich unerwartete Konsequenz.

Über die Beziehung der Geschlechter?

Die Ernährung betrifft den gesamten Organismus. Warum nicht auch die Sexualfunktion?

Sie sind richtig geheimnisvoll...

Wir werden zu gegebener Zeit noch darauf zurückkommen. Im Moment wollen wir zusammenfassen: Wir haben mit mathematischer Genauigkeit aufgezeigt, daß die Kochkost unvermeidlich den ganzen Planeten erobern mußte. Es genügte, daß dieser Prozeß an irgendeiner Stelle eingeleitet wurde, damit er sich dann wie ein riesiger Ölflecken ausbreitete.

Immerhin mußte der Anfang erst mal gemacht sein.

Bei den Milliarden von Menschen, die das Feuer handhabten, seit man es zu nutzen lernte, mußte ein Nahrungsmittel eines schönen Tages einfach mal gekocht werden, bevor es in einem Verdauungskanal landete. Wenn ein Phänomen zwangsläufig auftreten muß, dessen Anfänge aber dem Gesetz des Zufalls unterworfen sind, müßte man sich eher darüber wundern, wenn das nicht geschehen wäre.

Gibt es kein einziges Volk, das sein Essen nicht kocht?

Keine bekannte Sippe. Stellen Sie sich vor, es würde ein Kontakt hergestellt zu Primitiven, die den Gebrauch des Feuers noch nicht kennen: Die Ansteckung würde umgehend erfolgen. Die Forschungsreisenden hat man auf derartige Probleme nie aufmerksam gemacht, und so würden sie auch keine Vorsichtsmaßnahmen ergriffen haben.

Es reicht schon ein bißchen Zucker, ein Topf, irgendein Rezept – und schon nehmen die Wilden unwiderruflich den Weg der Zivilisation.

Ganz automatisch?

Wie nach der Uhr. Der Kurzschluß zwischen Intelligenz und Instinkt bewirkt, daß man, sobald man auf zivilisatorische Techniken übergeht, auch deren Sklave wird.

Jetzt werde ich das Problem mal umkehren: Der Übergang auf gekochte Nahrung war, wie Sie sagen, von dem Moment an vorbestimmt, da die menschliche Intelligenz dafür genügend entwickelt war; daher könnte man also behaupten, daß der Mensch genetisch programmiert wurde, seine Nahrung zu kochen.

Das würde voraussetzen, daß der Mensch genetisch hätte in der Lage sein müssen, die Konsequenzen des Kochens vorauszusehen. Die Feinabstimmung unserer Gene ist aber genau in dem Milieu erfolgt, wo es kein Feuer gab. Das ist ein Widersinn.

Wenn der Mensch doch aber mit Intelligenz ausgestattet wurde, warum soll er dann kein Recht haben, sie zu nutzen, um seine Nahrung zu verbessern?

Das hängt davon ab, was Sie sein ›Recht‹ nennen. Überlegen wir einmal: Der Mensch ist ein mit Intelligenz begabtes Wesen; das hat ihm erlaubt, die Spritze und das Heroin zu erfinden. Hat er folglich das Recht, Drogen zu nehmen, süchtig zu werden?

Das ist nicht dasselbe.

Pardon: das ist ein Genuß, der künstlich erzeugt wird, genau wie der gastronomische Genuß.

Nun gut. Und wenn er also das Recht hätte, Rauschgift zu nehmen?

Warum nicht. Nur – er bezahlt die Zeche. Das gleiche gilt für das Kochen. Nein, ich weiß wirklich nicht, bei allem, was die Biologie uns lehrt, wie wir genetisch auf gekochte Nahrung hätten programmiert werden können, wo doch eventuelle Schädigungen zu speichern gar keine Gelegenheit war. Es sei denn, ein höheres Wesen, das die Zukunft voraussehen kann, hätte unsere Evolution geleitet.

Diese Hypothese schließen Sie aus?

Nicht unbedingt. Mir scheint aber, daß ein höheres Wesen dieser Art die schädlichen Konsequenzen des Kochens hätte voraussehen können. Gegen diese Schädigungen sind wir aber nicht geschützt...

Vielleicht muß die Menschheit den Weg von Krankheit und Leid gehen?

Wer sagt Ihnen, daß dieser Umweg nicht vorbei ist?

Die Instinktotherapie als Erlöserin?

Mein Vorgehen drückt nur ganz allgemein das wachsende Bewußtsein dieser Problematik aus. Im letzten Jahrhundert stellte man fest, daß durch Kochen bestimmte Vitamine zerstört werden. Und schon predigten verschiedene Diätetik-Schulen die Rohkost. Dann nahm die Wissenschaft sich dieser Sache an und bewies, daß bestimmte Fette Ursache von Herz- und Gefäßerkrankungen sind. Seit kurzem weiß man, daß die Ernährung eine entscheidende Rolle in der Häufigkeit und Entwicklung von Krebserkrankungen spielt. Diejenigen, die sagen, man müsse alles roh essen, werden immer zahlreicher. Aber man weiß noch nicht, *wie* dieses Rohessen nun vor sich gehen soll. Es fehlt nur der Schlüssel, der Instinkt...

Und niemand außer Ihnen hat diesen Schlüssel, der doch offenbar so wichtig ist, gefunden?

Es haben sich etliche Forscher mit dem Ernährungsinstinkt beim Tier befaßt. Sie haben zum Beispiel nachweisen können, daß die Ratte nicht nur in der Lage ist, ihre Nahrungszufuhr kalorisch optimal zu steuern, sondern überdies auch ein perfektes Gleichgewicht zwischen so verschiedenen Nährstoffen wie Vitaminen, Mineralsalzen und Oligo-Elementen herzustellen vermag. Von der Verteilung Kohlehydrate – Lipide – Proteine ganz zu schweigen.

Die Wissenschaft ist also auf dem richtigen Weg?

Man hat sogar nachgewiesen, daß sich der Instinkt Stunde um Stunde auf die Bedürfnisse des Organismus einstellt. Das Huhn, das sein Ei aufbaut, schaut, während es am Eigelb baut, besonders nach eiweiß- und fetthaltiger Nahrung, geht für das Eiweiß dann auf Albumine über und sucht, während die Schale entsteht, einen kalkhaltigen Sand. Es kann von einem Moment zum anderen ein Defizit seines Stoffwechsels abfangen, ohne jemals Ernährungswissenschaft studiert zu haben.

Das ist eine sehr schöne Bestätigung Ihrer Thesen.

Leider setzt, sobald es um den Menschen geht, das große Debakel ein: Man glaubt beweisen zu können, daß sein Instinkt nicht mehr funktioniert, indem man ins Feld führt, daß nichts einen Trinker vor dem Alkohol und nichts einen Fettleibigen vor zuviel Kohlehydraten schützt.

Das sind nun wirklich keine natürlichen Nahrungsmittel.

Sie haben die Lektion gut verstanden. Genau das ist der springende Punkt. Komischerweise haben die Wissenschaftler niemals daran gedacht, daß es gar keinen Grund gibt, warum der Instinkt mit Nahrungsmitteln, die es bei der Feineinstellung unserer Gene noch gar nicht gab, korrekt funktionieren sollte.

Das erscheint mir ganz klar, obwohl ich von Biologie nicht viel verstehe.

Man schreibt beispielsweise, daß der Mensch Opfer einer ganzen Reihe von kulturellen Konditionierungen und von Tischsitten sei, die seinen Instinkt überlagern können. Dabei sind es in Wirklichkeit die Nahrungsmittel, die man auf den Tisch bringt, die so konditioniert sind, daß sie die Sinne täuschen.

Es handelt sich effektiv um eine Konditionierung...

Man suchte den Fehler beim Menschen, dabei hätte man ihn bei seiner Ernährung suchen müssen. Das war aber weniger angenehm. Was der vergötterten Gourmandise abträglich sein könnte, schätzt man nicht. Das erinnert mich an ein Gespräch mit einem der größten, auf die Erforschung des Ernährungsinstinkts beim Tier spezialisierten Wissenschaftler. Die Universität Lausanne hatte ihm soeben die Ehrendoktorwürde verliehen, und er hatte mir eine ganze Stunde für ein Gespräch gewährt, was beachtlich ist. Zunächst fand die Idee, daß der Instinkt nur an die Nahrung angepaßt ist, wie sie im Urmilieu einst vorkam, in welchem unsere Gene sich ausformten, nicht das geringste Echo. Nach einer Viertelstunde aber erklärte er: »Ehrlich gesagt, was Sie da vorbringen, ist gar nicht so dumm.« Er zeigte sich sogar zusehends interessiert an meinen Ausführungen, besonders an denen, die sich mit der Konsequenz, dieser Nicht-Anpassung unserer Gene an küchentechnisch denaturierte Nahrungssubstrate, befaßten. Er schlug vor, ihm das alles schriftlich niederzulegen, und erkärte sich bereit, das Ganze in die Sprache der Ethologen* zu ›übersetzen‹ (denn jedes Spezialgebiet der Wissenschaft hat heute sein ganz eigenes, den Forschern der angrenzenden Wissenschaften völlig unverständliches Fachchinesisch, was dem Kampf gegen das Kirchturmspitzendenken nicht eben förderlich ist). Das Ganze schien also gut zu laufen, als sich plötzlich, am Ende der Unterredung, seine Miene verfinsterte.

Nach einem kurzen Schweigen sagte er zu mir: »Trotzdem. Man kann jetzt nicht einfach das Kochen verantwortlich machen. Die Kochkunst hat einen kulturellen Stellenwert...« Da antwortete ich unbefangen: »Die Wissenschaft darf sich bei Überlegungen dieser Art nicht aufhalten.« Er wiegte den Kopf, ohne aus seiner Meditation zu erwachen. Als ich wieder zu Hause war, machte ich mich sofort an die Arbeit: Ich faßte meine Thesen auf etwa vierzig Seiten zusammen. Ich habe nie eine Antwort bekommen.

So entgehen also die Wissenschaftler selbst nicht dieser kulinarischen Konditionierung?

Die Küche liegt uns eben, wenn nicht am Herzen, so am Magen. Sie in Frage stellen heißt, auf Gaumenfreuden zu verzichten. Ein solcher Verzicht aber geht gegen unsere Urinstinkte, denn Genuß ist die treibende Kraft unseres Daseins. Er löst unser Instinktverhalten aus. Ihn zu leugnen hieße das Leben leugnen. Leider schlägt er durch kulinarische Raffinessen einen seiner Aufgabe entgegengesetzten Weg ein, hat wilde Ausschläge wie eine Kompaßnadel und zieht uns mit einer bloßen Sinnestäu-

---

* Tierverhaltensforscher

schung in eine Richtung, die uns schadet. Aber er behält seine viszerale* Bedeutung.

Glauben Sie nicht, daß die Wissenschaftler eher davor zurückschrecken, alles in Frage zu stellen?

Zweifellos ist dabei auch Eigenliebe im Spiel; zuzugeben, daß man eine einleuchtende Gewißheit nicht erkannt hat, ist immer unangenehm für einen Wissenschaftler, der sich ernst nimmt.

Vor allem, wenn es um die Gesundheit der Welt geht!

Das stimmt. Die Frage des Kochens gar nicht erst in ihre Überlegungen einbezogen zu haben lastet den mutmaßlichen Verantwortlichen schwer auf der Seele.

Vorausgesetzt, daß es wirklich einen Zusammenhang gibt zwischen Kochen und Krankheit.

47% der Mortalität bei Herz und Gefäße betreffenden Krankheiten, 28% bei Krebs und Leukämie, insgesamt 75% der Sterblichkeit also, sind auf Krankheiten zurückzuführen, die zu einem sehr großen Teil ernährungsbedingt sind. Wenn die Hochkonjunktur unserer Ernährung sich auf den ganzen Globus erstreckte, so wären schätzungsweise drei Milliarden Menschen die nächsten Opfer der Kochkunst. Fünfzigmal mehr als im letzten Weltkrieg. Und was sagen Sie dazu?

An irgend etwas muß man ja sterben.

Ich persönlich ziehe es vor, an etwas anderem zu sterben! Eines natürlichen Todes, beispielsweise. Und nach einer normalen Lebenszeit.

---

* die Eingeweide betreffend

Immerhin gibt es Leute, die neunzig Jahre alt werden, ohne sich irgend etwas versagt zu haben.

Genau in diesen Fällen werden Sie beobachten, daß solche Leute relativ genügsam sind, daß sie sich eine gewisse Mäßigung auferlegen. Vielleicht funktioniert der Instinkt bei ihnen noch etwas besser als bei den anderen.

Und wenn sie sich schon besser an gekochte Nahrung angepaßt hätten?

Es ist möglich, daß eine teilweise Anpassung erfolgt ist und gewisse Schutzmechanismen wirken. Das ändert aber nichts am Problem: Bei Ihrer Geburt können Sie es sich nicht aussuchen, zur Gruppe der besser Angepaßten zu gehören.

Jedenfalls zeigt doch die Tatsache, daß bestimmte Organismen mit unserer traditionellen Nahrung so lange auf der Höhe bleiben, daß sie so schädlich nun auch wieder nicht ist.

Wenn ein Orkan einen ganzen Wald umlegt und einige Bäume verschont, kann man dann sagen, er sei nicht die Ursache dieses Desasters?

Und die Kaukasier? Führt man ihre Langlebigkeit nicht darauf zurück, daß sie Kefir essen, während Sie doch Milchprodukte offenbar strikt ablehnen?

In der Tat. Man hat festgestellt, daß diese ehrwürdigen Greise, die Kefir zu essen pflegten, 100 Jahre alt werden. Unsere Ernährungswissenschaftler haben sogleich daraus geschlossen: Essen wir doppelt soviel Kefir, dann werden wir zweihundert Jahre alt. Was bei unserem Milchüberschuß sehr absatzfördernd war. Man hätte genauso gut folgern können: »Mit Kefir wird man nur einhundert Jahre alt, streichen wir also alle Milchprodukte von unserem Speisezettel, und schon werden wir das ewige Leben haben.

Lassen wir diese Art absurder Argumentation einmal beiseite. Die Langlebigkeit dieser Bergvölker kann von genetischen Besonderheiten abhängen. Von Irrtümern bei der Angabe des Geburtsdatums. Von einem einheimischen Brauch, der will, daß sie sich für älter ausgeben als sie sind. Oder auch ganz einfach von einer Mäßigung ganz allgemein. Sie leben vielleicht so lange, nicht weil sie Kefir essen, sondern weil sie sehr wenig Kefir essen.

Sicher ist jedenfalls, daß man neunzig Jahre alt werden kann, oder sogar noch älter, ohne sich nun drakonisch alle Tafelfreuden zu versagen. Das ist alles relativ!

Wenn Sie davon ausgehen, daß die normale Lebensdauer 77 Jahre beträgt, werden Sie es beachtlich finden, daß einige Auserwählte 90 Jahre alt werden, und Sie werden daraus schließen, daß unsere traditionelle Ernährungsweise ganz bestimmt nicht schädlich ist.

Wenn Sie nun aber davon ausgehen, daß die normale Lebensdauer des Menschen 120 Jahre beträgt, dann werden Sie sagen, daß selbst unter den allergünstigsten Voraussetzungen die robustesten Vertreter unserer Spezies es auf höchstens 90 Jahre bringen, und daraus werden Sie folgern, daß diese gleiche Ernährung besonders schädlich war. Alles ist eine Frage des Bezugssystems!

Sie haben wirklich eine Art, Argumente nach allen Seiten zu beleuchten...

In der Frage Ernährung – Krankheit ist unser ganzes Denken gespickt mit zweifelhaften Stereotypen und schädlichen Verallgemeinerungen, die nur dazu dienen, unsere geliebten Tischgewohnheiten beibehalten zu können. Anstatt sie einmal kräftig auf den Kopf zu stellen.

Ihrer Meinung nach müßten die Menschen also 120 Jahre leben?

Diese Zahl habe ich aufs Geratewohl genannt. Manche behaupten, daß jedes Lebewesen ungefähr siebenmal solange lebt wie seine Wachstumszeit beträgt, beim Menschen wären das immerhin 140 Jahre. Und das ist noch weit entfernt von den 960 Jahren Methusalems.

Sie glauben an die Zahlen, die in der Bibel stehen?

Man kann nie wissen... a priori wäre ich geneigt zu denken, daß sie etwas phantastisch sind oder vielleicht auch symbolisch. Aber...

Gab es nicht auch einen Kalenderwechsel?

Ich habe lange an diese Erklärung geglaubt. Aber leider hält sie nicht stand. Die Zahlen nehmen nach der Sintflut regelmäßig ab. Sem 600 Jahre, Abraham 175 Jahre, Moses 120 Jahre, David 70 Jahre. Ich weiß wirklich nicht, wie man da einen Wechsel vom Mondkalender zum Sonnenkalender beispielsweise unterbringen will.

Das ist verwirrend.

Und symbolisch sieht das Ganze auch nicht aus. Nur einer der Patriarchen von vor der Sintflut hat ›nur‹ 300 Jahre gelebt, und die Schrift sagt, er sei entschwunden, ›von Gott genommen‹. Alle andern sind offensichtlich fast 1000 Jahre alt geworden: Adam 930 Jahre, Methusalem 969, Noah 950. Man sollte meinen, daß es nach der Sintflut zu einer allmählichen Degradation gekommen ist. Da nahmen offenbar die gesundheitlichen Probleme zu: Die Geschwüre des Hiob, die Pest, die das Volk David während der Getreideernte heimsucht; David selbst leidet unter vorzeitiger Senilität; bevor er den Thron seinem

Sohn Salomon anvertraute, hatte er Probleme mit der Thermogenese. In der Schrift heißt es: Als aber der König David alt war und hochbetagt, konnte er nicht warm werden, wenn man ihn auch mit Kleidern bedeckte. Da brachte man ihm das schönste Mädchen des ganzen Gebiets Israel, damit es ihn wärme. Sie umsorgte den König und diente ihm. Aber der König erkannte sie nicht.

Aller Wahrscheinlichkeit nach war er auch impotent.

Und Sie glauben, bei all dem gebe es einen Zusammenhang mit der Ernährung?

Noah hat den Wein erfunden.

Er hat ihn gut vertragen, das müssen Sie zugeben!

Ich glaube nicht, daß der Rebensaft verantwortlich ist für alle unsere Übel. Obwohl bekannt ist, daß Alkohol die Darmschranke verändert und gefährlichen Molekülen den Weg freimacht. Die Erfindung des Weines könnte diesen plötzlichen Knick in der Alterskurve nach der Sintflut vielleicht erklären. Die Lebensdauer nimmt danach regelmäßig ab. Diesen langsamen Verfall möchte ich schon dem immer üblicher werdenden Kochen zuschreiben. Da sich diese Sitte im Laufe der Zeit natürlich immer mehr verbreitete, konnten auch ihre Auswirkungen auf die Gesundheit nur immer dramatischer werden.

Und mit der Rückkehr zum Nicht-Kochen gedenken Sie welches Alter zu erreichen?

Um Ihnen diese Frage genau beantworten zu können, müßte ich erst tot sein.

Und wenn ich das noch erleben will, müßte ich endgültig auf meinen schwarzen Kaffee und die leckeren Croissants verzichten.

Das von den Patriarchen nach Angaben des
Alten Testaments vor und nach der Sintflut erreichte Alter:

1 Adam	930 Jahre	15 Peleg	239 Jahre
2 Set	912 Jahre	16 Regu	239 Jahre
3 Enosch	905 Jahre	17 Serug	230 Jahre
4 Kenan	910 Jahre	18 Nahor	148 Jahre
5 Mahalalel	892 Jahre	19 Tarah	205 Jahre
6 Jared	962 Jahre	20 Abram	175 Jahre
7 Henoch	365 Jahre	21 Isaak	180 Jahre
8 Metuschelach	969 Jahre	22 Ismael	137 Jahre
9 Lamech	777 Jahre	23 Jakob	147 Jahre
10 Noah	950 Jahre	24 Josef	110 Jahre
11 Sem	600 Jahre	25 Moses	120 Jahre
12 Arpachschad	403 Jahre	26 Josua	110 Jahre
13 Schelach	433 Jahre	27 David	70 Jahre
14 Eber	464 Jahre		

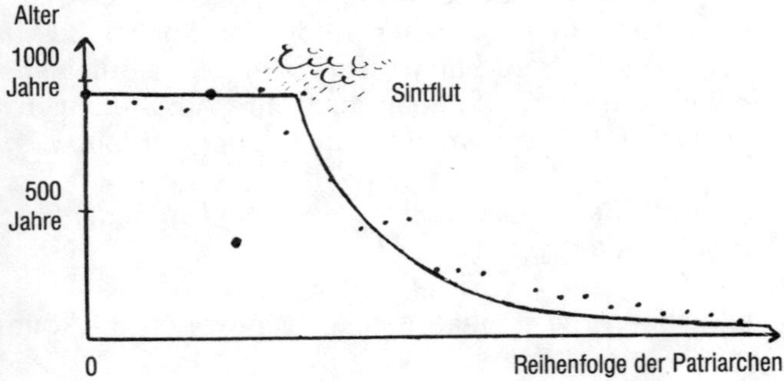

Man sieht deutlich sich zwei Phasen abzeichnen: die erste, bis zur Sintflut, während der die Lebensdauer sehr regelmäßig um die 900 Jahre betragen zu haben scheint. Die einzige Ausnahme ist Henoch, aber in der Schrift heißt es, daß »Gott ihn hinwegnahm«, was auf einen Unfall hindeutet. Wir haben ihn für den Verlauf dieser Kurve daher nicht mit berücksichtigt. In der zweiten Phase nimmt die Lebensdauer mit Beginn der Sintflut stetig exponentiell ab, ein Phänomen, das sich nicht mit einem Kalenderwechsel erklären läßt. Diese Entwicklung könnte auf die in einem immer schnelleren Rhythmus erfolgende Vergiftung des Organismus durch die Fortschritte der Kochkunst und vielleicht auch auf die durch mutagene Substanzen induzierten zunehmend ungeordneten genetischen Prozesse zurückzuführen sein. An der Stelle sei darauf verwiesen, daß Alkohol die Darmschranke durchdringt, so daß die veränderte Lebenserwartung, die mit Noah, dem Erfinder des Weines, einsetzt, vermutlich damit erklärt werden kann. Womit der Wunsch ›zum Wohl‹ in jener Zeit ganz besonders sinnvoll gewesen sein dürfte.

Man läutet zum Abendessen. Gehen wir, ehe es kalt wird...

An diese Ananas werde ich mich ewig erinnern! Sie hat mir nicht nur den Mund regelrecht verbrannt, als sie von einem Augenblick zum andern scheußlich sauer wurde, sondern anschließend brannte mir alles, was ich sonst noch probierte, auf der Zunge.

Ich habe Ihnen ja gesagt, daß man die instinktbedingte Aufnahmehemmung nicht umgehen darf. Wenn Sie weitergegessen hätten, hätte Ihr Mund schließlich wirklich geblutet.

Da waren Sie schon bei der zehnten Scheibe...

Ich fürchte, Sie haben sich von meinem Beispiel verleiten lassen. Die Portionen sind aber individuell ganz verschieden.

Ich konnte doch schließlich nicht die halbe Scheibe auf dem Teller lassen!

Ah! Da haben wir den Irrtum! Sie müssen nie Ihren Teller leer essen.

Finden Sie es nicht schade, daß Essen einfach so umkommt?

Wenn eine Frucht Ihnen halb den Mund verbrennt, dann heißt das, daß Ihr Instinkt die Gefahr einer Überlastung signalisiert. Wenn Sie sie trotzdem runterschlucken, schaden Sie Ihrem Organismus. Wenn Sie sie wegwerfen, schaden Sie dem Mülleimer damit nicht.

Ja, aber wenn ich an das Haushaltsgeld denke! Der Verlust muß doch enorm sein?

Es ist besser, den Verlust von Lebensmitteln in Kauf zu nehmen als den seiner Gesundheit... Aber in Wirklichkeit ist der Verlust sehr gering, vielleicht 5–10%, das ist weniger als der Schwund durch Kochen. Sie brauchen nur zu schauen, was von Ihrem Braten übrigbleibt, wenn er aus dem Ofen kommt.

Den Teller nicht leer essen... Das ist genau das Gegenteil dessen, was man uns seit frühester Kindheit einimpfte...

Ich werde Sie alle schlechten Manieren wieder lehren: am Essen riechen, den Kopf abwenden, es ausspucken, die Platten leerputzen, Reste auf dem Teller lassen... Alle ›Tischsitten‹ sind um die gekochte Nahrung herum entstanden. Man hätte niemals jemanden zwingen können, eine Scheibe Ananas aufzuessen, das haben Sie eben gerade selbst erlebt.

Allerdings!

Letztlich machen uns die Tischsitten zu Gefangenen des gastronomischen Systems. Sie üben einen psychologischen Druck auf uns aus, der uns daran hindert, den nötigen Abstand zu gewinnen, um uns selbst in Frage zu stellen. Das ist wahrscheinlich ihre erste Funktion überhaupt! Derjenige, der ein leckeres Gericht für seinen Gast gekocht hat, fühlt sich ›roh‹ zurückgesetzt, wenn dieser ablehnt.

Wie der Trinker, der eine Runde ausgibt, um weitertrinken zu können.

Ganz genau. Er versucht, die anderen dahin zu bringen, daß sie mitmachen, um sich von seinen Schuldgefühlen zu befreien. Ich denke, daß unsere Vorfahren eine ähnliche Unruhe verspürt haben müssen, als sie mit ihrer Kochkunst begannen, den Naturgesetzen gegenüber zu mogeln. Es gibt sogar gewisse Schuldgefühle, die jedes Mal dann aus dem Unbewußten aufsteigen, wenn man den Zauberlehrling spielt. Ich denke, daß die allerersten Kochlehrlinge die Ablehnung der anderen wie eine Art Anklage empfunden haben, diese Ablehnung, sich zu Komplizen der Gourmandise zu machen. Und daher rührt auch diese Verpflichtung, dankend anzunehmen, die heute vollständiger Bestandteil unserer Regeln der Gastfreundschaft ist.

Ich würde jetzt gern wissen, was in meinem Mund vor sich gegangen ist, als der Geschmack der Ananas plötzlich so aggressiv wurde.

Ananas enthält ein Enzym, das Bromelin, welches Protein verdaut und die Mundschleimhaut angreift.

Und Sie, Sie haben nichts Unangenehmes verspürt?

Sie bei den ersten Happen ja auch nicht. Solange der Organismus Ananas akzeptiert, fabriziert er ›Gegenenzyme‹, die das Bromelin neutralisieren. Und wenn der Organismus eine weitere Zufuhr von Obst ablehnt – was Sie an dem Geschmack spüren, der dann ins Saure umschlägt –, dann haben Sie in Ihrem Speichel kein Anti-Bromelin mehr, und die Ananas verdaut Sie...

Dann war es also nur gut, daß ich aufgehört habe!

Jetzt wissen Sie, wovon ich spreche, wenn ich von der Instinktsperre spreche. Dieses Phänomen läßt sich bei einer ganzen Reihe von Früchten beobachten, vor allem bei Wildfrüchten. Die Instinktbarriere ist praktisch unüberwindlich.

Wenn man sich jedesmal halb den Mund verbrennen muß...

Keine Sorge: Sie haben sich ganz unbewußt gezwungen, weil Sie sich beim Essen noch immer auf Ihren Intellekt verlassen. Sie haben Ihren Teller leer essen wollen oder vorgehabt, mir Konkurrenz zu machen.

Demnach hätte ich aufhören sollen, sobald die ersten Anzeichen einer Säure spürbar wurden? Eine gewisse Säuerlichkeit mag ich aber gern.

Sobald diese Säure unangenehm zu werden begann.

Ist der Eindruck von etwas ›Unangenehmem‹ nicht sehr subjektiv?

Eben gerade nicht! In diesem Eindruck äußert sich ganz unmittelbar das ›Stoppzeichen‹ unseres Instinkts. Wir aber nehmen ihn hin, als hinge er ausschließlich von unserem Willen ab.

Das erscheint mir aber willkürlich. Sie verfügen einfach von vornherein, daß Unangenehmsein und Instinkt identisch sind. Ist es bei der Ananas nicht ganz einfach so, daß der Organismus am Ende seines Widerstands ist? Damit ließe sich sehr leicht erklären, was passiert ist. Sie haben eine größere Enzymreserve, weil Sie viel mehr darauf trainiert sind, Obst zu essen, als ich.

Es geht doch darum zu beweisen, daß es sich hier um den Instinkt und nicht einfach um eine bloße Entzündung des Mundes handelt.

Tatsache ist doch, daß die Mengen, die ein und dasselbe Individuum zu sich nehmen kann, bevor der Geschmack unangenehm wird, von einem Tag zum andern erheblich schwanken.

Vielleicht ändert sich nur seine Widerstandskraft, je nachdem, wie erschöpft er ist.

Dann wäre es erstaunlich, daß man manchmal bei ein und derselben Frucht am Mittag blockiert ist und am Abend große Mengen davon verzehrt. Diese Schwankungen sind mit einem Erschöpfungszustand nicht zu vereinbaren. Wir sehen hier oft Menschen, die sich in einem beklagenswerten Zustand befinden, mit Wonne jedoch wahre Berge von Passionsfrucht essen, die für die anderen Gäste entsetzlich sauer sind, und dabei geht es denen gesundheitlich weit besser! Die Art und Weise, wie diese Mechanismen ablaufen, zeigt, daß es sich nicht um eine Frage von Widerstand handelt, sondern um ein komplettes, weise koordiniertes Programm! Vor allem die Schnelligkeit dieses Wechsels: Wenn die Speicheldrüsen durch Ermüdung versiegten, würde die Enzymsekretion nicht von einem Bissen zum andern aufhören.

Zweiter Beweis: Daß der Geschmack eines Nahrungsmittels plötzlich umschlägt und unangenehm wird, kommt keineswegs nur bei denen vor, die für die Schleimhäute ätzend sind. Eigelb zum Beispiel schmeckt plötzlich geradezu unerträglich nach Stroh oder sogar nach Hühnerkot. Man empfindet ganz eindeutig, daß sich in der Geschmackswahrnehmung etwas geändert hat, gerade als würde man einen Kippschalter umlegen.

Dritter Beweis: Der Geschmack wird in genau dem Moment unangenehm, wo die aufgenommene Nahrungsmenge am ausgewogensten ist.

Wie können Sie das beweisen?

Es gibt eine ganze Reihe von Kriterien für eine ausgewogene Nahrungszusammenstellung. Zum Beispiel das Wohlbefinden bei der Verdauungstätigkeit. Man zwingt sich, ein oder zwei Eigelb zuviel zu essen, man zerdrückt die Banane, damit sie leichter rutscht, und schon entdeckt man plötzlich wieder, daß man einen Magen hat.

Und sonst vergessen Sie ihn?

Unter korrekten Bedingungen merkt man von den inneren Organen nichts, man spürt weder ein Völlegefühl noch ein Unwohlsein, kein Kollern und keine Schläfrigkeit während der Verdauungstätigkeit.

Niemals Leberbeschwerden?

Nicht einmal zu Neujahr, was unter normalen Bedingungen eher selten ist.

Sie feiern Silvester also ›instinkto‹? Ich weiß wirklich nicht, was Sie da auf den Tisch bringen wollen, um diesen Tag würdig zu begehen.

Seltene, exotische Früchte, die es in der Jahreszeit gibt. Fleisch allererster Wahl, Muscheln, Schalentiere, Hummer, Langusten, alle Wunder der Natur, die man sich für einen besonderen Anlaß besorgen kann. Es gibt hinreichend Gelegenheit, Festessen zu veranstalten und dabei dennoch dem Ursprünglichen treu zu bleiben.

Keinen Champagner?

Die Natur bietet Besseres. Fermentierten Kokosnußsaft. Der ist leicht, süßlich, pikant, leicht alkoholisiert.

Und damit riskieren Sie nicht den traditionellen Rausch?

Der Instinkt schützt gegen natürlichen Alkohol. Es gäbe keinen Alkoholismus, wenn man Wein als fermentierte Trauben zu sich nähme. Das ist köstlich, und man hört spontan genau an der Grenze zur Euphorie auf.

Apropos: Und der Wein fehlt Ihnen gar nicht?

Wir sollten uns lieber fragen, was man normalerweise im Wein sucht, warum man an ihm so hängt. Vielleicht die

Flucht in den Rausch. Ich persönlich hatte allerdings immer einen Horror vor Trunkenheit, bei mir ebenso wie bei anderen.

Es gibt ja nicht nur Betrunkene. Ein bißchen Alkohol zaubert ein Lächeln auf die Lippen...

...natürlich, und Sonne in die Herzen. Die Sonne, die in die Weintrauben eingedrungen ist. Ein hübscher Vorwand. Wenn man sich künstlich eine gewisse Euphorie verschaffen möchte, dann vermutlich deswegen, weil man sie braucht. Und wenn man diese Euphorie braucht, dann ist es deswegen, glaube ich, weil sie Teil des Normalzustandes ist.

Wollen Sie damit sagen, daß der Mensch in seinem Urzustand alles doppelt sah?

Vielleicht ist das der Ursprung der Bigamie. Die meisten Patriarchen hatten zwei Frauen...

Nein, wenn man naturgemäß ißt – sogar ohne fermentierte Weintrauben! –, dann gelangt man in einen Zustand ständigen Wohlbefindens, man kann wirklich von einer Art Euphorie sprechen, einer Lebensfreude, die von innen heraus ständig in einem aufsteigt. Mit Wein erreicht man einen ähnlichen Zustand, und ich glaube, das ist es, was man unbewußt sucht. Aber danach folgt eine Leere. Die Höhepunkte muß man in Form von Depressionen zurückzahlen. Alles zusammengenommen, erreicht man überhaupt nichts außer einer Abhängigkeit. Jedesmal, wenn man ›down‹ ist, greift man auf ein Aufputschmittel zurück, der Höhenflug muß wiederum mit einem Absturz in die Tiefe bezahlt werden, und dann geht es wieder von vorn los. Es gibt mehr Alkoholiker, als man glaubt: Intellektuelle, Künstler...

Hilft ihnen das nicht, schöpferisch zu sein?

Ich glaube nicht, daß Bacchus sein Versprechen auch hält. Die Inspiration, der Zugang zur Transzendenz, wie man sie im Alkohol oder in Drogen findet, scheint mir nicht echt zu sein. Denken Sie nur an all jene, die sich für große Musiker halten, während sie sich auf ihrem Trip befinden: Sie warten mit schauerlichen Schlagern auf, von denen sie meinen, daß sie es mit allen Bachs und Beethovens der Musikgeschichte aufnehmen könnten, und wenn sie ihre eigenen Aufzeichnungen dann hören...

Aufputschmittel für das Gehirn vermitteln die Illusion, kreativ zu sein, ja fast an Göttlichkeit heranzureichen, aber das ist eben pure Illusion. Es gibt andere Wege, zu wahrer Inspiration zu finden; es genügt, dem Gehirn die normalen Bedingungen für seine Funktionstüchtigkeit zu verschaffen. Inspiration scheint mir eine ganz natürliche Funktion zu sein.

Psychedelik ist für Sie also ein Köder?

Die Menschheit ist schon seit langem auf der Suche nach künstlicher Bewußtseinserweiterung. Schon zu Odysseus' Zeiten gab es Lotophagen*. Drogen bewirken vielleicht eine gewisse Enthemmung, aber sie zerstören gleichzeitig die Sensibilität, die es erlauben würde, noch subtilere Dinge zu erfassen.

Meiner Meinung nach zeigt die Tatsache, daß man nach Mitteln sucht, um sich zu enthemmen, einfach nur, daß man gehemmt ist. Und es ist an uns, die Ursache dafür herauszufinden.

Und die Tatsache, daß man seit Jahrhunderten mit Hilfe der Droge Zugang zur Transzendenz sucht, läßt mich denken, daß eine gewisse Transzendenz Teil unseres Normalzustandes ist und daß man sie schon vor längerer Zeit verloren hat.

---

* Lotosesser; der Genuß von Lotos ließ die Heimkehr vergessen.

Bei all dem vergessen Sie, daß Wein auch eine Gaumenfreude ist.

Eine sehr illusorische Freude. In Wirklichkeit muß er die auf unserem Speisezettel fehlenden Früchte ausgleichen. Mit der normalen Nahrung ißt man nur verschwindend wenig Obst, daher rührt auch diese Faszination für das Aroma von Bonbons, Eis und Kaugummi.

Warum ißt man also nicht direkt gleich Obst?

Weil man mit naturbelassenem Obst auf das Stopp des Instinkts stößt. Unter der Wirkung der kulinarischen Überlastung kann man von Obst keine normalen Mengen mehr essen und ihm auch nicht den Geschmack abgewinnen, den es normalerweise hat. Mit Wein kann man sich darüber hinwegsetzen, denn unser Geschmacksmechanismus ist an Wein gar nicht angepaßt. So findet man in ihm den Traubengeschmack wieder, ohne vom Instinkt in irgendeiner Weise aufgehalten zu werden. Damit kompensiert man dann den allgemeinen Mangel an Obst.

Das erklärt aber noch nicht, warum man Branntwein so gern hat, zum Beispiel Wodka oder Whisky?

Kennen Sie das Experiment mit der Ratte, der man eine Elektrode in das Lustzentrum im Gehirn einpflanzte, die mit einem Pedal verbunden war? Zum Schluß drückt sie nur noch auf das Pedal. Mit Alkohol reizt man auch die Euphoriezentren, und schließlich denkt man dann nur noch daran, am Korkenzieher zu ziehen... Parallel dazu kommt es zu einer Art Pawlowschem Reflex auf Geschmacksebene: Die mit der Euphorie verbundenen Geschmacksempfindungen werden schließlich als angenehm empfunden.

Dann funktioniert der Instinkt verkehrt herum?

Der Instinktmechanismus wird durch die Kopplung von Geschmack und Genuß konditioniert, so daß der scheußliche Geschmack des Branntweins schließlich als angenehm empfunden wird. Mit dem Geschmack oder dem Geruch von Zigaretten verhält es sich ähnlich. Die abstoßende Herbheit des Tabaks schlägt unter der fortgesetzten Wirkung der Euphorisierung, die das Nikotin bewirkt, zu guter Letzt ins Angenehme um. Wenn ein Raucher sich schließlich das Rauchen abgewöhnt hat, wundert er sich manchmal selbst darüber, daß er derartig abstoßende Substanzen erträglich finden konnte.

Und dieses Phänomen gibt es bei ursprünglichen Nahrungsmitteln nicht?

Die Kolanuß beispielsweise ist für jeden normalen Menschen entsetzlich bitter. Wenn man diese Barriere sprengt, erzielt man eine mehr oder weniger angenehme Reizung des Nervensystems, die, wenn sie nur oft genug wiederholt wird, die anfängliche Bitterkeit in den Hintergrund treten läßt. Die Schwarzen, die sie als Doping-Mittel für ihre langen Märsche durch den Urwald nehmen, haben mir versichert, daß sie sie überhaupt nicht widerlich fänden.

Haben Sie sie schon mal probiert?

Ich habe sie sofort wieder ausspucken müssen.

Gibt es keine natürliche Droge, die geschmacklich so angenehm ist, daß man sie instinktiv nehmen möchte?

Bis jetzt haben sich alle sogenannten halluzinogenen Pflanzen als ausgesprochen abstoßend für noch unverfälschte Menschen herausgestellt. Die Natur schützt gegen Drogen. Ohne die ›intelligenten‹ Kunstkniffe würde man nie in die Falle der künstlichen Paradiese laufen.

Aber ich werfe hier nicht etwa den Stein auf die Rauschgiftsüchtigen. Ich denke ganz im Gegenteil, daß sie etwas durchaus Richtiges, wenn nicht gar Wesentliches suchen: den Zugang zu einem Zustand der Transzendenz, der aufgrund unseres kulinarischen Irrtums verlorengegangen ist. Leider begibt man sich mit der Drogeneinnahme in eine Sackgasse.

Und man muß das teuer mit seiner Gesundheit bezahlen.

Anstatt die Jugendlichen zu brandmarken, die sich in solche Art von Abenteuer stürzen, sollten wir uns lieber selbst in Frage stellen: Die Lebensform, die wir unseren Kindern anbieten, enttäuscht sie, wo also liegt der Fehler, bei den Kindern oder bei der Gesellschaft? In Wirklichkeit ist die heutige Begeisterung für Drogen auch eine Art, Irrtümer aufzuzeigen, die wir Erwachsenen nicht zu korrigieren vermochten.

Haben Sie jemals Erfahrungen mit natürlichen Drogen gemacht?

Ich selbst nicht. Einige meiner Mitarbeiter haben rohe Marihuana probiert. Einer von ihnen war zufällig bei einem Spanier gelandet, der den ganzen Garten voll davon hatte. Er probierte einige Blätter, und da sie ihm gut schmeckten, hat er sie gegessen, so wie er Feldsalat gegessen hätte. Der Eigentümer des Gartens war zunächst besorgt und dann halb kopflos vor Angst, denn die tödliche Dosis war schon lange überschritten. Schließlich warf er diesen unheilvollen Gast hinaus; nicht einmal, weil er Angst um seinen Garten gehabt hätte, sondern vor allem, weil er sicher war, daß mein Freund infolge einer Überdosis bald ins Gras beißen würde. Aber nichts dergleichen geschah, weder Halluzinationen noch Reizbarkeit oder Heiterkeit oder sonst irgendwelche der charakteristischen Symptome eines Rausches.

Und wenn er die gleiche Menge als Droge geraucht oder gegessen hätte?

Also dann hätte er sicherlich Probleme bekommen, selbst mit einer zehnmal schwächeren Dosis. Ein und dieselbe Substanz hat, wenn sie durch Hitzeeinwirkung denaturiert wurde, nicht mehr dieselben Auswirkungen auf den Körper. Der Organismus schützt sich gegen die natürliche Pflanze, entweder durch seinen Instinkt, der die Menge begrenzt, oder aber durch den Stoffwechsel, da unsere Enzyme giftige Moleküle, die in ihrer ursprünglichen Form belassen worden waren, abbauen. Die Denaturierung durch Hitzeeinwirkung hebt diese Schutzmechanismen auf.

Es gibt also, sofern nicht die Intelligenz sich einmischt, keine Droge in der Natur?

Ohne einen künstlichen Eingriff: nein. Man muß entweder die Instinktbarriere sprengen oder aber die Pflanze denaturieren. Ein anderer Freund experimentierte mit dem Psilocybe, dem berühmten mexikanischen Pilz, der den Ruf hat, auf einen anderen Stern zu entführen. Er hat solange davon gegessen, bis der Geschmack unangenehm wurde, und es ist nichts passiert. Die Mexikaner lassen ihn erst in der Sonne trocknen, wodurch sie die Dosis erhöhen können, ohne daß der Geschmack im geringsten unangenehm wird.

Und Opium?

Probieren Sie mal Mohn: Er ist entsetzlich bitter. Ohne Feuer, um ihn zu rauchen oder um ihm das Heroin zu entziehen, wäre es nie jemandem in den Sinn gekommen, sich mit dem Kelch dieser armen Blumen abzugeben, die ganz bestimmt nicht dazu gedacht waren, menschliche Existenzen zu ruinieren.

Hatten Sie mir aber nicht bereits gesagt, daß Sie Mohnsamen essen?

Da erinnern Sie mich an ein Mißgeschick, das zwei Freunden, die mich aus dem Ausland besuchten, eine schlechte Nacht beschert hat: Ich hatte ihnen verschiedene Samenarten mitgegeben, darunter Hanf und Mohn. Beim Grenzübertritt gaben sie ganz unbefangen ihre Waren an. Als der Zollbeamte die Etiketten sah, ließ er sofort seinen Vorgesetzten holen, der die Erklärungen der gefährlichen Drogenhändler gar nicht erst hören wollte. Die Armen verbrachten die ganze Nacht auf den Bänken der Zollwachstube, bis ein Experte sie dann von jedem Verdacht freisprach. Mohnsamen hat, wie auch Hanf, effektiv überhaupt keine halluzinogene Wirkung.

Trotzdem: Fangen Sie jetzt nicht etwa an, alles zu schlecken, was Ihnen über den Weg kommt; was ich sage, gilt nur für Nahrungsmittel, die in ihrer ursprünglichen Form belassen wurden für die vom Instinkt vorgegebenen Grenzen.

Was natürlich heißt, daß man seinem Instinkt zu gehorchen wissen muß.

Genau. Bevor man sich auf ein Abenteuer dieser Art einläßt, ist es unumgänglich, sich die entsprechenden Kenntnisse über unsere Geruchs- und Geschmacksmechanismen anzueignen; ich möchte nicht an einer Vergiftungswelle durch Fliegenpilze oder dem Peyotl* schuld sein, wenn Sie meine Äußerungen veröffentlichen.

Um noch einmal auf den Wein zurückzukommen: Was machen Sie, wenn man Ihnen bei einer Feier ein Glas Wein oder Champagner anbietet? Dann werden Sie doch nicht statt dessen um ein Glas Milch bitten?

---

* Indianischer Name der Stammpflanze von Mescalin

Was immer auch die Manen von Mendès-France sagen mögen – da ziehe ich Wein tausendmal vor, er ist der Natur viel näher!

Immerhin ist Alkohol ein Gift. Wie man sagt, reichen drei Gläser Wein täglich, um geradewegs auf eine Leberzirrhose zuzusteuern.

Ich fürchte weniger ein bekanntes Gift, wie den Alkohol, als die unbekannten Moleküle der Milch eines Tieres, das überhaupt nichts mit meinem Stammbaum zu tun hat.

Aber Milch ist doch eine Urkost!

Kuhmilch ist eine Urkost für das Kalb, aber nicht für den Menschen!

Wie kommt es dann, daß Sie Eier nicht ablehnen? Das Ei ist für das Küken da!

Man braucht keine Intelligenz, um sich Eier in der Natur zu verschaffen. Eine ganze Reihe von Tieren hat sie auf ihrem Speisezettel: Waldmäuse, Eichhörnchen, Affen. Unsere Gene haben Millionen von Jahren Zeit gehabt, um sich an Eier anzupassen. Während es, um sich Milch zu holen, schon einer Reihe von Kunstgriffen bedarf. Einen Gorilla, der eine Kuh melkt, hat man noch nie gesehen.

Es heißt aber, daß Nattern am Kuheuter trinken.

Ich fürchte eher, daß das eine ›Nessie‹-Geschichte ist. Ich habe sie auch schon x-mal gehört, aber noch nie habe ich den Beweis dafür bekommen können, daß es sich nicht um ein Ammenmärchen handelt.

Und außerdem sind wir keine Nattern. Uns geht es darum zu beweisen, an welche Nahrungsmittel unsere menschlichen Gene angepaßt sind.

Romulus und Remus wurden von einer Wölfin gesäugt.

Ja eben, und sie haben sich gegenseitig umgebracht. Das ist nicht gerade eine Empfehlung!

Immerhin haben sie dank der Tiermilch überlebt.

Wenn man überlebt, weil man Tiermilch trinkt, so heißt das noch nicht, daß diese für die Gesundheit gut ist. Man begeht immer wieder den gleichen Argumentationsirr-

Auszug aus:
›Cahiers de nutrition et de diététique‹, März 82
Gründer: Jean Trémolières. ›Welche Milch für den Säugling‹.
H. Lestradet, S. 49–62

»Wenn man, ohne spezielle Vorsichtsmaßnahmen zu treffen, eine andere als Muttermilch nimmt, kommt es zu schweren Ernährungsstörungen. Zwischen diesen beiden Milcharten bestehen grundlegende Unterschiede. Der Laktoseanteil der Muttermilch ist zweimal höher als der der Kuhmilch.« *Laktose aber ist wichtig für das Wachstum des Gehirns, das beim Kind doppelt so schnell erfolgt wie beim Kalb.*

»Romulus und Remus werden nicht von einer Wölfin aufgezogen worden sein, denn deren Milch enthält neunmal soviel Protein wie Frauenmilch.« *Eine solche Überdosis an Proteinen hätte in Anbetracht der Überlastung von Leber und Nieren, zu deren Aufgabe die Ausscheidung von Harnsäure gehört, schnell tödlich gewirkt. Yamala und Kamala, die Wolfskinder, sind sehr jung an Gelenkschäden gestorben. Eine solche Überlastung wird schon bei Kuhmilch spürbar, die dreimal mehr Proteine enthält als Muttermilch:*

Leber und Nieren eines Flaschenkindes sind um ein Drittel größer als die des Brustkindes.

tum. Was Ihre Wölfin anbelangt, die die Zwillinge säugte, so mache ich Sie auf einen kleinen Übersetzungsfehler aufmerksam: Auf lateinisch kann ›lupa‹ sowohl Wölfin wie auch Prostituierte bedeuten. Da erscheint mir die zweite Version schon wahrscheinlicher.

Sie haben wirklich für alles eine Erklärung.

Wissen Sie, sobald es um die Ernährung geht, urteilt das menschliche Gehirn völlig absurd.

»Was das Kalzium anbelangt, so ist auch da die Zufuhr viel höher (dreimal mehr als mit Muttermilch). Leider bewirkt der erhebliche Phosphatgehalt (fünfmal mehr als in der Muttermilch) und die Alkalinisierung des Intestinalmilieus, daß mehr als ⅔ des Kalziums im Darm zurückbehalten werden. Daraus entsteht bei dem mit Kuhmilch ernährten Säugling eine Neigung zu Hypokalzämie.

Der Eisengehalt von Kuhmilch, selbst adaptierter Kuhmilch, begünstigt das Wachstum von Krankheitskeimen, deren Entwicklung damit gefördert wird.« *Und dann wundern wir uns über den Geruch der Exkremente!* Jedes mit teilentrahmter Trockenmilch ernährte Kind weist zwangsläufig Eisenmangelerscheinungen auf, was zu einer erheblichen Anämie führt, die noch dadurch begünstigt wird, daß das Kuhmilchprotein zu einer Reizung der Darmschleimhaut führt und damit mikroskopische Blutungen bewirkt.

Was das Sodium anbelangt, so ist dessen Anteil in Kuhmilch dreimal höher, womit sich Neigungen zu Wassereinlagerungen und zu erhöhtem Blutdruck erklären lassen. Man fragt sich gegenwärtig, ob in dieser erhöhten Salzzufuhr nicht vielleicht die Ursache für die Bluthochdruckprobleme des Erwachsenen zu suchen ist.

Ich habe sehr lange gebraucht, um diese Art von Gläubigkeit aufzugeben. Nach den Erfahrungen, die ich mittlerweile machen konnte, vermute ich, daß Milch und Milchprodukte für eine ganze Reihe von Krankheiten verantwortlich sind. Infektionen, Krebs, Autoimmunkrankheiten...

Ja aber... Milch macht topfit?

Vielleicht wird man in einem Jahrhundert sagen ›todkrank‹. Natürlich muß Sie das schockieren. Milch ist geradezu Symbol der Reinheit. Warum wir aus ihr auch ein Symbol für Mutterliebe machten. Selbst die Bibel hat da ein Wort mitzureden: Kanaan, das Land, wo Milch und Honig fließen. Wir vergessen, daß wir die ersten Säugetiere sind, die Milch aus fremden Brustdrüsen in unseren Verdauungskanal leiten.

Sie denken wirklich, daß ein solcher Unterschied besteht zwischen Frauenmilch und Kuhmilch?

Wie zwischen der Frau und der Kuh. Die Proteinsynthese erfolgt bei den verschiedenen Tierarten nach ganz spezifischen Modellen, die sich auf Molekularebene ebenso unterscheiden wie sie sich rein äußerlich unterscheiden.

Aber werden die Proteine nicht bei der Verdauung in kleine Stückchen zerteilt? Dann dürfte es doch, wenn sie im Darm angelangt sind, keinen Unterschied mehr geben.

Für einen Großteil der Proteine trifft das zu, und darum kann man sich von Kuhmilch ernähren. Aber eben nicht für alle Proteine. Ganz wenige anormale reichen schon, um uns gesundheitlich zu schädigen.

Sie meinen, daß ein bestimmter Prozentsatz der Milch-Proteine nicht korrekt assimiliert wird?

Ein sehr kleiner Prozentsatz, ja, der aber großen Schaden anrichten kann. Viele Babys haben Milchunverträglichkeitsprobleme. Ein guter Beweis dafür, daß bestimmte Moleküle der Kuhmilch ins Blut übergehen, ohne zuvor abgebaut worden zu sein, sonst könnten sie keine Allergien auslösen.

Es heißt aber, daß die Darmschranke uns gegen schädliche Nährstoffe schützt.

Wenn das für alle schädlichen Elemente gälte, gäbe es kein Gift, dann könnte keine Substanz uns vergiften. Es ist ganz klar, daß es einen absoluten Schutz nicht gibt, vor allem nicht in bezug auf naturfremde Moleküle. Außerdem kann diese Darmschranke geschädigt werden, durch Alkohol beispielsweise. Nach den Statistiken verzehnfachen sich die Wirkungen der kanzerogenen Stoffe des Tabaks bei Alkoholikern.

Glauben Sie nicht, daß diese Milchunverträglichkeitserscheinungen auf die schlechte Ernährung der Tiere zurückzuführen sind?

Das glaubte ich mal, als ich selbst noch Anhänger von Milchprodukten war. Silofutter, Ölkuchen, Hormone, Antibiotika...

Darum habe ich eine ganze Reihe von Versuchen mit 100%ig biologischer Milch angestellt, die wir sehr teuer von einem Bauern kauften, zu dem wir volles Vertrauen haben konnten. Dann haben wir uns zwei Ziegen gekauft; meine Frau hat gelernt, sie zu melken; so hatten wir noch warme Milch, frisch vom Euter, handgemolken, also nichts, was sie hätte denaturieren können...

Bei Ziegenmilch meinte ich Geschmacksveränderungen noch viel deutlicher zu spüren als bei Kuhmilch: In manchen Fällen bekam sie einen sehr unangenehmen Geschmack, und da ich noch sehr von der vegetarischen

Ideologie geprägt war, verfügte ich, daß man sie als halbnatürliches Nahrungsmittel betrachten könne. Aber leider mußte ich bald einsehen, daß die Folgen sehr negativ waren. Wir tranken periodenweise Milch, jeweils einen Monat: mal der eine Teil der Familie, mal der andere, um auszuschließen, daß es zu Überlagerungen mit anderen Beschwerden anderer Ursachen kam. Jedes Mal vermerkten wir Unwohlsein, Blässe, Schatten unter den Augen, Durchfall, schlechten Atem, belegte Zunge, fettiges Haar, schlechte Laune und vor allem Infektionen bei der kleinsten Verletzung.

Haben Sie denn nicht versucht, die Milch in Form von Joghurt oder Quark zu sich zu nehmen? Es wird generell behauptet, daß sie auf diese Weise viel leichter assimilierbar ist.

Wenn Kuhmilch nicht den genetischen Gegebenheiten des menschlichen Organismus entspricht, so halte ich es für gefährlich, sie leichter assimilierbar zu machen. Ist das nicht von zwingender Logik?

Das ist aber doch ein Prozeß natürlicher Umwandlung: Das für die Käseherstellung benutzte Lab wird aus dem Kälbermagen gewonnen; es sind also die von der Natur vorgesehenen Enzyme, die mit dem Verdauungswerk beginnen.

Zweifellos, aber auf diese Weise schließt man die Schutzmechanismen kurz, die der Körper den fremden Substanzen zunächst entgegensetzen könnte. So treten bei der Verdauung, die ja bereits erfolgte, keine Unverträglichkeitserscheinungen mehr auf, und das fehlende Unwohlsein, dessen man sich freuen zu können glaubt, ist in Wirklichkeit Zeichen einer fehlenden Abwehrreaktion. Das schließt keineswegs aus, daß jenseits der Assimilation nicht Schädigungen entstehen.

Sie scheinen wirklich zu denken, daß Milch von giftigen Substanzen geradezu überfließt. Dabei benutzt man sie sogar als Gegengift. Das ist doch ein Widerspruch!

Das ist noch eines dieser Märchen, die man sich erzählt. Ich muß Ihnen leider sagen, daß Milch ganz im Gegenteil bei Vergiftungen gefährlich ist. Sie begünstigt die Aufnahme toxischer fettlöslicher Substanzen. Und auch da begehen Sie wieder einen Fehler in Ihrer Argumentation: Die Tatsache, daß ein Produkt als Gegengift wirkt, heißt noch nicht, daß es nicht selbst toxisch ist!

Dann ist also alles, was man uns lehrt, verkehrt! Dabei ist wissenschaftlich bewiesen, daß Milch sehr kalziumhaltig ist, Kalzium ist unerläßlich für das Wachstum von Kindern.

Kuhmilch enthält viermal mehr Kalzium als Muttermilch. Finden Sie das nicht alarmierend?

Stimmt das wirklich?

Ein Übermaß an Kalzium im Verdauungstrakt blockiert dessen Aufnahme und kann eine Hypokalzämie* bewirken, das ist bekannt. Und dann wundert man sich, daß Flaschenkinder Anzeichen von Rachitis aufweisen. Eine solche Überdosis ist für das Kalb hingegen unbedingt angezeigt, denn es muß in einer möglichst kurzen Zeit ein gewaltiges Knochengerüst entwickeln: Um sich gegen wilde Tiere zu verteidigen, hat es nur seine Beine, indem es nämlich mit der Herde flüchtet. Die Entwicklung des Babys folgt dagegen einem ganz anderen Programm: Mit seinem Skelett hat es überhaupt keine Eile, es muß sich zunächst um sein Gehirn kümmern. Und wie zufällig enthält Muttermilch zweimal mehr Laktose als Kuhmilch, und Laktose ist unerläßlich zur Produktion von Myelin,

* verminderter Kalziumgehalt des Blutes

das die im vollen Wachstum befindlichen Nervenfasern umhüllen muß. Wenn Sie also wollen, daß diese zukünftigen Erwachsenen intelligenter werden als Kälber...

Natürlich gibt es nichts Besseres als Muttermilch. Aber was machen Sie, wenn eine Mutter keine Milch hat?

Mit Instinkto haben die jungen Mütter immer Milch. Und sogar die alten! Meine Frau hat insgesamt elf Jahre gestillt, und Sie haben mit eigenen Augen sehen können, daß das den Busen nicht deformiert... Apropos, wissen Sie, wie wir die ›natürliche‹ Brust definieren?

Unter ästhetischen Gesichtspunkten?

Mehr in bezug auf die Muskulatur: sie muß ohne künstliche Stütze transportierbar sein.

Das heißt: kein BH mehr und keine Festigungscreme?

War es nicht Francis Blanche, der gesagt hat: »Madame, warten Sie nicht, bis Ihre Brust fällt... stellen Sie sie auf den Boden.« Ich würde sagen: »Essen Sie Instinkto.«

Bei Afrikanerinnen sieht man häufig Brüste, die so langgezogen sind, daß sie fast an die Schultern reichen; ist das auf das ewige Stillen zurückzuführen?

Ich habe bei weißen Frauen Brüste gesehen, die bis zum Nabel hingen und sich innerhalb von wenigen Monaten wieder aufrichteten. Andere, die sich durch Fett geweitet hatten, haben wieder ihre normale Form angenommen, und zwar ohne daß sich weiße Streifen gebildet hatten. Die Instinktotherapie gewährleistet eine korrekte Zufuhr an Proteinen; die Muskulatur regeneriert sich und nimmt nach und nach wieder eine normale Morpholgie an. Das Stillen begünstigt diesen Prozeß sogar.

Ich hatte es immer seltsam gefunden, daß die Natur den Körper der Frau mit Vorzügen ausgestattet haben soll, die sich als so unvorteilhaft erwiesen: Mit Gebilden derartigen Umfangs laufen zu müssen, um einer Gefahr zu entgehen... ein ziemlicher Widerspruch zu den Gesetzen der natürlichen Auslese! Dabei ist das in Wirklichkeit nur eine Frage von Ernährungsstörungen.

Da wir gerade bei diesem Thema sind, muß ich Ihnen von einer ziemlich unerwarteten Beobachtung erzählen: Wir hatten mit dem Stillen unseres vierten Babys abrupt aufgehört, als es acht Monate alt war, um zu sehen, wie die Brust in einer solchen Situation reagiert. Alles war gut gelaufen: keine schmerzhaften Schwellungen, keine Stiche in der Brust.

Nach drei Wochen aber erschien uns das Baby in affektiver Hinsicht gestört. Meine Frau beschloß deshalb, es wieder anzulegen, obgleich der Milchfluß endgültig versiegt zu sein schien.

Statt dessen aber spürte sie, nachdem das Baby einige Minuten gesaugt hatte, daß Milch einschoß. Auf gut Glück drückte sie auf die andere Brustwarze, und wir sahen zu unserer größten Überraschung einen kleinen Milchstrahl wohl 50 cm weit spritzen.

Man sagt ja, daß die Hunza-Großmütter ihre Enkelkinder stillten.

Für eine Mutter ist es genauso normal, Milch zu haben wie Speichel. Milch ist für das Überleben der Art unerläßlich.

Wie lange hat Ihre Frau jedes Baby gestillt?

Solange sie danach verlangten, durchschnittlich also zwei bis drei Jahre bei den letzten.

Sie haben sechs Kinder?

Ja, drei gekochte und drei rohe... Die ersten datieren von vor der Instinktotherapie. Meine Frau erwartete unsere älteste Tochter, als bei mir Krebs festgestellt wurde. Ich hatte es übrigens als sehr ungerecht empfunden, sie wegen Todesfalls unter diesen Umständen verlassen zu sollen. Das ist einer der Gründe, die mich dazu getrieben hatten, alles zu tun, um gesund zu werden.

Dazu bedurfte es ganz sicher eines Schocks, um alles so radikal in Frage zu stellen, wie Sie es getan haben.

Das Problem der Entbindungen hat mir auch sehr viel zu denken gegeben. 16 Stunden Tortur beim ersten Kind, 18 Stunden beim zweiten. Dabei ständig die Angst, daß es beim Austreiben ersticken könnte; meine Frau völlig am Ende... Seltsame Natur! Damals ahnte ich nicht, daß das eine Ernährungsfrage war.

Aber wenn Ihre Frau 11 Jahre gestillt hat, hätte sie völlig entkräftet sein können, eine schwere Dekalzifizierung durchmachen können.

Der Instinkt gleicht jedes Defizit aus, denken Sie an das Huhn, das sein Ei fabriziert. Das setzt selbstverständlich voraus, daß man über eine große Auswahl verfügt, damit der Instinkt sich auch frei äußern kann, und daß die Nahrungsmittel in ihrem ursprünglichen Zustand verzehrt werden, damit der Stoffwechsel nicht gestört wird.

Ich glaube Ihnen schon. Aber wenn Sie auf Milchprodukte verzichten, durch was ersetzen Sie sie dann, um Ihre Kalziumzufuhr zu gewährleisten?

Durch was wir Milch ersetzen? Vielleicht sollte die Frage lieber lauten, was die Milch in der Ernährungsgeschichte ersetzt hat. Unsere Vorfahren haben, bis zur Einführung der Hauskuh, weder Joghurt noch Käse gekannt, und trotz dieses schwerwiegenden Mangels scheint ihr Skelett völlig normal ausgebildet gewesen zu sein. Also muß ihre Ernährungsweise ihnen wohl die nötige Kalziumzufuhr gebracht haben.

Ihre Kinder sind jedenfalls gut gebaut, das ist nicht zu übersehen.

Die, die ohne Kuhmilch oder Milchprodukte aufgewachsen sind, haben keinerlei Anzeichen von Rachitis gezeigt, im Gegensatz zu den drei ersten, denen Kalzium noch mit Kuhmilch zugeführt worden war.

Und Sie erklären sich das...

Entweder durch eine Hypokalzämie, die auf ein Übermaß an Kalzium im Darm zurückzuführen ist, oder aber

Auszug aus:
Les maladies à l'aube de la civilisation occidentale, Mirko D. Grmek.
Verlag: Payot, S. 119–120

»Die gesamte derzeit zur Verfügung stehende osteo-archäologische Dokumentation zeigt, daß Rachitis erst mit der Urbanisierung Europas nach dem Mittelalter eine relativ verbreitete Krankheit geworden ist.

An den Knochen der Griechen und Ägypter der Hochkultur zeigen sich keinerlei Anzeichen von Rachitis.«

»Die hippokratischen Ärzte kennen kein enges Becken, ein Terminus, der in der medizinischen Literatur vor Soranos nicht vorkommt. Die Osteo-Archäologie bestätigt die Seltenheit von Beckenanomalien und die relative Breite des Beckens der griechischen Frau.«

dadurch, daß das Kalzium der Kuhmilch in die an den menschlichen Organismus angepaßten Moleküle nicht integriert wird. Es reicht nicht, sich soundsoviel Milligramm von diesem oder jenem Element zuzuführen. Dieses Element muß überdies in einer assimilierbaren Form zugeführt werden. Kalkstein enthält Kalzium, warum also sagen wir unseren Kindern nicht, sie sollten Steine essen, um gute Zähne zu bekommen.

Das Huhn frißt ja auch Sand.

Um seine Eierschale zu bauen, und eben gerade nicht, um gute Zähne zu bekommen, soweit ich weiß.

Die Argumente der Diätetiker sind immer zu vereinfachend, die Wirklichkeit dieser Phänomene ist zu komplex. Ich erinnere mich an einen sehr schmerzlichen Fall, bei dem meine eigene Mutter derart schädlichen Vorstellungen zum Opfer viel. Sie bekam einen Bandscheibenvorfall und suchte einen Arzt auf. Der diagnostizierte eine Entkalkung der Wirbelsäule. Sie bekam sofort eine ganze Reihe von Spritzen: lösliches Kalzium, Calciumgluconat, das im Prinzip der Form entspricht, in der Kalzium im Blut transportiert wird. Mit ihrem Rückgrat gab es leider nicht die geringsten Fortschritte, drei Monate später untersuchte man, da sie praktisch nichts mehr hörte, ihr Trommelfell: es war weiß, vollkommen kalzifiziert! Das Kalzium hatte sich in der Adresse geirrt! Meine Mutter ist bis zum Ende ihrer Tage taub geblieben.

Wäre Ihrer Meinung nach Milch in diesem Fall nicht besser gewesen als Spritzen?

Sie hat immer gern Milch in allen Varianten gemocht, was diese Entkalkung nicht verhindert hatte. Der Organismus muß jedes Element in der Form erhalten, an die er genetisch angepaßt ist, nämlich integriert in Nahrungsmittel in ihrer ursprünglichen Form.

Glauben Sie wirklich, daß 7000 Jahre nicht gereicht haben, damit es zu dieser Anpassung kam? Man sagt, daß Weiße ein Enzym haben, um Milchzucker zu verdauen, das den Schwarzen fehlt.

Laktase, um Laktose zu assimilieren. Das ist noch eines dieser Ammenmärchen, gerade recht, um den Käseliebhabern den Rücken zu stärken. In Wirklichkeit sind sich die Wissenschaftler über diesen Punkt ganz und gar nicht einig.

Heute glaubt man eher, daß diese Laktase etwa bis zum fünften Lebensjahr abgesondert wird und die Sekretion mit zunehmendem Alter versiegt.

Was bedeutet, daß man Erwachsenen keine Milch geben sollte?

In der Natur ist Milch immer nur für die Kleinen gedacht. Sie rühren da an ein Problem, das gleich zum zweiten Einwand führt: Ist Milch nicht vielleicht gefährlich für den Organismus des Erwachsenen? Sie enthält effektiv Wachstumsfaktoren, die auf lange Sicht unvorhersehbare Auswirkungen haben können.

Krebs?

Das wäre etwas einfach. Aber man sollte sich über dieses Thema einmal Gedanken machen. Es müßte die Rolle der Wissenschaftler sein, sich zu vergewissern, daß uns durch unsere Nahrungsgewohnheiten keine Gefahr droht. Man hätte zum Beispiel prüfen müssen, ob die genetische Anpassung an das Kuheuter wirklich vollzogen wurde. Bis jetzt sind keine ernsthaften Untersuchungen in dieser Richtung gemacht worden, man hat nicht einmal die Frage aufgeworfen.

Außer im Falle der Laktose...

Sie sollten lieber sagen, daß man sich auf die Entdeckung der Laktase gestürzt hat, um den Faktor Milch in unseren Nahrungsgewohnheiten zu rechtfertigen. Das ist aber wahrscheinlich eine falsche Interpretation. Das Problem bleibt dasselbe, ob Babys nun weiß, schwarz oder gelb sind; sie müssen zwangsläufig über Laktase verfügen, um die Laktose zu assimilieren, die in der Muttermilch enthalten ist. Das hat mit Kuhmilch nichts zu tun...

Life: Die Neandertaler

Knochenschnitte eines Neandertalers (–50000 Jahren) und eines modernen Menschen, aufgenommen mit dem Polarisationsmikroskop. Die Kalziumverteilung ist völlig verschieden: komprimiert und aletatorisch bei dem ersten, gewährleistet sie Geschmeidigkeit, während man beim modernen Menschen mit sitzender Lebensweise, Milchverbraucher, glauben könnte, daß das Kalzium so präzipitiert, daß es das Knochengewebe verengt und die Alveolen vergrößert, was den Knochen hart und brüchig macht.

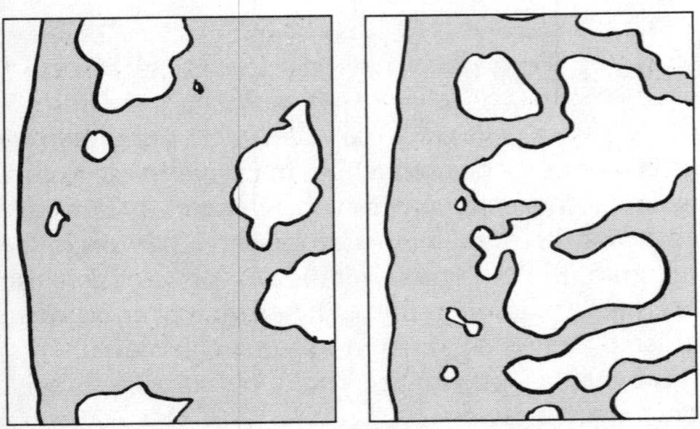

Und außerdem wird auch hier wieder falsch argumentiert. Selbst wenn man davon ausgehen könnte, daß Laktase das Ergebnis einer Anpassung an Kuhmilch ist, so wäre das Problem der Laktose damit keineswegs gelöst. Man kann daraus nun nicht schließen, daß wir deshalb genetisch in der Lage wären, die Synthese der anderen Enzyme zu programmieren, die erforderlich sind, um all die Substanzen zu neutralisieren, die sich in der Kuhmilch befinden und die in Muttermilch fehlen. Ein einziges Molekül, das durch die Maschen unseres Enzymsystems schlüpft, kann ernsthafte Störungen nach sich ziehen...

Vielleicht hat man noch nie Strukturunterschiede nachweisen können, die solche Bedenken rechtfertigen könnten.

Man weiß seit einer Ewigkeit, daß es gefährlich ist, Säuglingen reine Kuhmilch zu geben; sie enthält einen starken Kaseinanteil, das es in der Muttermilch nicht gibt. Der Magen des Babys schafft es nicht, dieses Protein zu verdauen, und die zugeführte Menge kann einen Propf bilden, der die ganze Verdauung blockiert und bis zum Tode führen kann. Das ist ein echtes Beispiel für Nichtanpassung.

Anstatt nun daraus zu lernen und sich zu sagen, daß sich hinter diesem Problem vielleicht noch weitere verbergen, befinden die Kinderärzte, man brauche nur die Milch mit etwas Wasser und Mehl zu mischen, und schon würde sie verdaulich. Aber was geschieht dann, in den nachfolgenden Etappen des Stoffwechsels? Darüber hat man sich keine Gedanken gemacht.

Angeblich ist adaptierte Milch besser auf die Bedürfnisse des Babys abgestimmt.

Das ist noch so eine Art, die Gutgläubigkeit der breiten Masse zu mißbrauchen. Zwischen Muttermilch und ›humanisierter‹ Milch sieht die brave Hausfrau kaum einen Unterschied. In Wirklichkeit korrigiert man einfach plump den Kasein-, Kalzium- und Laktoseanteil und ein paar weitere Bestandteile, aber ohne den Unterschieden der Molekularstruktur wirklich Rechnung zu tragen.

Ein Nahrungsmittel ist etwas sehr Kompliziertes. Es enthält Unmengen von komplexen Substanzen, deren Analyse nur einen sehr oberflächlichen Überblick verschafft. So teilt man beispielsweise die Proteine der Kuhmilch in zwanzig verschiedene Klassen ein und glaubt zu wissen, wovon man spricht. Man meint, es genüge, ihr die ß-Lactaglobuline zu entziehen, die es in der Muttermilch nicht gibt, und dann sei alles in bester Ordnung. Man vermutet effektiv, daß diese Proteinklasse Urheberin des von den Kinderärzten so gefürchteten plötzlichen Kindstods ist. Man beruhigt sich eben so gut man kann. Und die pharmazeutische Industrie bringt flugs adaptierte ß-lactaglobulinfreie Milch auf den Markt. In Wirklichkeit aber weiß man nicht viel über die genauen Eigenschaften und die Auswirkungen der verschiedenen Proteine, die jeweils zu den anderen 19 Klassen gehören.

Man wußte bis vor kurzem überhaupt nichts von einer ganzen Klasse von Zuckern, die in Muttermilch, nicht aber in Kuhmilch vorkommen; das sind die Gynolaktosen, die 1982 entdeckt wurden und denen man wichtige, bisher noch nicht so bekannte Eigenschaften für das Wachstum des Säuglings zuschreibt.

Aus all dem kann man also folgern, daß die Mode, den Milchfluß durch Spritzen zu unterbinden, ein schwerer Irrtum war?

Man geht längst wieder auf das Stillen über, und um das ganze Ausmaß dieses Desasters zu ermessen, ist es noch zu früh. Die meisten der heutigen Erwachsenen haben von der Köstlichkeit der Muttermilch nicht viel kennengelernt. Welche Auswirkungen das einmal auf ihren Organismus haben wird...

Ich höre noch den Arzt nach der ersten Entbindung zu meiner Frau sagen: »Warum wollen sie sich mit dem Stillen herumplagen, es gibt heute doch so gute Fertigpräparate.«

Wie kommt es, daß Schwangere eine solche Lust auf Käse haben? Sie sagten mir, daß solche Gelüste effektiv Äußerungen des Ernährungsinstinkts sind?

Schwangere projizieren ihren Bedarf an Proteinen oder Hefe auf den Geschmack von Käse, der von Mikroorganismen nur so wimmelt. Aber aus dieser Lust auf Käse läßt sich nichts folgern, Käse ist kein natürliches Nahrungsmittel.

Sie würden also eher einen Tartar empfehlen.*

Eher eine ordentliche Scheibe rohes Fleisch. Das ist sicherer, denn Tartar mit seinem Eigelb und den Saucen...

Das täuscht den Instinkt, ich weiß schon. Aber wie können Sie beweisen, daß Fleisch ein natürliches Nahrungsmittel ist? Menschenaffen sollen doch Vegetarier sein.

Oh je. Nun sind wir also bei den großen Thesen der Vegetarier. Man hat lange geglaubt, daß Affen Tierfleisch verschmähen, weil sie sich hauptsächlich von Obst und Kräutern ernähren. Noch nie hat sie jemand in flagranti als Fleischfresser erwischt. Natürlich, weil man nicht darauf gefaßt war, daß sie Fleisch fressen, denn dann hätte man zugeben müssen, daß sie es roh essen. Ein Tabu! Sie hätten nur sehen sollen, wie meine Umgebung reagierte, als ich es in der Instinktotherapie einführte.

---

* Im Deutschen: Tatar, geschabtes Rindfleisch (mit Ei und Gewürzen), während Tartar im Französischen bedeutet, daß zum rohen Fleisch eine ›Sauce tartare‹ (Mayonnaise mit Senf und gehackten Kräutern) gereicht wird.

Hatten Sie es am Anfang denn verboten?

Fast jeder, der sich etwas mit Diätetik befaßt, wird irgendwie vom Vegetarimus beeinflußt. Auch mir ging es am Anfang nicht anders.

Das ist eine Anschauung, die den Menschen schon seit langer Zeit keine Ruhe läßt. Die Hinduismuswelle Anfang dieses Jahrhunderts hat den Vegetarismus wieder populär gemacht, ihm zu neuer Aktualität verholfen, und um die Richtigkeit dieser Lehre zu beweisen, mußten natürlich alle Mittel eingesetzt werden. So kam es dann zu der These von den vegetarischen Affen.

Neue Untersuchungen haben aber gezeigt, daß sie falsch ist. Die holländische Ethologin Jane Lawick Owall, die 20 Jahre mit Schimpansen lebte, hat gesehen, wie eine ganze Horde sich ein Buschschwein teilte, das der beste Jäger unter ihnen gejagt hatte, ohne daß er darin je Unterricht bekommen hätte. Die höheren Affen haben einen Jagdinstinkt. Man kann also davon ausgehen, daß Fleisch zu ihrer naturgemäßen Nahrung gehört. Und da wir genetisch gar nicht so weit von unseren kleinen behaarten Vettern entfernt sind, ist es mehr als wahrscheinlich, daß wir an Fleischkost genetisch angepaßt sind.

Affen fressen aber sehr wenig Fleisch...

Daraus kann man aber nicht schließen, daß es für ihre Gesundheit nicht *unerläßlich* ist. Und für unsere Gesundheit gilt dasselbe...

Die Vegetarier haben zweifellos recht, wenn sie sich gegen den generellen Fleischverzehr wenden, denn man gart es, und das ist giftig, und man ißt zuviel davon, weil man nicht auf den Instinkt hört. Ich habe bei einer Vielzahl von Fällen beobachten können, daß gegartes Fleisch Störungen im Nervensystem bewirkt. Es führt zu einer verkappten Erregtheit, welche sich auf den Zustand der Aggressivität, der Angst, der Sexualität, auf den ganzen psychischen Apparat auswirkt. Ich verstehe sehr gut, warum einige der großen Weisen, die sich besonders mit dem geistigen Leben befassen, Fleisch als antispirituell verurteilten. Sie haben bestimmt nicht dieselben Versuche mit rohem Fleisch gemacht, sonst hätten sie gesehen, daß das nur eine Folge des Garprozesses ist.

Glauben Sie nicht, daß es eher das Töten eines Tieres ist, das von den verschiedenen spirituellen Richtungen verurteilt wird?

Stimmt. Es ist wirklich schockierend zu töten, ganz gleich, was es ist. Es widerspricht unserer Vorstellung von Vergeistigung. Hitler war übrigens überzeugter Vegetarier. Er hat bestimmt niemals auch nur ein einziges Tier getötet. Hingegen kann man wohl sagen, daß er Kadaver aß...

Übrigens ist das eines der großen Leitmotive der Vegetarier. Sie sagen, man äße Aaas. Mit drei ›aaa‹. So daß Sie sich endgültig vor ihrem Beefsteak ekeln. Als hätten Sie ein Stück Menschenfleisch auf Ihre Gabel gespießt. Dabei wimmelt Fleisch nur so vor Leben: allein die Hefepilze, die sich darin entwickeln...

Ein gekochtes Gemüse dagegen ist wirklich tot; von ihm bleibt nur die armselige sterbliche Hülle. Da müßte man von Kadaver sprechen.

Ich habe einen Freund, der die Fleischesser Aasfresser nennt. Angeblich entwickeln sich im Tier, sobald es getötet wurde, eine ganze Reihe von Toxinen.

Nun, ihm muß man sagen, daß wir Fleisch nicht als Aas essen, sondern dann, wenn es gerade richtig ist. Es stimmt, daß Fleisch, das zu alt ist, giftig wird, es enthält Ptomain.* Aber der Instinkt hält einen davon ab, es zu essen. Es riecht widerlich und brennt auf der Zunge. Folg-

---

* Leichengift

lich müssen wir gegen ein ursprüngliches Gift geschützt sein; Aasfresser gibt es in der Natur schon seit sehr langer Zeit.

Der Mensch jedenfalls ist ganz bestimmt kein Aasfresser, und er gehört auch nicht zur Familie der Raubtiere. Er kann kein frisches Fleisch essen, daran hindert ihn der Instinkt. Ein frisch getötetes Tier verströmt einen ausgesprochen ekelerregenden Geruch. Schauen wir doch nur, wie es in der Natur vor sich geht: der Tiger, der ein Zebu schlägt, packt es bei der Kehle. Dann, gemeinsam mit seiner Familie, verzehrt er die Innereien, die noch voller halbverdauter Kräuter stecken. Der Tiger ist in Wirklichkeit in erster Linie Vegetarier!

Dabei wird behauptet, er lebe nicht lange, weil er sich von Fleisch ernährt...

Eine solche Behauptung entbehrt jeder Grundlage. Jedes Tier hat seine genetische Uhr, die seine Lebensdauer bestimmt. Sein Metabolismus ist zwangsläufig an die Nahrung angepaßt, die ihm sein Instinkt eingibt. Sonst brauchte er sich ja nur von Zweigen zu ernähren, um 200 Jahre alt zu werden, wie der Elefant.

Sodann verschlingen die von diesem Festschmaus angelockten Tiger eine gewisse Fleischmenge und lassen den Rest liegen. Der Balg wird durch die Wirkung seiner eigenen Enzyme und der Bakterien, die sich in ihm entwikkeln, vorverdaut. Wenn er lange genug liegengeblieben ist, verströmt er einen ganz anderen Geruch, der eine Reihe von Tieren anlockt: Warzenschweine, Nagetiere, Affen usw. Dann kommt die nächste Phase, in der das Fleisch zu Aas wird, und nun finden Aasfresser, wie Hyänen, Schakale, Geier usw. es verlockend, oder zunächst seinen Geruch, der auf uns so abstoßend wirkt, sonst kämen sie ja nicht. Dann erfolgt die endgültige Säuberung durch Maden, Schaben und andere Lebensformen, die uns anwidern, weil sie effektiv an Aas erinnern, sei es an verdorbenes Fleisch, was schädlich für uns ist, oder an unsere eigene Sterblichkeit, und das ist auch nicht besser... Wenn man ein Entrecôte mit Aas vergleicht, übergeht man die natürliche Ordnung der Dinge und bringt ein Gefühl des Ekels ins Spiel, wo keinerlei Veranlassung dazu besteht. Rohes Fleisch wirkt auf den, der es braucht, wunderbar wohlriechend und delikat, wenn es zum Verzehr gerade richtig ist. Der Mensch ist vermutlich in der Mitte, zwischen den Raubtieren und den Aasfressern, angesiedelt; er ist dem Affen und dem Schwein sehr ähnlich, jedenfalls was seinen Verdauungstrakt anbelangt. Die Schlachter lassen ja nicht zufällig das Fleisch einige Wochen abhängen, bevor es in den Verkauf kommt.

Und die Purine? Derselbe vegetarische Freund malte mir die Gefahren durch Purine in den düstersten Farben aus.

Schauen Sie mal in ein Chemiebuch, da werden Sie sehen, daß die Hälfte der Basen, die die Information in der DNS* kodieren, Purine sind. Sie sind Grundbausteine des Lebens selbst, sie kommen in allen Lebewesen vor. Sie werden, wie alle tierischen und pflanzlichen Proteine, in Harnsäure degradiert, und unser Organismus ist perfekt darauf eingestellt, diese Harnsäure auszuscheiden (wenn man nicht die vom Instinkt vorgegebenen Dosen überschreitet!); sie geht in Form von Harnstoff in den Urin. Unser Metabolismus hat sich dieser Gegebenheit schon vor sehr langer Zeit angepaßt, denn Protein kommt in allen ursprünglichen Nahrungsmitteln vor und ist unerläßlich für unser Überleben.

Ich habe nie verstanden, was die Anhänger der verschiedenen Schulen natürlicher Ernährungsweise diesen armen Purinen vorzuwerfen haben. Warum greift man nicht eben so heftig die Pyrimidine** an, die die andere

---

* DNS = Desoxyribo[se]nukleinsäure
** Spaltprodukte von Nukleinsäuren

Hälfte der DNS-Basen bilden? Weil das irgendwie nach Pyramide klingt und weil das alte Ägypten eine gewisse Spiritualität unterstellt? Ich habe, ganz offen gesagt, den Eindruck, daß ein großer Anhänger der Reformbewegung mal auf gut Glück ein Biochemiebuch aufgeschlagen hat und auf das Kapitel über die Purine gestoßen ist. Und da er nichts von diesen kabbalistisch anmutenden Molekülen verstand, ist er dann gegen das Fleisch zu Felde gezogen wie Don Quichotte gegen die Windmühlen.

Wenn ich es richtig verstehe, ist es in der Natur gar nicht unbedingt nötig zu töten, um Fleisch essen zu können?

Selbst in Hühnerställen nicht: Das kann der Marder für Sie erledigen. Vergessen Sie nur eine Nacht, die Tür zu schließen, und Sie werden am nächsten Morgen Fleisch in Hülle und Fülle haben. Ich muß allerdings zugeben, daß wir in der Praxis diese Raubtiere durch den Schlachter ersetzen.

Am Anfang hatte ich ja gehofft, das Töten durch den Verzehr von Milchprodukten umgehen zu können, aber die Fakten haben uns dann anderen Sinnes werden lassen.

Und was antworten Sie denen, die sich auf die Bibel berufen? Eines der zehn Gebote sagt eindeutig: Du sollst nicht töten.

Das ist ein kleiner Irrtum! Der hebräische Text prangert nicht den Schlachter an, sondern wendet sich namentlich gegen Mörder. In der wörtlichen Übersetzung heißt es: Du sollst keinen Mord begehen. Was auf dem Ernährungssektor nur die Kannibalen betrifft.

In den Seiten, die den Zehn Geboten folgen, gibt Moses ganz im Gegenteil Empfehlungen für regelmäßige Opferungen. So mußte man auf dem Altar mal einen Ochsen, mal ein Schaf (und sogar zwei am Tag) opfern, um den

Hunger der himmlischen Heerscharen zu stillen, und da es mit der Abdeckerei damals noch nicht recht klappte, darf man vermutlich mit Fug und Recht behaupten, daß die Menschen sich den Rest dann teilten. Sie sehen, die Bibel hat die Frage der Proteinzufuhr schon lange vor den Ernährungswissenschaftlern geregelt.

Eine ganze Menge Fleischsorten wurden aber als unrein angesehen, es gab also immerhin sehr strenge Einschränkungen.

Im Deuteronomium* 14, Vers 23, heißt es: »Dies aber sind die Tiere, die ihr essen dürft: Rind, Schaf, Ziege, Hirsch, Reh, Damhirsch, Steinbock, Gemse, Auerochs und Antilope«... Ich wäre froh, eine solche Auswahl zu haben. Wild ist selten heutzutage!

Bringen Sie es fertig, die Tiere, die Sie essen, selbst zu töten? Ich könnte das nicht.

Die Alten töteten die Tiere im Rahmen einer Opferhandlung. Selbst hier in Europa jagte man vor einigen Jahrhunderten den Bären und bat ihn dann um Verzeihung, weil man ihn getötet hatte. Seine pietätvoll zusammengefügten Überreste brachte man anschließend wieder in den Wald zurück.

Ich glaube, es ist vor allem die innere Haltung, mit der man ein Tier tötet, die schaden kann. Ein Tier zu opfern, wenn man weiß, daß sein Fleisch unseren Kindern ermöglicht, ihren Körper nach den Gesetzen der Natur aufzubauen, scheint mir kein Verbrechen zu sein. Gurdjieff, der große Weise aus dem Kaukasus, sagte, daß ein Tier dankbar sein müßte, weil seine Proteine nun in eine höhere Ebene gelangten, nachdem sie von einem höher entwickelten Wesen verspeist worden sind.

---

* Zweite Gesetzgebung, das 5. Buch Mose

Würden Sie das auch sagen, wenn ein Tiger sich auf Sie stürzte?

Der Mensch ist bestimmt nicht dazu ausersehen, die Beute des Tigers zu werden. Und übrigens greift ein Tiger den Menschen unter normalen Bedingungen nicht an. Dazu müßte er erst auf den Geschmack gekommen sein; danach macht er es dann immer wieder und wird ein sogenannter menschenfressender Tiger. Denn das ist zweifellos das bestgewürzte Fleisch, das er je probiert hat. Auch er geht in die Falle der Kochkost: Denken Sie nur mal an den Duft nach all den verschiedenen Gewürzen und Saucen, der in das Muskelfleisch – und die Eingeweide – eines normalen Menschen eingezogen ist...

Die Schöpfung ist so gemacht, daß die einen Lebewesen auf Kosten der anderen leben. Das ist wie eine riesige ökologische Pyramide, die im Laufe der Evolution errichtet wurde. Alles in allem glaube ich, daß man gegen die Naturgesetze handelt, wenn man sich Fleisch versagt. Die Frage heißt vielmehr, welches und wieviel Fleisch man essen soll, um gesund zu sein und es zu bleiben. Mit ›Instinkto‹ als Notenschlüssel dürfte es eigentlich keine falschen Töne mehr geben.

Immerhin ist es für einen Menschen nichts Natürliches, ein Tier zu töten: er braucht Pfeil und Bogen, ein Gewehr, ein Messer. Das sind technische Hilfsmittel, die der Intelligenz entspringen und somit nichts Ursprüngliches haben.

Vorsicht, jetzt geraten Sie ins Gebiet der Philosophie! Es ist ja nicht so, daß Fleisch, weil ich irgendeinen Kunstgriff anwenden muß, um ein Tier zu fangen oder zu töten, für meinen Metabolismus nicht natürlich wäre. Ist es besser, einem Gelähmten, der sich sein Essen nicht mehr selbst holen kann, dieses Essen jeden Tag zu bringen oder aber zu erklären, daß er in seinem Zustand leben können müsse, ohne zu essen? Wissen wir, wie unsere Vorfahren vor dem ›homo sapiens‹ liefen, welche Kraft sie hatten, ob sie nicht Steine, Stöcke, Fallen benutzten? Wir sind überhaupt nicht trainiert, uns können wir als Beispiel nicht heranziehen. Vielleicht hat unsere Körperkraft abgenommen, weil sie von der Intelligenz abgelöst wurde: Schläue hat die Kraft überrundet.

Aber, wie gesagt, was zählt, ist unser genetischer Aufbau: Haben wir die Zähne, die Verdauungsorgane und vor allem die Enzyme und erforderlichen Entgiftungswege, um gefahrlos Fleisch zu assimilieren...

Die Vegetarier behaupten aber gerade, daß unsere Eckzähne zu klein und unser Darm zu lang seien, so lang, daß das Fleisch anscheinend gefährlich gärt, was auch den Gestank der Exkremente erklärt...

Da kann ich Sie beruhigen. Der menschliche Eckzahn reicht bei weitem aus, um sogar in eine ganze Hammelkeule oder in einen Hühnerschenkel zu beißen.

Puh! Sie können rohes Huhn essen?

Selbst Geflügel – doch, bestimmt – schmeckt sehr gut, wenn der Körper es braucht. Warum sollte es zwischen diesem Fleisch und einem anderen einen Unterschied geben? Das Wildkind von Aveyron konnte Geflügel mit einer erstaunlichen Geschicklichkeit fangen und rupfen.

Ich bin einfach noch nicht reif genug für Ihre Diät!

Außer, daß Sie das Wichtigste vergessen: Wir essen nur das, was gut ist. Wenn ein Nahrungsmittel, ganz gleich, welches, Ihnen nicht schmeckt, so dürfen Sie genau dieses Nahrungsmittel nicht essen. An dem Tag, wo ein roher Truthahn Ihnen himmlisch schmeckt, werden sich alle Ihre Vorurteile in Luft auflösen. Es wird immer so getan, als müßte man bei der Instinktotherapie essen, was auf den Tisch kommt. Dabei bringt der Instinkt ganz im Gegenteil die Freiheit, mit Freude genießen zu können, zurück.

Ich will Sie auch gleich in bezug auf die Länge Ihres Darms beruhigen: er mißt genau 6,15 m und besitzt alle erforderlichen Eigenschaften, um das zu verdauen, was Ihre Gaumenkontrollinstanz zu ihm durchläßt. Er hat Millionen von Jahren Zeit gehabt, sich darauf einzustellen. Die Überlegungen, die man in bezug auf seine Länge anstellt, sind völlig sinnlos: jede lebende Spezies ist an ihre Darmlänge angepaßt – und umgekehrt! Die Nahrungsmittel gären nicht frei und beliebig auf ihrem Weg durch den Verdauungstrakt, vielmehr wird die Vermehrung der Mikroben durch genetisch programmierte Regelmechanismen rigoros kontrolliert.

Programmiert für natürliche Nahrungsmittel, wenn ich wie Sie argumentiere. Was den Zweifel in bezug auf den Fleischverzehr noch nicht ausräumt.

Man kann letztlich nur die Erfahrung ausräumen. Gegartes Fleisch ruft eine ganze Reihe von Schädigungen hervor. Rohes Fleisch dagegen nicht, vorausgesetzt, es stammt von Tieren, die selbst korrekt ernährt wurden. Die Anomalie kommt also ganz klar von der Denaturierung und nicht vom Fleisch als solchem. Und da die therapeutischen Ergebnisse darüber hinaus exzellent sind, ist diese Frage, glaube ich, geklärt. Genauer gesagt, sie hätte sich nie gestellt, wenn man nicht das Kochen erfunden hätte. Die generelle ernährungsbedingte Überlastung ruft den Ekel hervor, den man rohem Fleisch gegenüber empfindet. Dieses Umgehen des Instinkts führt zu einer vollkommenen Unsicherheit. Wir wissen nicht mehr, was gut oder schlecht ist. Wir müssen uns endlosen diätetischen Spekulationen hingeben, die sich letztlich als nutzlos oder widersprüchlich erweisen und die derart kompliziert sind, daß niemand sie wirklich durchführen kann.

Babys wissen besser als wir, was richtig ist. Wir haben oft beobachtet, daß ein Baby beim Stillen plötzlich genau in dem Moment die Brust losließ, wo seine Mutter in eine Frucht biß. Der in dem Augenblick verströmende Duft gelangt zu den Geruchspapillen des Kindes, sein Instinkt läßt es den Milchgeschmack zweifellos als unangenehm empfinden, es fängt an zu weinen, bis man ihm das Objekt seiner Wünsche gibt. Ein paar Wochen später reagiert das Baby dann genau so, wenn seine Mutter in ein Stück Fleisch beißt. Mit Zeter und Mordio fordert es ebenfalls sein Stückchen Fleisch, und sobald man es ihm in den Mund geschoben hat, beruhigt es sich augenblicklich. Dann saugt und mümmelt es lange darauf herum, mit dem Zahnfleisch, wenn es noch keine Zähne hat, und dann schläft es ein, mit einem Engelsgesicht, obwohl seine mörderischen Kiefer doch noch einen Rest von Aas umschließen.

Fleisch gehört ganz offenbar zur naturgemäßen Nahrung des Menschen. Und seit wir Milchprodukte von unserem Speisezettel gestrichen haben und tierisches Eiweiß wieder einführten, beobachten wir effektiv die spektakulärsten Heilungen: Leukämie, Krebs, Lupus, Polyarthritis. Ich rede nicht gern darüber, weil ich mich nicht zum Wunderheiler machen will, denn dann würde man mich, bei allem was sonst damit einhergeht, nicht ernst nehmen. Aber da wir gerade über Proteine sprechen, müssen wir doch ein Wort über Krebs sagen. Wie Sie wissen, haben epidemiologische Untersuchungen gezeigt, daß die Ernährung und die verschiedenen Ernährungsweisen einen entscheidenden Einfluß auf die Art und Häufigkeit von Tumoren haben. Aus den Statistiken geht klar hervor, daß Krebs in den Gegenden häufiger vorkommt, wo man mehr tierisches Eiweiß verzehrt. Ich aber habe erlebt, daß schwer krebskranke Patienten genesen sind, indem sie – instinktiv – viel rohes Fleisch aßen. Ein Architekt mit generalisiertem Krebs, drei Jahre nach einer ersten Darmoperation: die linke Lunge, durch die Folgen eines Ergusses durch einen Pleuratumor, voller Wasser, zwei Metastasen in der rechten Lunge und noch ein Naevustumor in einem Finger. Schon in der ersten Instinkto-Woche begann er 700 g rohes Rindfleisch täglich zu essen, und das mehrere Monate lang. Die Metastasen in der anderen Lunge begannen sich zurückzubilden. Der Tumor des Fingers wurde von Tag zu Tag flacher, die Haut bekam wieder ein normales Aussehen; wir haben sogar gesehen, wie kleine weiße Punkte die braune Oberfläche bedeckten und sich auf ihr ausbreiteten, um runde Flecken zu bilden, die sich schließlich bedeckten: Genau wie bei Zellkulturen auf Gelatine hatten sich, von einigen gesunden Samen ausgehend, normale Zellen vervielfacht. In sieben Monaten war der Allgemeinzustand so gut, daß er seine Arbeit wieder aufnehmen konnte. Amüsantes Detail am Rande: Gleichzeitig waren die grauen Haare, die an der Stirn dieses Mannes um die Fünfzig vollkommen weiß waren, total verschwunden, so daß ich ihn für seinen jüngeren Bruder hielt.

Und das alles, indem er eine solche Menge an Proteinen zu sich nahm? Das ist ja gegen alle Statistiken, die belegen, daß Krebs dort häufiger vorkommt, wo der Eiweißverzehr höher ist.

Ich glaube, daß die Statistiken aus zwei Gründen gefälscht sind: Zum einen berücksichtigt man dabei nicht den Instinkt und schreibt den Proteinen eine Schädlichkeit zu, die nicht auf die Natur dieser Moleküle zurückzuführen ist, sondern darauf, daß man bei ihrem Konsum die angemessenen Grenzen überschreitet. Man macht also das Fleisch verantwortlich, während man in Wirklichkeit das Übermaß verantwortlich machen sollte. Und dann wird den Kranken dieses Fleisch vorenthalten, wo es ihnen doch gerade genesen helfen würde.

Zweitens werden in diesen Statistiken Proteine von Fleisch- und Milchprodukten unterschiedslos addiert, was zu einem generellen Durcheinander führt. Nehmen wir einmal an, daß Krebs durch Milch entsteht, und daß Fleisch für die Heilung erforderlich wäre. Dann würden die Krebserkrankungen also in den Regionen zunehmen, wo ein großer Proteinverbrauch herrscht, wie es gegenwärtig auch der Fall ist, eben weil der Konsum von Milchprodukten dort am höchsten ist. Indem man aber gleichzeitig das Fleisch für die Erkrankungen verantwortlich macht, werden die Kranken durch solche Statistiken dazu getrieben, auf das Nahrungsmittel zu verzichten, das ihnen Heilung brächte.

Die Statistiken beweisen nur schon vorher dagewesene Theorien. Da man zwischen Milch und Fleisch noch nie unter dem Gesichtspunkt der genetischen Anpassung unterschieden hat, tragen sie nur zur allgemeinen Verunsicherung bei.

Haben Sie andere Heilungen bei gleichzeitigem hohen Fleischgenuß beobachtet?

Ziemlich oft. Bei Leukämie, Epilepsie, Depressionen, Allergien, Muskelschwäche, multipler Sklerose usw. Aber Vorsicht! Es reicht nun nicht, Fleisch zu essen, um diese Krankheiten zu heilen. Es wäre eine Illusion zu glauben, dieses oder jenes Nahrungsmittel entspreche dieser oder jener Krankheit, und man brauche es nur zu essen, um gesund zu werden. So einfach ist das nicht.

Die Instinktotherapie zielt unmittelbar auf die Resistenz des Organismus, je nach den Mangel- oder Vergiftungserscheinungen braucht es einer ganzen Reihe von Nahrungsmitteln, und zwar in einer bestimmten Reihenfolge und in korrekter Dosierung im richtigen Augenblick, um die Lage wieder in den Griff zu bekommen, und, sobald günstige Bedingungen vorliegen, kann die Heilung einsetzen.

Es ist jedoch nicht möglich, daraus allgemein gültige Regeln abzuleiten. So können bei ein und derselben

Krankheit verschiedene Arten von Störungen auftreten, wie auch dieselben Arten von Störungen auf verschiedene Krankheitsursachen zurückgehen können. So daß es unmöglich ist, anhand einer Diagnose auch gleich eine Ernährungsdosierung vorzusehen.

Schade.

Die Instinktotherapie tut das genaue Gegenteil des klassischen Schemas aller medizinischen und aller diätetischen Richtungen. Ich weiß, daß das verwirrend ist; man kann also nicht mehr sagen: »Nimm dieses oder jenes, das ist gut gegen Krebs.«

Ich finde aber, daß das verunsichert...

Sie haben recht, man hat die Angewohnheit, sich selbst zu beruhigen, weil man weiß: Rote Bete – gut gegen Krebs. So hat man nämlich den Eindruck, das Umfeld gesichert zu haben. Wenn eines Tages dann eine Krankheit ausbricht, weiß man wenigstens, an was man sich halten kann. Rote Bete werden uns Ablaß gewähren von unseren Sünden. Man hat den Erlöser gewissermaßen griffbereit. Aber leider wiegt man sich da in lauter Saft- und Salat-Illusionen. Die Wirklichkeit sieht viel komplexer aus. Schlagen Sie nur ein Buch über den Stoffwechsel auf, dann verstehen Sie schon...

Sie meinen wohl, daß ich kein Wort verstehen werde!

Sie werden zumindest verstehen, warum unsere Wissenschaftler und unsere Ärzte von Gesundheitsfragen nichts verstehen. Die menschliche Maschine ist zu kompliziert, jede Situation ist zu verschieden, es gibt einfach zu viele Imponderabilien. Jedes Mal glaubt man erneut, das Allheilmittel gefunden zu haben, aber vereinfachende Verallgemeinerungen haben noch nie das Heil gebracht.

Und das gilt für eine Diät wie für eine Medikation gleichermaßen.

Laufen Sie nicht Gefahr, mit Ihrem System noch ein weiteres Allheilmittel zu schaffen?

Ich glaube nicht, daß die Instinktotherapie in diese Falle geraten kann. Denn sie geht von einer Infragestellung aus. Sie fragt zunächst nach etwas Grundlegendem, nämlich nach unserer genetischen Anpassung an nicht ursprüngliche Nahrungsmittel. Und die Erfahrung erst gibt dann die Antwort. Jeder kann für sich selbst die Mechanismen seines Ernährungsinstinkts entdecken und dann eine Verbesserung aller seiner Körperfunktionen feststellen, ob es sich nun um kleine Wehwehchen handelt oder um schwere Krankheiten.

Zwischen den Zeilen behaupten Sie nichtsdestoweniger, daß die Instinktotherapie alles heilen kann.

Ich glaube, daß eine den ewigen Gesetzen der Ernährung entsprechende Kost schließlich nur darauf abzielen kann, die Unversehrtheit des Organismus wiederherzustellen und daß sie damit auch die Prognose aller Krankheiten verbessert.

Man tut immer so, als würde eine Krankheit nur durch von außen eindringende Krankheitskeime ausgelöst. Dabei ist klar, daß die Entwicklung der Krankheit – also ob sie ausheilt oder sich verschlimmert – vom Gleichgewicht zwischen der Abwehrbereitschaft des Organismus und den Aggressionsfaktoren abhängt. Man sollte daher alles daransetzen, nicht nur die Aggressionsfaktoren zu vermindern, sondern auch die Resistenz zu verbessern. Da man in bezug auf die Krankheitskeime nicht viel ändern kann (jedenfalls nicht ohne tiefe Eingriffe in den gesamten Organismus), sollte man daher alles nur irgend mögliche in bezug auf seine Resistenz unternehmen.

Die Art dieser Resistenz hängt aber nun auch wieder von zwei Faktoren ab: von genetischen Faktoren und von der Ernährung. Auch an genetischen Faktoren kann man wiederum praktisch nicht viel ändern. Und so kommt letzten Endes dem Faktor Ernährung die entscheidende Rolle zu! Man muß seinem Organismus alle für seine Wiederherstellung erforderlichen Nährstoffe zuführen, und da glaube ich effektiv, daß die Instinktotherapie dies viel sicherer kann als irgendwelche Rezeptverschreibungen.

Es ist unmöglich, von außen her genau zu wissen, was sich in einem Organismus abspielt. Die Komplexität dieses Problems geht über unser Verständnis hinaus. Allein für die Nahrung sind ständig zweitausend Enzymtypen dienstbereit... Und diese Fermente sind nicht bloß einfache Tierchen, wie man mal dachte. In dieser mikroskopisch kleinen Welt entdeckt man jeden Tag komplexere Mechanismen, unerwartete Eigenheiten, neue unzählige Taschenspielerkünste. Auch der gelehrteste Arzt ist da mit seinem Latein am Ende.

Der Instinkt aber ist ständig in Kontakt mit dem Innern des Organismus. Er hat Millionen von Jahren Zeit gehabt, um alle nützlichen Daten herauszufinden und wie ein Super-Computer die tägliche Anlieferung von Brenn- und Schmierstoffen, von Baumaterial, von Werkzeug und Reparaturmaterial, kurz, all dessen zu kontrollieren, das die beste und schnellstmögliche Wiederherstellung erlaubt. Er täuscht sich nicht in seiner Diagnose. Er greift ein, noch bevor sich die Krankheit manifestiert. Er verfolgt von einem Augenblick zum andern die Entwicklung des Organismus. Er achtet auf alles: auf die Kalorienzufuhr, auf eine ausgewogene Zusammensetzung von Kohlehydraten, Fetten und Eiweiß, auf die korrekte Zufuhr von Wasser, Vitaminen, Mineralsalzen, Oligo-Elementen, heilkräftigen Substanzen. Ich glaube, es gibt keinen besseren Arzt. Und zudem ist er ein Arzt, der Ihnen seine Rezepte nicht gegen Geld verschreibt, sondern den Genuß gleich mit dazu.

Was mich reizt, ist die Vorstellung, den Arzt, den ich immer irgendwo draußen gesucht habe, in mir selbst zu entdecken.

Ich glaube, das ist der wichtigste Punkt überhaupt: zu denken, nicht mehr auf Hilfe von außen zu zählen. Nicht mehr von irgendeiner ärztlichen Macht abzuhängen. Festzustellen, daß die Natur alles vorgesehen hat, daß sie in uns alles festgeschrieben hat, was zur Erhaltung unserer Gesundheit nötig ist. Und daß die Lösung nicht in der geistigen Vorstellung liegt, mit allem, was diese an Fehlern beinhalten kann, sondern daß diese Lösung in uns, in der körperlichen Freude liegt.

Letztlich ist die Instinktotherapie kein Therapeutikum im eigentlichen Sinne.

Natürlich nicht. Eine Therapie besteht darin, sich einer Behandlung, einem künstlichen Eingriff zu unterziehen. Mit der Instinktotherapie werden diese künstlichen Eingriffe gerade wegfallen, so daß er die Gelegenheit bekommt, seinen Weg zur Heilung selbst zu suchen.

Sie ist die Kunst, Spontanheilungen zu bewirken.

Wenn Sie gern Widersprüchlichkeiten mögen...

Ist das alles nicht zu schön, um wahr zu sein? Heilen durch Genuß... Das ist ziemlich ungewöhnlich.

Was sollte daran so ungewöhnlich sein: Genuß ist der Antrieb des Lebens, man müßte es eigentlich ganz natürlich finden, daß er uns zur Gesundheit führt.

Eine Therapie, die keine Therapie ist, sondern alle Krankheiten schneller und besser als alle Therapeutika heilt. Da kann man die Krankenhäuser ja schließen.

Jetzt lassen Sie mich aber nicht etwas sagen, was ich nicht gesagt habe. Die Medizin bleibt überall dort unersetzlich, wo die Natur allein den Normalzustand nicht wiederherstellen kann. Jenseits gewisser Grenzen bleibt ein Eingriff von außen unvermeidlich. Stellen Sie sich vor, Sie brechen sich das Schienbein. Da werden Sie doch nicht darauf warten, daß Ihre Knochen sich allein aufgrund Ihrer Rohkost wieder in die richtige Lage bringen, der diensthabende Chirurg macht das bestimmt viel besser!

Um aber den Kalkmangel bei diesem Bruch zu beheben – da gibt's nichts Besseres als die Natur.

Sie sind also gar nicht gegen die Medizin?

Im Gegenteil, ich bin dafür, die Medizin zu verbessern.

Die Medizin ist aber immerhin nichts Ursprüngliches, sie macht sich mit dem Verstand ersonnene Kunstgriffe zunutze.

Ich bin auch nicht gegen Kunstgriffe, sofern sie wirklich mit Verstand erdacht wurden. Das Ärgerliche ist nur, daß der Verstand des Menschen von dem des Schimpansen nicht so sehr weit entfernt scheint. Er treibt uns dazu, uns mit Hilfe einer ganzen Reihe von Kunstgriffen Genuß zu verschaffen, ohne uns aber gleichzeitig über die Konsequenzen solcher Kunstgriffe Gedanken zu machen. Unser Verstand ist ein bißchen wie ein Eintaktmotor, dem die Vorrichtung für den Rückschlag der Kurbel fehlt. Wir müssen immer erst leiden, um uns unserer Nachlässigkeiten bewußt zu werden; uns fehlt einfach die Fähigkeit, uns die Konsequenz unseres Handelns schon im voraus vorzustellen.

Mit unserer Intelligenz können wir mehr Dummheiten machen als alle Tiere der Welt. Sie umgeht die Regeln der genetischen Anpassung und ermöglicht uns, Verhaltensweisen zu improvisieren, die durch pures Wunschdenken entstanden sind, welches mit der Wirklichkeit nur sehr entfernt übereinstimmt. Denken Sie nur an die Umweltverschmutzung: Man erfindet jede Menge Giftstoffe, um die Schädlinge, die an unseren Kartoffeln knabbern, zu vernichten, und denkt dabei nur an den Ertrag. Und wenn man dann merkt, daß man dabei ist, das ökologische Gleichgewicht zu zerstören, von dem unser eigenes Dasein abhängt, dann sagt man sich, daß man eher hätte daran denken müssen.

Mit dem Kochen ist es dasselbe: Unser ganzes Trachten konzentriert sich auf den Genuß, und wenn man dann merkt, welche Schäden entstanden sind, hat man nicht mehr die Kraft, da wieder herauszukommen...

Nein, ich kritisiere weder die Intelligenz noch künstliche Eingriffe; das sind die einzigen Merkmale unserer Überlegenheit über das Tier. Ich sehe nicht recht, was uns bliebe, wenn wir darauf verzichten müßten. Hingegen glaube ich, daß es Zeit wird, sich einmal bewußt zu machen, daß unsere Intelligenz, was die Geheimnisse des Lebens anbelangt, nicht sehr weit reicht, und daß unsere künstliche Eingriffe immer gefährlich sind. Mit ihnen weichen wir von Regeln der Harmonie ab, die sich evolutionär im Laufe von Milliarden von Jahren herausgebildet haben. Das Kochen scheint mir das beste Beispiel für diese Art von Verirrungen zu sein: Die Intelligenz schließt den Instinkt kurz, aber der Kunstgriff, der uns Genuß verschaffen soll, sperrt uns in sein System ein und verurteilt uns zur Krankheit.

Immerhin greifen Sie auf die Intelligenz zurück, um aus dieser Situation herauszukommen.

Nur Intelligenz kann uns helfen, aus Situationen, in die man aufgrund unserer Intelligenz hineingeraten ist, auch wieder herauszukommen. Der Instinkt ist an solche Situationen nicht angepaßt, denn Intelligenz ist ein neuer Faktor in der Evolutionsgeschichte. Wenn der kulinarische

Kunstgriff erst einmal angewendet worden ist, zieht der Instinkt uns nur noch weiter in diesen Teufelskreis. Man muß sich die Dinge bewußt machen, um diesen Prozeß zu entschärfen.

Und die Problematik ist überall dieselbe: mit der Agrochemie sind wir in ein System eingebunden, bei dem nur das Wissen um die Gefahren, die sie für die Biosphäre bedeutet, und eine gemeinsame Anstrengung aller die Katastrophe auf lange Sicht verhindern kann. Auch unser Planet zahlt für unsere Irrtümer mit Krankheit...

Und die Medizin bei alledem?

Wie Sie selbst sagten, ist die Medizin ein intelligenter Kunstgriff. Und sie hat alle seine Vor- und Nachteile. Oft erzielt man mit ihr sofort befriedigende Ergebnisse. Wie sie aber auf lange Sicht wirkt –, das ist die große Unbekannte! Sie begnügt sich damit, die Symptome zu behandeln, ohne sich hinreichend Gedanken über die unmittelbaren Konsequenzen ihres Eingreifens zu machen. Sie befaßt sich gerade eben noch mit den Nebenwirkungen eines Medikaments. Um wirklich zu wissen, was man macht, wenn man eine Krankheit behandelt, müßte man als erstes einmal die wirkliche Bedeutung dieser Krankheit erkennen. Dabei kann es sich um einen Prozeß handeln, dessen eigentliches Wesen uns entgeht; wir sind weit davon entfernt, alles zu wissen...

Nehmen Sie zum Beispiel Kinderlähmung. Die ersten Symptome sind dieselben wie die einer Grippe; da man Angst vor Fieber hat, verschreibt man gern ein fiebersenkendes Mittel. Das Virus dieser Krankheit vermehrt sich aber um ein Zehnfaches, wenn die Körpertemperatur nur um einen halben Grad sinkt! Und dann wundert man sich, daß es aufgrund von Rückenmarksschädigungen zu Lähmungen kommt!

Gilt das, was Sie sagen, auch für Naturheilverfahren?

Bei jedem Eingriff von außen, ob es sich um Chemotherapie oder die Naturmedizin handelt, geht man von der *Vorstellung* aus, die man sich von Krankheit gemeinhin macht: Man denkt an pathogene Keime, die man zerstören muß; an irgendeine Störung, die zu beseitigen ganz logisch erscheint; man argumentiert so, daß man meint, je schneller die Krankheit vorüber ist, desto besser sei es für die Gesundheit. Man zielt nur auf Heilung ab, ohne mal weiterzugehen in seinen Überlegungen.

Dabei ist es durchaus möglich, daß diese Krankheit für eine Gesundung auf lange Sicht nötig ist. Die Ärzte von früher rieten immer, eine Grippe richtig ›herauskommen‹ zu lassen, Sie hatten nicht unbedingt Unrecht.

Wenn Sie also Typhus bekämen, ließen Sie der Natur ihren Lauf!

Ich würde zunächst versuchen zu verstehen, was dieser Prozeß, der da in meinem Körper abläuft, bedeutet. Was übrigens nicht ganz einfach wäre, da gerade diese Krankheit sich durch einen Zustand der Benommenheit äußert. Es ist besser, nachzudenken, bevor man krank wird.

Man weiß doch, daß diese Krankheit durch eine Mikrobe ausgelöst wird, die sich im Darm dermaßen vermehrt, daß sie die Darmwände angreift und die Blutbahn überschwemmt.

Eine Salmonelle, der sogenannte Eberth-Bazillus, der sehr leicht übertragen wird.

Ohne Antibiotika ist diese Krankheit tödlich.

6% der Fälle gehen tödlich aus, das ist wahrhaftig alarmierend, da gebe ich Ihnen recht. Der Irrtum besteht aber darin, daß man auf diese arme Mikrobe losgeht, als sei sie ein Bote des Satans, anstatt sich zu fragen, warum sie sich in unserem Körper vermehrt. Oder besser noch: *warum* unser Körper *zuläßt*, daß sie sich vermehrt. Ich würde sogar sagen: *mit welchem Ziel.*

Ich selbst finde es beruhigender, mir vorzustellen, daß es ein Mittel gibt, um eine solche Krankheit auszumerzen.

Das werden Sie weniger finden, wenn Sie wissen, daß das dazu eingesetzte Therapeutikum, Chloramphenicol,* zu Rückenmarksschädigungen führt, gegen die es noch kein vernünftiges Medikament gibt. Typhus oder Leukämie? Ich kann mich zwischen beiden nicht recht entscheiden...

Aber schließlich hat die Medizin doch die Lebenserwartung verlängert. Im letzten Jahrhundert lebte man im Durchschnitt 45 Jahre, jetzt ist man immerhin bei 77 angelangt...

Vielleicht wäre man noch weiter gelangt, wenn man die wahren Schwächen gefunden hätte. Ich meinerseits bin sehr vorsichtig bei der Interpretation von Statistiken. Zunächst hat man, dank unserer Hygienemaßnahmen, die Säuglingssterblichkeit enorm gesenkt, was diese Zahlenreihe seltsam verlängert; in bezug auf die Lebenserwartung, auf die man käme, wenn man die Menschen ab dem fünften Lebensjahr zählte, will das also überhaupt nichts besagen.

Und dann darf man nicht vergessen, daß die Menschen, deren hohes Alter unsere statistischen Zahlen erhöht, vor mehr als 77 Jahren geboren wurden. Anhand dieser Ergebnisse dürfen wir also auf gar keinen Fall auf die Lebenserwartung unserer Kinder schließen, die mit Säuglingsnahrung und Antibiotika, die es früher noch nicht gab, vollgestopft wurden.

---

* ein Breitbandantibiotikum

Gewiß hat die Medizin ermöglicht, den Tod bei einer ganzen Reihe von Krankheiten zu verhindern, die damals sehr böse ausgingen. Jetzt erhebt sich die Frage, ob es sich um eine echt gewonnene Zeit handelt: Man verlängert die Lebenserwartung. Das ist gut. Aber nie spricht man von Krankheitserwartung: Senilität, Lähmungen, Schlaganfälle, Krebs... Droht all das uns nicht die Jahre zu verderben, die wir gerade gewonnen hatten? Wir denken ungern daran, dabei ist es eine grundlegende Frage.

Zwischen einem Tod mit 60 Jahren, mit einem ordentlichen Fieber, durch das man das Bewußtsein verliert, und dem langsamen Tod im Altersheim nach Jahren der Gebrechlichkeit und des Überdrusses, ziehe ich noch die erste Möglichkeit vor. Und noch etwas: Seit Beginn des Jahrhunderts hat man große Fortschritte in der Behandlung von Infektionskrankheiten erzielt, und diesem Fortschritt schreibt man die Erhöhung der Lebensdauer zu. Man vergißt, daß man seit der Zeit auch anfing, sehr viel mehr Rohkost zu essen!

Sie würden also behaupten, daß die Medizin ihre Siege mit Hilfe der Rohkost errungen hat!

Da kommen alle Faktoren zusammen; ich wäre nicht in der Lage zu sagen, was bei unserer heutigen Langlebigkeit auf die Fortschritte der Medizin und was auf die Fortschritte der Diätetik zurückzuführen ist. Es ist klar, daß diese Dinge sich auch überlagern können. Die Statistiken hingegen unterscheiden da nicht. Und schon zieht man unvermeidlich falsche Schlüsse.

Sie scheinen Medikamente nicht zu schätzen. Aber an dem Tag, an dem Sie eine Verletzung haben, wenn die Wunde sich infiziert und auch noch Schmerzen hinzukommen, da werden sie froh sein, daß Desinfektionsmittel und Analgetica erfunden wurden, und das sind schon mal Medikamente.

Als man das Wildkind von Aveyron fand, hatte es sechsundzwanzig vernarbte Bißwunden. Dieses Kind hat ganz gewiß seine Wunden nicht desinfizieren können, und doch hatten sie sich ohne Komplikationen geschlossen.

Auf einigen Menschenschädeln des Neolithikums fand man runde Löcher, die nur von Schädelöffnungen stammen können. Die Knochenränder haben manchmal einen zernarbten Fortsatz, der sich bei einer Infektion bestimmt nicht gebildet hätte.

Daß es solche Trepanationen schon in prähistorischer Zeit gab, beschäftigte mich schon lange vor der Instinktotherapie: Wie konnten unsere Vorfahren solche Operationen ohne Desinfektionsmittel wagen? Mir hatte man immer gesagt, daß die Aseptik der entscheidende Schritt für den großen Aufbruch der Chirurgie gewesen sei.

Das alles läßt sich viel leichter erklären, seit die Instinktotherapie ausgereift ist. In einem Organismus in seinem ursprünglichen Zustand *kommt es nie zu Infektionen*. Seit nun bald 20 Jahren haben wir niemals mehr ein Desinfektionsmittel benutzt, weder ich noch meine Angehörigen. Dabei hatten wir weiß Gott genügend Gelegenheiten, uns alle möglichen Verletzungen zuzuziehen, mit geradezu idealen Bedingungen für Infektionen: Ausbau von alten Häusern; Kuh-, Schweine-, Pferdezucht, mistverkrustete Nägel, in die man getreten ist, verrosteter Stacheldraht und so weiter.

Und nie eine Tetanus-Spritze? Pferdemist soll gefährlich sein.

Das Serum gegen Tetanus kann einen allergischen Schock auslösen. Ich persönlich ziehe den direkten Schock mit der Mikrobe vor. Übrigens verstehe ich die Haltung der Ärzte sehr gut: wenn es zu einer Komplikation kommt, er aber die Tetanus-Spritze verschrieben hatte, passiert ihm nichts. Wenn er aber nichts verschrieben hat, kann er die schlimmsten Unannehmlichkeiten bekommen. Ich an seiner Stelle würde auch beim kleinsten Kratzer spritzen, und um so mehr, als man bei unserer üblichen Ernährung nicht auf ein normales Abwehrpotential zählen kann.

Und Ihre Kinder hatten nie Probleme?

Doch. Ein einziges Mal. Meine Tochter Sylvie, die auf dem Eis ausgerutscht und gefallen war, wurde von einem Hund in die Kopfhaut gebissen. Wir verließen uns auf die Abwehrkraft eines ursprünglich ernährten Organismus und machten uns um eventuelle Folgeerscheinungen weiter keine Sorgen bis zu dem Tag, an dem sie über Kopfschmerzen klagte. Über eine Fläche, die so groß war wie ein Handteller, hatte sich die Kopfhaut angehoben. Sie können sich vorstellen, wie niedergeschlagen ich war. Ich fuhr sie sofort zum Arzt, der den Abzeß öffnete, einen Drain legte, desinfizierte, was er nur konnte, und mir gehörig die Leviten las, weil ich nicht eher etwas unternommen hatte. In der Diskussion verstieg er sich, als ich Antibiotikaspritzen ablehnte, sogar zu Drohungen. Ich war sicher, daß die Heilung spontan erfolgen würde, und die Tatsachen gaben mir Recht. Diese Geschichte beschäftigte mich noch sehr lange. Warum diese Infektion, während viel schlimmere Verletzungen sich in anderen Fällen doch nicht gemuckst hatten? Und warum kam es nicht zu einem Rückfall, denn einige Keime hatten doch immerhin unter der Haut zurückbleiben können? Erst einige Jahre später fand ich des Rätsels Lösung: Meine Tochter hatte bis zum Tag des Eingriffs durch den Arzt in der Schule eine Kur gemacht: belegte Brote, Joghurt... und dann hörte sie, durch die Tatsachen überzeugt, damit auf.

Das ist kaum zu glauben, was Sie da erzählen. Es bekommt ja auch nicht jeder bei jeder Verletzung eine Infektion. Das hängt von der Mikrobe ab, die in die Wunde eindringt, von der derzeitigen Widerstandskraft des Organismus...

Natürlich. Aber es ist deshalb nicht weniger erstaunlich, daß wir bei allen Verletzungen, mit denen wir unter Instinkto-Bedingungen zu tun hatten, nicht eine einzige Infektion hatten, die verrückt gespielt oder besonderer Pflege bedurft hätte. Während es, wenn man von der Instinktotherapie abgeht, häufig Probleme gibt.

Dann sind also die Desinfektionsmittel, die Antibiotika, Penicillin, nur noch gut für den Mülleimer?

Bei Hunderten von Fällen brauchte ich nur ein einziges Mal auf Antibiotika zurückzugreifen, und da sogar eher aus psychologischen Gründen. Wir waren gebeten worden, eine Frau bei uns aufzunehmen, der es sehr schlecht ging: Depressionen; eine schon Jahre andauernde Schuppenflechte; Schwäche; diffuser Schmerz; neuro-vegetative Störungen. Ihre Ärzte hielten sie für hypochondrisch: Da sie die Störungen, über die sie klagte, nicht richtig beschreiben konnte, schrieben sie diese durchweg der Psyche zu. Als sie mit der Instinktotherapie begann, hatte man ihr gerade vollkommene Erwerbsunfähigkeit bescheinigt. Sie konnte mehrere Wochen lang nicht aufstehen, und ich war wegen dieses Falls in ziemlicher Sorge. Jedes Mal, wenn sie nur etwas süßes Obst aß, wurde sie ganz blau: Blausucht der Lippen und der Gliedmaßen. Aber langsam schaffte sie es von einer viertel Birne zu einer halben Birne und dann bis zu einer ganzen, jedes Mal mit derselben Reaktion. Bald konnte sie aufstehen. Sie war bei einem Kilo Birnen pro Mahlzeit angelangt, als sie am Fuß einen Abszeß bekam. Dabei zeigten sich keinerlei Anzeichen, die auf eine Verletzung hindeuteten. Offensichtlich war die Infektion von innen gekommen.

Vielleicht hatte schon eine winzige Schramme genügt?

Begonnen hatte es mit einer diffusen Rötung, die immer häßlicher wurde. Da ich keine Unnannehmlichkeiten haben wollte, und um sie zu beruhigen, riet ich ihr, einen Arzt kommen zu lassen, der ihr gewohnheitsmäßig ein – ich weiß nicht mehr welches – Antibiotikum verschrieb. Eine Woche nach dieser Behandlung war der Abszeß vollkommen verschwunden. Aber einen Monat später tauchte genau die gleiche Rötung auf dem Unterarm wieder auf, konzentrierte sich, bis sich ein hübscher Abszeß bildete, den seine Besitzerin dieses Mal lieber seinen natürlichen Lauf nehmen ließ. Ein paar Tage floß Eiter, dann wurde wieder alles ganz normal, und zwar ohne daß irgendein Antibiotikum erforderlich gewesen wäre. Und dieses Mal gab es keinen Rückfall.

Die Patientin machte große Fortschritte, sie begann wieder zu arbeiten und wurde für etwa zehn Jahre meine Sekretärin, behielt dabei aber ihre Invalidenrente. Das ist das einzige Mal, daß wir offiziell Subventionen bekommen haben...

Ihrer Beschreibung nach könnte man annehmen, daß ihr Organismus um jeden Preis diesen Abszeß machen wollte, wie um Toxine auszuscheiden. Ist das nicht eine etwas zu vereinfachende Darstellung, die andere Personen fälschlich dazu führen könnte, sich nicht einer Behandlung zu unterziehen?

Ich glaube, daß die klassische medizinische Darstellung noch vereinfachender ist.

Die Medizin macht sehr schöne Dinge. Die Behandlungstechniken sind, so gut es geht, den Bedingungen angepaßt, unter denen die Organismen normalerweise leben. Ich werde niemandem raten, auf eine ärztliche Behandlung zu verzichten, weil die allgemeinen Theorien falsch seien. Ich halte es hingegen für meine Pflicht darauf hinzuweisen, daß diese Theorien Irrtümer beinhalten, die langfristig ernste Gefahren mit sich bringen können, deren sich noch niemand bewußt ist. Ich bin durch Zufall dazu gekommen, Beobachtungen zu machen, die bis jetzt noch niemand machten konnte, weil bis jetzt noch niemand über ein vergleichbares Experimentierfeld verfügte.

Selbstverständlich bedürfen die Theorien, die ich aus diesen Beobachtungen ableiten konnte, einer Überprüfung; wie jede Theorie! Ich hoffe, daß Forscher, denen mehr Geld zur Verfügung steht als mir, sich dieser Frage annehmen werden. Wie es so schön heißt: »Ist die Sache von Interesse, geb' ich Namen und Adresse.«

Seit zwanzig Jahren warte ich nun; bis jetzt hat sich noch niemand wirklich gerührt. Die Zahl der Menschen, deren Tod oder Leiden man vielleicht hätte verhindern können, ist enorm. Ich habe versucht, meine Methode bekannt zu machen und bin auf eine totale Fortschrittsfeindlichkeit gestoßen. Vor allem in Kreisen der Wissenschaft. Privatpersonen sind da aufgeschlossener, aber das reicht nicht, um ganz generell das Bewußtsein für diese Fragen zu schärfen. Erst seit ich in Frankreich bin, hat sich diese Situation geändert.

Sie haben die Absicht, der Kochkost den Krieg zu erklären?

Das wäre arg naiv. Den Verlauf sozialer Phänomene zu steuern, obliegt niemals dem einzelnen. Nicht einmal mehr große Politiker können einen Krieg auslösen, indem sie der Überzeugung der Massen Zwang antun. Sie können allerhöchstens schon bestehende Strömungen kanalisieren, können noch diffusen Tendenzen Gewicht verleihen.

Und dazu kann ich vielleicht beitragen. Ich kann Gedankengänge, die sich noch etwas konfus zu artikulieren suchen, in eine klare Form bringen. Der Krieg für rohe Nahrung hat lange vor mir begonnen. Ich bringe nur eine neue Waffe ein: Die Definition des Nahrungsmittels. Damit kann man dann klar argumentieren und eine auf einer soliden biologischen Grundlage fußende Diätetik entwickeln.

Es ist noch ein anderer Krieg im Gange: der zwischen der Naturheilkunde und der sogenannten Schulmedizin.

Vor nicht langer Zeit war das die reinste Guerilla. Die Anhänger der Naturheilkunde hielten den Maquis. Ihre Anhänger fanden, daß sie nicht zahlreich genug seien. Die breite Masse hielt sie für Spinner und zog es vor, der herrschenden Medizin die Stange zu halten. Nun aber ist diese betagte Göttin Medizin gebeugt unter der Last ihrer Verantwortung; und eine wachsende Zahl von Überläufern lehnt sich auf gegen ihre despotische Macht. Man mißtraut ihrem Liebestrank, prangert ihre Giftmixturen an, zieht ihre Placebo-Effekte ins Lächerliche. Seit mehr als einem Jahrhundert verspricht sie uns, den Krebs zu besiegen, und man muß doch eingestehen, daß die Ausbeute mager geblieben ist. Der Fehlschlag der Chemotherapie, ihre Nebenwirkungen, die den Primäreffekt bei weitem übertreffen, haben tief enttäuscht, und die Antibiotika selbst führen uns in eine Sackgasse, denn die Mikroben besitzen die Frechheit, ihnen gegenüber resistent und damit für uns noch gefährlicher zu werden.

Und um dem Ganzen die Krone aufzusetzen, erweisen sich die meisten Krankheiten als ›autoimmun‹, was besagt, daß das Immunsystem, das doch eigentlich die Ordnung in unserem Organismus aufrechterhalten soll, plötzlich auf den Gedanken kommt, uns Zelle für Zelle zu zerstören... Wenn es uns nicht im Stich läßt und Tumore in uns wachsen läßt, die uns auf kleiner Flamme unter schlimmsten Qualen krepieren lassen. Unsere oberste Gesundheitsinstanz, auf die man zählen zu können glaubte, auf der sogar das ganze Heilungsprinzip beruht, erweist sich als des Hochverrats fähig. Welche Enttäuschung! Und die Wissenschaftler stehen da wie ein Schüler vor der Tafel, der eine Gleichung nicht lösen kann. Je weiter er rechnet, desto mehr verheddert er sich, bis zum Schluß die ganze Klasse zu glauben beginnt, daß es wirklich keine Lösung gibt.

Ich persönlich finde, daß dringend etwas geschehen muß. Wenn eine Aufgabe nicht zu lösen ist, so tut man häufig am besten daran, mit dem Rechnen wieder bei Null zu beginnen. Das jedenfalls schlage ich als guter Mathematiker (der ich nicht mehr bin) vor. Wenn die Rechnungen immer komplizierter werden, reicht es häufig, das Koordinatensystem zu wechseln, damit alles sich wie durch ein Wunder vereinfacht. Desgleichen, wenn man Brüche addiert. Was verliert man da für Zeit, wenn man die Dinge nicht von Anfang an vereinfacht und das KgV, das kleinste gemeinschaftliche Vielfache (das die Schüler in ihrem ersten Jahr im Gymnasium so zum Schwitzen bringt) des Nenners nimmt.

Daran erinnere ich mich nur zu gut!

Aber welche Erleichterung, wenn die Lösungen sich nach und nach herausschälen, wenn die ganze Angst vor dem Fehlschlag sich verflüchtigt und man aufatmet und sich wohl fühlt.

Das ist eher wie die Geschichte des Irren, der sich den Kopf an der Wand einrennt. Ich habe Mathematik immer verabscheut.

Genau den Eindruck habe ich. Die Medizin rennt sich seit langem den Kopf an Wänden ein, an Wänden, die sie eigenhändig errichtet hat. Sie hat sich in ein Darstellungssystem eingeschlossen, das das Gesundheitsproblem mathematisch unlösbar macht. Und warum? Weil sie vergessen hat, den gemeinsamen Nenner aller Lebewesen der Schöpfung zu berücksichtigen: die genetische Anpassung an das ursprüngliche Milieu.

Je mehr ich Ihnen zuhöre, desto mehr habe ich den Eindruck, daß das eigentlich eine sehr schwere Unterlassungssünde war.

Eine katastrophale Unterlassung, wenn Sie die Konsequenzen ermessen. Und dabei hatte Hippokrates alles vorbereitet. »Sucht die Ursache der Ursache«, sagte er vor 2400 Jahren! Ich glaube, daß, wenn man wirklich die tiefe Ursache aller unserer Krankheiten gesucht hätte, man schnell auf die Ernährung gestoßen wäre. Und wie wunderbar hätte sich alles vereinfacht!

Wenn man den Begriff der genetischen Anpassung an das ursprüngliche Milieu erst einmal als Ausgangspunkt nimmt, läuft der Faden dieser Theorie ab wie von einem Knäuel, bei dem die eine Windung die nächste freigibt. Dann findet man in diesem Labyrinth von Experimenten den kürzesten Weg, und der logische Zusammenhang ergibt sich völlig mühelos. Während man sonst nicht weiß, wie man die sich zufällig aus Analysen ergebenden Fakten in einen Zusammenhang bringen soll. Die Argumente geraten in Tausenden von Widersprüchen ins Stokken, ständig ist alles verwickelt, so als würde man bei einer Lage Wolle am Ende des Strangs zu ziehen beginnen anstatt am richtigen Faden.

Denken Sie an die Probleme der Diätetik. Was unternimmt man da nicht alles, um Nahrungsmitteltabellen zu erstellen; welche Schwierigkeiten, um die Geheimnisse des Stoffwechsels zu durchdringen, und dabei ist man weit davon entfernt, alles vollständig erfaßt zu haben. Einer meiner Freunde ist Biologe und arbeitet derzeit an einem Thema, das extrem einfach erscheinen könnte, nämlich an der Bestimmung des Kalorienäquivalents der Fruktose, eines sehr geläufigen Zuckers, der der Glukose verwandt ist und dessen Eigenschaften im Stoffwechselprozeß noch nicht gut erforscht sind. Um seine Messungen vornehmen zu können, benötigt er ein Kalorimeter, das dermaßen kompliziert ist, daß es auf der ganzen Welt außer seinem nur noch zwei oder drei davon gibt. Daher liegen auf diesem Gebiet bisher auch noch keine Forschungsarbeiten vor, und er wird somit noch mehrere Jahre damit zu tun haben!

Die breite Öffentlichkeit hat überhaupt keine Ahnung, was es kostet, eine solche einfache Größe herauszufinden, und unsere Physiologie enthält Myriaden von Parametern! Unser Wissen verzweigt sich in immer zahlreichere und sich ständig noch weiter spezialisierende Gebiete. Die Wissenschaftler selbst haben ja nicht einmal Zeit für einen gegenseitigen Gedankenaustausch. Sie kommen nicht dazu, die unzähligen Abhandlungen zu lesen, die tagtäglich über doch immerhin komplexe Gebiete veröffentlicht werden, und niemand behält einen erschöpfend umfassenden Gesamtüberblick über die Mechanismen, die in unserem Körper und in unseren Zellen verborgen sind. Nach einem Jahrhundert verbissener Arbeit wissen unsere Wissenschaftler, wenn Sie sie fragen, was man essen muß, um sich gesund zu ernähren, nichts anderes zu antworten als: eine ausgewogene Kost.

Ein bißchen der Berg, der kreißt, um eine Maus zu gebären.

Eine Maus, die nicht einmal lebensfähig ist! Da die Bedürfnisse von einem Tag zum andern sehr unterschiedlich sind, führt eine ausgewogene Nahrung zwangsläufig zu Unausgewogenheit.

Sie sind aber gut! Wo ich alles tue, um den Speisezettel möglichst ausgewogen zu halten!

Als ich meinen Kanzerologen nach meiner Bestrahlung fragte, was ich essen müsse, um meine Überlebenschancen etwas zu verbessern, verzog er den Mund und sagte: »Das, worauf Sie Appetit haben.« Als er sah, daß mich diese Antwort nicht zu befriedigen schien, holte er aus einer Schublade eine kleine rote Schachtel mit 24 rosa Pillen, synthetischen Vitaminen. Ich höre noch, wie sie auf dem Rückweg in meiner Tasche rasselten. Ich konnte eine plötzliche Wutreaktion nicht unterdrücken, so ohnmächtig fühlte ich mich, und dieser lächerliche Talisman landete auf einem Schutthaufen, noch bevor ich wieder zu Hause war.

Die Ernährungswissenschaftler haben uns die Lösung, die wir von ihnen erhofften, nicht geben können, und zwar einfach deshalb, weil sie glaubten, die Biologie außer acht lassen zu können, wo es doch darum ging, das Ernährungsproblem zu lösen, das Hauptproblem des Lebens. Dabei braucht man gar nicht groß zu suchen: Bio heißt Leben, und wer Biologie sagt, sagt genetische Anpassung. Jetzt hätte man sich nur noch zu fragen brauchen, ob unsere Instinktmechanismen an gegarte Nahrungsmittel genetisch angepaßt waren, und schon wäre alles gelaufen.

Auszüge aus:
›Science‹, Band 220, 1983, S. 487; Dietary dogma Disproved, G. Kolata

---

»Man hat uns immer gelehrt, daß ein einfacher Zucker ein einfacher Zucker sei. Und nun stellt sich heraus, daß einfache Zucker voneinander ebenso verschieden sind wie die Kartoffel und der Reis.«

»Über die biochemischen Abläufe bei Verdauung und Assimilation ist noch so wenig bekannt, daß die Wirkung jedes einzelnen Nahrungsmittels für sich gesondert analysiert werden muß.«

»Was geschieht, wenn wir ein Nahrungsmittel aufnehmen, ist sehr viel komplexer, als man es sich je vorgestellt hatte.«

»Ich hoffe, daß es uns gelingen wird, Licht in das Dunkel unserer Ernährung zu bringen.«

Anmerkung: Es ist besser, sich korrekt zu ernähren, als darauf zu warten, daß diese Hoffnung sich erfüllt.

Und letztlich hätte die Medizin genau das auch auf dem Gebiet der Pathologie schon seit Jahrhunderten machen müssen?

Bevor man Vipernpulver oder Eisenfeilspäne erfand, bevor man sich in endlose Betrachtungen über die Konsequenzen der Masturbation erging (die Ärzte des 18. Jahrhunderts schrieben dieser seltsamen Praxis den Großteil aller Krankheiten des homo erectus* zu), bevor man gegen die zerstörerischen Absichten von Mikroben und anderen Animalcula in den Krieg zog, die in ihrer mikroskopisch kleinen Welt auf unseren geringsten Defekt lauerten, bevor man den wehrlosen Körper mit Röntgenstrahlen oder mit der Kobaltkanone bombardierte, eine wahre Sintflut von Giften herstellte, die man Medikamente nennt und für ein Heidengeld in Apotheken verkauft, gigantische Krankenhäuser baut, in denen man vor Hygiene und Anonymität eingeht, hätte man nur ganz einfach mit dem ABC der Biologie anfangen müssen, nämlich berücksichtigen, daß alle unsere Funktionen a priori den Gegebenheiten der Ära angepaßt sind, die vor der Zeit liegt, da man die Nahrung zu kochen begann. Alle Stoffwechsel- und Entgiftungsvorgänge unseres Organismus, die Reaktionen unseres endoktrinen Systems, von unserem Immunsystem mit seiner Vielfalt von Antikörpern und seinen verschiedenen Reaktionen ganz zu schweigen, ja sogar unser Nervensystem, all das ist in unserem Gen-Bestand einmal vornehmlich nach Maßgabe der Dinge programmiert worden, die im ursprünglichen Milieu existierten. Aber wenn die menschliche Maschine eine Panne hat, verrückt spielt oder total kaputt ist, dann hätte man doch, anstatt sie in immer mehr Einzelteile zu zerlegen, so daß man sie sich als einheitliches Ganzes schon gar nicht mehr vorzustellen vermochte, wenigstens ein einziges Mal in der Geschichte der Wissenschaft aus-

---

* früher Pitecanthropus, eine fossile Art der Gattung Homo.

probieren können, wie dieser Motor wohl mit seinem ursprünglichen Treibstoff läuft!

Das ist nie gemacht worden?

Nein. Niemand hat offensichtlich je die skurrile Idee gehabt, so zu essen, wie es die Tiere tun. In der gesamten wissenschaftlichen Bibliographie gibt es nichts darüber; dabei ist das eine Frage, die jedes Kind sich einmal im Leben stellt: Warum essen wir die Nahrungsmittel nicht roh, wie die Natur sie uns gibt, während alle Tiere der Schöpfung das getan haben und noch immer tun? Warum könnten wir nicht leben ohne zu kochen, und welches wären die Konsequenzen für unsere Gesundheit?

Ich habe mal gehört, daß man Anzeichen für Krebserkrankungen auf sehr alten Skeletten gefunden hat, die noch aus Zeiten stammen, in denen man ganz gewiß sehr ursprüngliche Kost aß.

Über den Menschen der Vorgeschichte gibt es dermaßen viele Mutmaßungen! Man hat sie immer wie arme Schwachköpfe dargestellt, ganz steif vor lauter Rheuma wegen der Feuchtigkeit in ihren Höhlen, die bis zur Erschöpfung gegen eine Natur ankämpften, um ihr das, was sie zum Überleben brauchten, abzuringen, ständig in Furcht vor wilden Tieren, welche nur durch Feuer auf Distanz gehalten werden konnten, mit Keulen bewaffnet, die mit Stiften gespickt waren, nur darauf wartend, Hab und Gut ihrer Nachbarn zu plündern; die ihre Frauen an den Haaren schleiften, um sie irgendwo im Gelände zu vergewaltigen, die kaum Zeit hatten, sich fortzupflanzen, bevor sie an irgendwelchen Krankheiten starben, gegen die sie noch keine Medizin schützte.

Wenn sie in Überfluß gelebt hätten, hätten sie nicht angefangen, den Boden zu bearbeiten und Häuser zu bauen.

Auszüge aus:
La préhistoire. Gabriel Camps. Verlag: Perrin, S. 276–305

»Wie und warum ist der Mensch vom einfachen Wildbeuter zum Bauern geworden? Die Archäologen haben sich lange damit begnügt, diese Tatsache einfach hinzunehmen oder sie, im Gegenteil, umgekehrt zu erklären, befanden sie doch, daß Seßhaftigkeit die Folge der Anfänge landwirtschaftlicher Lebensformen gewesen sei. Dabei ist gar nicht gesagt, daß der Landbau einzig und allein aus Gründen der drängenden Versorgungsprobleme aufgekommen war.

Es gilt als gesichert, daß Gruppen sich naturgemäß spalteten, sobald die Zahl ihrer Mitglieder eine kritische Schwelle erreicht, über die hinaus interne Spannungen unerträglich würden.

Diese Situation muß sich aber geändert haben, denn mit Beginn des Neolithikums findet eine solche Spaltung nicht mehr statt.« *Camps denkt, daß* »die Gruppe einen Weg zur Lösung eventuell auftretender Probleme gefunden hat, indem sie ein neues soziales Beziehungsgeflecht schuf« *und daß* »Landwirtschaft eher eine Form der ›Anpassung der menschlichen Gesellschaft an sich selbst als an ihr Außenmilieu‹ war.«

Anmerkung: Schade, daß die Archäologen nicht um die Auswirkungen denaturierter Nahrung auf die Psyche wissen: Eine erhöhte obsessionelle Tendenz (Schizothymie ist die unmittelbare Erklärung für Fixierungen auf einen Ort oder eine Gruppe und somit auch dafür, daß die nunmehr zu groß gewordenen Gruppen sich nicht länger vom Jagen und Sammeln ernähren können.)

»Wir müssen von der irrigen Vorstellung abgehen, die Menschen der Zeit vor dem Neolithikum seien arme Tröpfe gewesen, die unter miserablen Verhältnissen lebten und die ihre ganze Zeit und ihre ganze Energie darauf verwandt hätten, einer knappen Nahrung nachzuspüren.«

»Die Ethnologie weiß mittlerweile, daß bei den heutigen ›Primitiven‹ die Nahrungssuche keineswegs das drängende Problem ist, wie man es generell behauptet hatte, sondern daß vielmehr die freie Zeit, Phasen des Nichtstuns oder des Spiels viel länger waren, als ein Familien- und Freizeitminister einer sozialen Demokratie es sich auch nur vorzustellen wagte.« Ein Beispiel: »Bei den Dobe Buschmännern beträgt die wöchentliche Arbeitszeit 15 Stunden, (...). Diese Buschmänner verwenden sehr viel mehr Zeit auf wenig anstrengende Tätigkeiten, auf gegenseitige Besuche beispielsweise, als auf die Jagd oder das Pflücken der Mongonuß, deren Proteingehalt beträchtlich ist.«

»Andere ›Primitive‹ wie die Hazda, die das Glück haben, in einer Gegend zu leben, in der es pflanzliche und tierische Ressourcen in Hülle und Fülle gibt, verbringen die meiste Zeit mit dem Glücksspiel und mit Gesprächen. Der Versorgung mit Nahrungsmitteln widmet sich, durch die Jagd auf Großwild, effektiv nur eine kleine Gruppe. Auf das Jahr gerechnet verwenden sie wahrscheinlich weniger als 2 Stunden täglich darauf, sich Nahrung zu beschaffen.«

»Mit der Einführung der Landwirtschaft hat der moderne Mensch sich dazu verurteilt, mehr zu arbeiten. Und paradoxerweise trauert der moderne Mensch, je mehr er diesen früheren Zustand zerstört, eben diesem, dem goldenen Zeitalter, dessen Untergang er doch selbst herbeigeführt hat, immer mehr nach. Ein Gefangener seiner Kultur und der unumgänglichen Entwicklung seiner Technologie, hat der Mensch sich selbst zu lebenslanger Zwangsarbeit verurteilt.«

Anmerkung: Und wenn es heißen müßte: »Ein Gefangener seiner Kochkunst...?«

Damit rühren Sie an eine sehr umstrittene Frage. Man hat lange geglaubt, daß unsere Vorfahren des Neolithikums, vor etwa 10000 Jahren, seßhafte Bauern werden mußten, weil sie in der Natur nicht genügend zu essen fanden. Dieses Seßhaftwerden erklärte man mit der Notwendigkeit, sich gegen die Bedrohungen durch all die Spezies zu schützen, die man der Urwelt zuschrieb: wilde Tiere, Schlangen, Plünderungen, Vandalismus, Sexualverbrechen. Schauen Sie sich nur die angeblichen Nachbildungen der Gesichter dieser struppigen Kreaturen an: In ihrem Ausdruck spiegeln sich Angst, Stupidität wider; sie werden durch feindliche Elemente förmlich erdrückt.

All das ist falsch. Wenn Sie in einem Archäologiebuch der letzten Jahre nachschlagen, dann sehen Sie, daß unsere Vorfahren vor der Einführung der Landwirtschaft ganz im Gegenteil in einer Welt des Überflusses lebten, daß sie weder Grausamkeit noch Krieg kannten, daß sie fast nicht zu arbeiten brauchten...

Also jetzt wird es interessant! Wo ich 12 Stunden am Tag arbeite, um mit dem Geld zurechtzukommen.

Eine Untersuchung bei heute noch wilden Stämmen, wie den Buschmännern, hat ergeben, daß sie am Tag schätzungsweise zwei Stunden neun Minuten arbeiten. Den Rest der Zeit nutzen sie für die Siesta, für Unterhaltungen, den Tanz und die Liebe.

Davon sind unsere Gewerkschaften mit ihrer 35-Stunden-Woche aber noch recht weit entfernt!

Die Urmenschen mußten uns im letzten Jahrhundert als armselige rohe Wesen geschildert werden, um die Segnungen der Kultur hervorzuheben. Das war die beste Methode, um die breite Masse dahinzubringen, daß sie die Notwendigkeit des Fortschritts anerkannte, den sie mit Fabrikarbeit, mit dem Elend der Großstädte bezahlen mußte. Noch heute spuken uns diese Vorurteile, die man uns schon in der Schule einimpfte, im Kopf herum. Die Höhlenmenschen hat es nie gegeben.

Dann wäre der Mythos vom Paradies also gar nicht so falsch, wie man das später dann hingestellt hat?

Genau, und deswegen wissen die Archäologen auch kaum noch, wie sie den Prozeß des Seßhaftwerdens erklären sollen. Warum hat der Mensch sich zum Sklaven des Pflugs und des Getreideanbaus und der Kuh gemacht, die zweimal am Tag gemolken und die restliche Zeit beaufsichtigt werden muß.

Ich sehe schon, worauf Sie hinaus wollen: Weil das Kochen uns in diese Falle gelockt hat...

Als sie erst angefangen hatten, ihr Brot zu backen und ihren Hirsebrei zu kochen, konnten unsere glücklosen angehenden Köche nicht länger vom Jagen und Sammeln leben. Das rohe Fleisch hatte sein Bukett verloren, und die Wildfrüchte kratzten auf der Zunge...

Immerhin ernähren sich die Buschmänner hauptsächlich von Obst und rohen Wurzeln.

Das stimmt, aber gerade sie sind auch nicht auf Getreidenahrung übergegangen; sie kochen noch sehr wenig. Man darf diesen Prozeß auch nicht so sehen, als sei der Übergang zum Kochen ganz plötzlich erfolgt, vielmehr hat man sich an diese Praxis herangetastet, was daher kam, daß der Genuß am naturbelassenen Nahrungsmittel verlorengegangen war, und so ging man allmählich zu immer raffinierteren Kochmethoden über.

Aber selbst nach dieser Verschiebung über zehntausend Jahre hinweg essen wir doch immer noch Obst.

Versuchen Sie nur einmal Wildfrüchte, dann sprechen wir uns wieder. Heute gelangen fast ausschließlich nur ausgewählte Früchte durch die Barriere. Früchte, die man zu eben diesem Zweck ausgewählt hat. Ich kenne sehr viele Menschen, die bei Obst sogar völlig blockieren; nur ein einziger Apfel, und schon gerät die ganze Verdauung völlig durcheinander.

A propos: können sich Personen, die zu Kolitis neigen, der Instinktotherapie unterziehen?

Das ist die klassische Frage überhaupt: »Ich leide seit Jahren an Kolitis, der Arzt hat mir gesagt, ich solle rohe Nahrung meiden.«

Selbstverständlich kann man sich den Verdauungsapparat verkorksen, wenn man Karottensalate oder Spinat oder auch Obst ißt, ohne auf die Signale des Instinkts zu achten; während man, wenn die Instinktotherapie völlig korrekt durchgeführt wird, im Gegenteil die ganze Verdauung reguliert.

Selbst die hartnäckigste Kolitis wird im allgemeinen in wenigen Tagen resorbiert. Um noch mal auf das Problem des Seßhaftwerdens zurückzukommen, so denke ich, daß unsere Archäologen unbedingt die Funktion des Ernährungsinstinkts kennen müßten. Sonst laufen sie nämlich Gefahr, am Hauptfaktor, mit dem sich die Geheimnisse unserer Vorgeschichte erklären lassen, vorbeizugehen. Das Kochen hat den Menschen sozusagen von seinem ursprünglichen Milieu abgetrennt und bedeutende Veränderungen in der Entwicklung der Gesellschaft eingeleitet.

Das ist wirklich hoch interessant. Aber was weiß man über die Krankheiten beim prähistorischen Menschen? Wenn auch sie schon Krebs hatten, obwohl ihre Kost völlig ursprünglich war, dann weiß ich nicht, wo die Instinktotherapie noch von Nutzen sein soll.

Vorsicht! Man hat Tumore auf Skeletten gefunden, das ist richtig. Aber die letzten Untersuchungen haben gezeigt, daß es sich dabei gerade um gutartige Tumore handelte! Und wie zufällig hat man die Gelegenheit beim Schopf gepackt, um überall zu verkünden, Krebs habe es schon in den Uranfängen gegeben. Man hat einfach Angst vor allem, was unsere gegenwärtige Lebensweise in Frage stellen könnte. Wie dem auch sei, die Tatsache, daß es bestimmte Krankheitsformen unter ursprünglichen Lebensbedingungen schon gab, nimmt unserer Methode nichts von ihrem Interesse: Es geht darum, zu wissen, wie viele Kranke und welche Arten von Krankheiten es in dieser Vorzeit gab.

Aber leider hat noch kein statistisches Amt geruht, uns die entsprechenden Zahlen zu übermitteln.

Gibt es nicht Beweise dafür, daß die Lebensdauer sehr kurz war? Ich habe von 25 Jahren sprechen hören, das stimmt aber überhaupt nicht mit den 900 Jahren Ihrer Patriarchen überein.

Es ist nicht leicht, das Alter eines Skeletts zu schätzen, ganz einfach darum, weil der Alterungsprozeß nicht zwangsläufig derselbe gewesen sein muß wie heute. Wenn wir einmal davon ausgehen, daß die Degeneration des Knochengewebes zehnmal langsamer erfolgte als an unseren heutigen Skeletten, dann wird man das Überbleibsel eines Fußes, der vielleicht 250 Jahre lang marschiert ist, auf nur 25 Jahre schätzen... Meines Wissens gibt es noch keine Methode, um die Lebensdauer dieser fernen Vorfahren mit Sicherheit bestimmen zu können. Und außerdem haben sich die Skelette, die man heute noch findet, unter eher außergewöhnlichen Konservierungsbedingungen erhalten – ein Sturz in ein Torfmoor, eine besondere Bestattungsform –, so daß sie nicht unbedingt den normalen Durchschnittsmenschen repräsentieren. Vielleicht wurden Menschen, die extrem jung starben, auch mit besonderer Sorgfalt bestattet... Und es waren wohl auch die Schwächlichsten, die am ehesten im Moor versunken sind. Es gibt viele Imponderabilien, und es wäre, glaube ich, auf alle Fälle klug zuzugeben, daß man noch keine wirklich aussagekräftigen Zahlen hat.

Auszug aus:
Les maladies à l'aube de la civilisation occidentale;
Mirko D. Grmek, Verlag: Payot, S. 113/114

»Die im Vergleich zur modernen Gesellschaft seltenen Krebserkrankungen bei alten Völkern können zum Teil mit der veränderten durchschnittlichen Lebensdauer, mit der chemischen Umweltverschmutzung und mit der Menge und Art onkogener Strahlung erklärt werden. Die Rolle all dieser Faktoren ist nicht zu leugnen, sie scheint aber zur Erklärung des erheblichen Unterschieds zwischen damals und heute nicht auszureichen.«

»Unseres Wissens hat man auf Skeletten aus Griechenland noch keinen Fall eines bösartigen Tumors mit Sicherheit identifiziert. Dabei hinterlassen immerhin ein Viertel aller Krebsarten Metastasen an den Knochen. (...) Es gibt, von einigen gutartigen Geschwülsten einmal abgesehen, überhaupt keinen Hinweis für tumorartige Erkrankungen in der Vorgeschichte und in der griechischen Antike.«

»Es stimmt zwar, daß man Anzeichen für Krebs auf menschlichen Skeletten praktisch jeder Epoche gefunden hat. Was aber nichts an der Tatsache ändert, daß sie auf Exemplaren von vor der Neuzeit selten sind. Für die zwischen der Vorzeit und dem XVI. Jahrhundert gelegene Zeitspanne dürften Krebserkrankungen mit Sicherheit weit unter 1 pro Tausend gelegen haben.«

Anmerkung: Wir sind heute bei 280 pro Tausend...

Und Karies? Ich kenne einen Missionar, der mehrere Jahre in einem afrikanischen Dorf lebte. Mitten im Busch. Er erzählte mir, daß die Affen, die um sein Haus herum lebten, alle Löcher in den Zähnen hatten.

Das wundert mich nicht. Affen werden von Abfällen der Menschen angelockt. Von Brotresten, von Exkrementen... Sie reißen sich förmlich um durchschwitzte Hemden. Man kann also nicht sagen, daß die kleinen Katechumenen* Ihres Missionars sich rigoros wie im Garten Eden ernährt hätten.

Seltsame Instinkte für Tiere, die direkt aus dem Busch kommen.

Ein schmutziges Hemd ist kein natürliches Nahrungsmittel. Exkremente auch nicht. Alle Abfallprodukte des menschlichen Körpers haben einen anormalen Geruch, der die Instinktmechanismen selbst der unverdorbensten Tiere in eine falsche Richtung lenken kann. Denn ihr Instinkt ist nicht auf Kochkunst programmiert und auch auf keine ihrer indirekten Wohltaten... Das passiert jedes Mal, wenn Menschen Untersuchungen über Tiere in deren Biotop durchführen: Da läßt man Küchenabfälle in Mülleimern herumliegen; die Latrinen werden geplündert, oder, noch besser, man füttert diese Tiere direkt aus Konserven, um ihr Verhalten zu studieren, und hinterher darf man dann, wenn man ihre Krankheiten kuriert, ganz gerührt sein über seine christliche Nächstenliebe... Und gleichzeitig überzeugt man sich noch selbst davon, daß die Fortschritte der Medizin unerläßlich sind, um die Verwünschungen der Natur zu bannen. Um derartige Mißverständnisse zu vermeiden, müßten auch die Zoologen mal in einem Biologiebuch unter ›genetische Anpassung‹ nachgelesen haben.

---

* Taufbewerber, Konfirmanden

Auszug aus:
Les maladies à l'aube de la civilisation occidentale;
Mirko D. Grmek. Verlag: Payot, S. 125–126 (unten)
S. 208, 209, 212, 228, 229, 230, 263, 400, 404 (rechts)

»Die Spondylarthorse ist zweifellos die von den Paläontologen am häufigsten diagnostizierte Krankheit. Bei den meisten der Fälle dürfte man aber nicht einmal von Krankheit im gebräuchlichen Sinne sprechen, denn diese Knochenveränderungen ... verursachen keine ernsthaften funktionellen Störungen.«

»Rheumatische Exostosen sind zunächst beim Bären der Vorzeit entdeckt worden. Anfänglich erklärte man ihre Ätiologie mit der Kälte und Feuchtigkeit der Höhlen, eine Hypothese, die sich durch die Beschreibung ähnlicher Schäden an Wirbeln der Neandertaler zu bestätigen schien. Dann aber häuften sich die Beweise dafür, daß diese Krankheit bei Bevölkerungen des Neolithikums häufig vorkam, die vor Witterungsunbilden aber verhältnismäßig gut geschützt waren, und daß sie ganz besonders oft bei den Bewohnern des pharaonischen, hellenistischen und römischen Ägypten auftrat. Daraus ergibt sich, daß Spondylarthrose größtenteils von klimatischen oder mikrobiellen Faktoren unabhängig entstand...«

Anmerkung: Im Rahmen der Instinktotherapie gemachte Beobachtungen scheinen zu zeigen, daß schon eine unausgewogene Ernährung zu Arthrosen führen kann, besonders bei Tieren, so daß man sich nicht darüber zu wundern braucht, daß derartige Störungen seit der Zeit auftreten, da die Entwicklung der Intelligenz das instinktive Ernährungsverhalten hat verändern können oder da Faktoren ökologischen Ungleichgewichts zum Tragen kommen konnten.

»Die venerische und die endemische Syphilis wie auch die Frambösie bewirken Knochenschäden; so daß eine Treponematose mit Sicherheit diagnostiziert werden kann. In Europa, Afrika oder Asien ist kein aus der Zeit vor dem 15. Jahrhundert stammendes Skelett gefunden worden, das unzweifelhaft die Stigmen einer Treponematose aufgewiesen hätte.«

»Lepra hinterläßt dauerhafte Schäden auf Knochen. In Frankreich hat man auf etwa eintausend untersuchte Skelette aus der Zeitspanne zwischen dem Neolithikum und dem Jahr 1000 nur einen einzigen Schädel, aus der Zeit der Merowinger (VI. Jahrhundert), mit Leprastigmen gefunden. Das Fehlen jeglicher Anzeichen von Lepra auf menschlichen Skeletten aus der pharaonischen Epoche in Ägypten verdient besonders hervorgehoben zu werden. Von etwa 20000 untersuchten, aus drei Ländern stammenden Exemplaren hat man Zeichen einer Lepra bei acht Individuen feststellen können, die vor dem Jahr 1000 gelebt haben. Und alle diese Fälle stammen aus der gleichen Epoche, nämlich dem VI. Jahrhundert n. Chr.«

»Desgleichen hat man auch keinerlei Schäden, die auf Tuberkulose schließen lassen könnten, entdeckt. Die ältesten diesbezüglichen Funde gehen auf 3000 Jahre v. Chr. zurück.«

»Zwischen der Malaria falciparum und der porösen Hyperostose besteht ein Zusammenhang. Bei den Griechen kann sie im Mesolithikum diagnostiziert werden und erreicht mit dem Beginn des Neolithikums eine außergewöhnliche Häufigkeit.«

»Selbst wenn es Malaria seit geraumer Vorzeit gab, kann man davon ausgehen, daß sie in der Vorzeit nur ein begrenztes Verbreitungsgebiet hatte und daß später dann bestimmte Faktoren ihre plötzlichen endemischen Spitzen bewirkt haben mögen, indem sie die Gebiete, in die sie eindringen konnte, vergrößerte und das klinische Bild verschlechterte... Seit Ende des V. Jahrhunderts v. Chr. ist Malaria die Krankheit der Griechen schlechthin.«

Anmerkung: Es gilt, unter diesen Faktoren die Fortschritte der Kochkunst zu berücksichtigen...

Sie haben meine Frage noch nicht beantwortet: Welche Krankheiten hatte der prähistorische Mensch?

Er hatte, beispielsweise, gerade keine Karies! Der Zustand der Zähne verschlechtert sich ab dem Neolithikum, das heißt also, seit Vollkorngetreide und die doch so kalziumreiche gute Milch auf der Bühne erschienen. Ein netter Widerspruch, finden Sie nicht? Vor dem dritten Jahrtausend gab es keine Tuberkulose. Diese Krankheit hinterläßt Spuren auf den Knochen, die man aber bei keinem Skelett gefunden hat.

Erste Anzeichen für Krieg gehen auch 3000 Jahre zurück, mit Ausnahme einer Nekropole, die 12000 Jahre vor unserer Zeitrechnung existierte. Danach stößt man regelmäßig auf Spuren von in die Knochen eingedrungenen Pfeilspitzen.

Ist das nicht eher mit den Fortschritten in der Waffenfertigung zu erklären?

Es sei denn, diese Fortschritte lassen sich, umgekehrt, mit einer Zunahme der Gewalttätigkeit erklären. Die Prähistoriker sind generell der Meinung, daß die Kriegslust von dem Moment an auftrat, da mit der Seßhaftigkeit auch Reichtümer angehäuft werden konnten; daher dann die Plünderungen, die Notwendigkeit, sich zu verteidigen, immer raffiniertere Aggressionsmethoden, der Rüstungswettlauf bis hin zur Atombombe. Ich glaube nicht, daß diese Erklärung ausreichend ist. Nach dem, was ich bei einer Rückkehr zu ursprünglichen Nahrungsmitteln beobachten konnte, führt der Verzehr von gegarter Kost und insbesondere von gekochten Getreideerzeugnissen, zu einer Erregung des Nervensystems, mit der man die veränderte Verhaltensweise unserer Urgroßväter wohl erklären könnte.

Der Verzehr von gekochtem Getreide?

Und besonders von Weizen. Ich habe eine ganze Reihe von Versuchen mit Mäusen und Kindern (diese freilich unfreiwillig) angestellt, die mich zu der Überzeugung brachten: Weizen macht verrückt.

Ach ja? Dann sollten Ihrer Meinung nach die Bäcker ihren Laden lieber zumachen?

Die Menschen fühlen sich recht gern etwas verrückt... Das ist eine alte Gewohnheit.

Jetzt mal im Ernst: Die Leute, die man so sieht ... sie alle essen Brot. Aber sie sind doch offenbar nicht verrückt.

Scheinbar nicht. Wären sie Mäuse, würde sich Ihnen ein ganz anderes Bild bieten.

Sie machen mich neugierig.

Das menschliche Gehirn verfügt über eine ganze Reihe von Regelmechanismen, so daß Störungen nicht sofort ersichtlich werden. Bei Mäusen ist das etwas anders: bei ihnen brauchen die Gehirnzentren durch irgendein Stimulanz nur etwas gestört zu werden, und schon gerät ihr ganzes Verhalten in Unordnung. Ich habe gesehen, wie Waldmäuse in ihren Käfigen im Kreis herumsausten; wie sie, wenn ich sie mit einer Stricknadel berührte, die Pfoten hoben wie junge Mädchen, die kitzelig sind, anstatt zu fliehen; die Mäuse haben sich sogar gegenseitig aufgefressen.

Und die Menschen?

Ich weiß nicht, ob Sie finden, daß das menschliche Verhalten so ist, wie es eigentlich sein müßte. Ich denke da mehr an Triebe, die außerhalb der bewußten Kontrolle des kontrollierten Bewußtseins wirksam sind und die dann hervortreten, sobald man die Zügel der Höflichkeit oder der Gesetzgebung etwas locker läßt. Denken Sie beispielsweise nur an das Verhalten von Soldaten, die man an die Front schickt, oder daran, was in den Gefängnissen vor sich geht.

Gewiß, das gibt zu denken. Aber haben Sie einen wissenschaftlichen Beweis für das, was Sie da vorbringen? Was auf dem Spiel steht, ist ja nicht eben wenig: Brot, Teigwaren... Schon seit grauer Vorzeit bildet Getreide die Ernährungsgrundlage des Okzidents.

Auszug aus:
Les maladies à làube de la civilisation occidentale;
Mirko D. Grmek, Verlag: Payot, S. 173–174

»Selbst zur Zeit Hippokrates' kannte man in Griechenland weder Pocken noch Masern oder Pest. Zu Beginn der klassischen Periode wiesen die Bewohner des Gebietes der Ägäis einen ganz außerordentlich guten Gesundheitszustand auf, aber dieser Zustand dauerte nicht lange an. Der Wechsel begann im V. Jahrhundert v. Chr. Es war kein plötzlicher, nichtsdestoweniger aber ein unaufhaltsamer und tiefgreifender Wandel. Auch der Aufschwung der wissenschaftlichen Medizin, eng mit dem Namen Hippokrates verbunden, konnte diesen Niedergang nicht aufhalten. Unter dem Gesichtspunkt der Volksgesundheit war ihre nachhaltige Wirkung eher psychologischer Art.«

»Mit dem Zusammenbruch des Gleichgewichts nimmt die griechische wissenschaftliche Medizin ihren Anfang und parallel mit ihrer Entwicklung verschlechtert sich die Gesundheit der Griechen. Man kann darin eine Art Paradoxon sehen.«

Anmerkung: Dieses Paradoxon scheint noch immer aktuell zu sein...

Ich selbst war nie darauf gefaßt, in diesem Getreide, um das herum man einen ganzen Kult gemacht hat, solche Eigenschaften zu finden. Ich habe das erst vor kurzem wieder nachprüfen können, und zwar bei Versuchen mit weißen Mäusen, die wir in zwei Gruppen eingeteilt hatten: die eine wurde mit natürlicher Nahrung gefüttert, die andere bekam zusätzlich noch Brot. Allein schon beim Umgang mit diesen Tieren war der Unterschied frappierend: die ersten ließen sich mühelos ergreifen, während die anderen uns bei der kleinsten Unachtsamkeit fürchterlich bissen.

Auszug aus:
Les maladies à l'aube de la civilisation occidentale;
Mirko D. Grmek, Verlag: Payot, S. 130–131

»Die rheumatoide Arthritis, die heute bekannteste Form chronischer Polyarthritis, hinterläßt dauerhafte Spuren auf den Knochen; im Altertum gab es sie vielleicht noch nicht. Mit Sicherheit nachweisen läßt sie sich ab dem XVII. Jahrhundert; ihre Existenz im Mittelalter wird vermutet. (...) Es gibt jedoch keinerlei Anhaltspunkte dafür, daß diese Krankheit sich noch weiter in der Geschichte zurückverfolgen läßt.«

»Die Ursachen der rheumatoiden Arthritis sind noch unbekannt, aber gewisse immunologische Begleiterscheinungen deuten auf eine Autoimmunkrankheit hin, bei der die körpereigene Abwehr das eigene Gewebe angreift. Ihr Auftreten und ihre Verbreitung könnte man folglich mit immungenetischen Prozessen erklären.«

Anmerkung: Nach der Rolle, die Nahrungsmittelantigene spielen, gibt es zwischen dieser Krankheit und geänderten Nahrungsgewohnheiten offenbar einen Zusammenhang, jedenfalls den mit der Instinktotherapie erzielten Heilungen nach zu urteilen.

Fehlte es den ruhigeren nicht schlicht und einfach an Spannkraft?

Wir haben sie auch immer mal in die Hand genommen und mit den Fingern eine Art Käfig geformt: die Mäuse ohne Brot reagierten mit Ruhe, aber sie steckten ihre Mäulchen zwischen jede Spalte und versuchten energisch, mit einem Tonus, wie er wünschenswerter nicht sein konnte, unsere Finger auseinanderzubiegen, während die anderen von einem nervösen Zittern gepackt wurden, das seltsam an das Lampenfieber gewisser Künstler erinnert (zu denen ich selbst früher einmal gehörte), wenn sie die Bühne betreten. Sie verzettelten sich irgendwie in ihren Anstrengungen, die längst nicht so effizient waren.

Und zwischen diesen Panikäußerungen und der Ernährung sollte ein Zusammenhang bestehen?

Alle Beobachtungen, die ich beim Menschen anstellte, gingen in diese Richtung. Sie werden diese Veränderungen in nur wenigen Wochen an sich selbst feststellen. Und was man an sich selbst beobachtet, ist am überzeugendsten. Am Steuer spürte ich früher beispielsweise jedes Mal, wenn ich einen Beinahe-Unfall hatte, wenn man mich geschnitten hat oder wenn unvermutet eine Kurve auftauchte, wie sich mein Magen zusammenzog, und mein Herz klopfte so stark, daß mir einen Moment fast der Atem wegblieb. Seit ich nach der Instinktotherapie lebe, spüre ich nichts mehr dergleichen. Höchstens ein Kribbeln in den Fingern, als würde meine Nervenenergie bis ans Ende der Gliedmaßen ausstrahlen, um mir zu erlauben, mit einem Höchstmaß an Effizienz zu reagieren. Ich kenne auch kein Schwindelgefühl mehr, ich kann auf Balken entlangspazieren, ohne das Gefühl zu haben, ins Leere zu fallen. Das Gleiche gilt für Schüchternheit und Aggressivität.

Und wie ist es mit dem Schlaf?

Keine Art von Schlaflosigkeit hat je der Instinktotherapie widerstanden, das habe ich an Hunderten von Fällen nachprüfen können. Wenn alles normal ist, kann man sich nicht erinnern, auch nur einen einzigen Augenblick den Schlaf herbeigesehnt zu haben. Schäfchenzählen gibt's nicht mehr. Man schläft tief, aber ohne jede Art von Benommenheit. Es fallen auch die wirren Träume weg, und morgens ist man sofort frisch und ganz ›da‹, besser als nach einer Tasse Kaffee. Die psychischen Funktionen werden völlig verändert! Gerade bei Kindern haben wir die Unterschiede am deutlichsten beobachten können. Unsere beiden Ältesten hatten wir sich mal mit belegten Broten regelrecht vollstopfen lassen, damit sie ihnen nicht mehr wie ›verbotene Früchte‹ erscheinen. Da waren sie zwischen sieben und acht Jahre alt. Anne-Catherine, die sehr nett Klavier spielte, konnte mehrere Tage lang keine einzige Melodie mehr im Takt spielen, sie konnte sich einfach nicht mehr konzentrieren, um den Takt zu halten. Man hätte meinen können, daß man wieder bei der ersten Lektion beginnen muß. Und was Christian anbelangte, so war er unausstehlich. Er schikanierte unentwegt seine Schwester, sein Schlaf war unruhiger. Unser Familienleben war ein bißchen zur Hölle geworden.

Es gibt Kinder, die sehr gut Klavier spielen und trotzdem Brot essen.

Mozart aß auch Brot, völlig klar! Verstehen wir uns richtig. Jedes Aufputschmittel kann durch Wiederholung zu einer Gewöhnung führen; der unübersehbare Effekt verschwindet oder wird in Verhaltensweisen umgeleitet, von denen man meint, sie seien für den Charakter des entsprechenden Individuums ganz normal. Wenn man ein Aufputschmittel nur einmal, in einer einzigen Dosis verabreicht, tritt seine Wirkung viel stärker zutage. Das ist immer relativ. Ich selbst wollte kaum glauben, daß die übliche Nahrung derartige Störungen in der Psyche hervorrufen kann. War es denkbar, daß all die Facetten dessen, was man die menschliche Seele nennt, all die verspannten, ängstlichen, heiteren, aggressiven, depressiven, gequälten, gehemmten, extravaganten Charaktere, all die Merkmale von Unausgeglichenheit, die unsere seelischen Beziehungen vergiften, nur die Kristallisierung ständiger Störungen in den Gehirnzentren waren ... mit, einer Stufe höher, dem Irrsinn?

Ich habe die wissenschaftliche Bestätigung dieser Überlegungen schon vor längerer Zeit bekommen: Untersuchungen über Schizophrenie haben gezeigt, daß Gluten-Zufuhr die Symptome dieser Geisteskrankheit offenbar verschlimmert.

Gluten – sind das die Proteine des Getreides?

So nennt man die Proteinbestandteile des Mehlkörpers ganz allgemein. Die Untersuchungen, von denen ich spreche, sind mit Weizen gemacht worden, ich weiß nicht, wie das Ergebnis mit anderen Getreidesorten ausgesehen hätte. Nach meinen eigenen Beobachtungen habe ich den Eindruck, daß Weizen nicht allein die Ursache ist. Jedes Mal, wenn man einem Organismus anormale Moleküle zuführt, die die Hirnzentren reizen könnten, beeinflußt man mehr oder weniger auch das Verhaltensgleichgewicht. Nach dem Kochvorgang wimmelt es nur so von anormalen Molekülen. Und nach dem, was beim Gluten nachgewiesen worden ist, müßten eigentlich alle kulinarischen Errungenschaften unter Verdacht stehen. Zum Glück ist nicht jeder schizophren. Aber es ist bekannt, daß die Tendenz dazu in jedem als normal geltenden Psychismus vorhanden ist. Da spricht man dann verschämter von Schizothymie.

Das ist ein schwerer Schlag für das gute tägliche Brot...

Ich glaube nicht, daß das Sonntagsgebet dem Brotofen galt! »Unser täglich Brot gib uns heute«, während die Vögelchen sich um ihre Nahrung keine Sorgen zu machen brauchten... das wäre doch ein Widersinn! Es handelt sich ganz gewiß um eine Metapher, bar jeder Toxizität!

Wenn ich Sie richtig verstehe, müßte Vollkornbrot giftiger sein als Weißbrot?

Das ist, denke ich, einer der Gründe, weshalb unsere Vorfahren im Mittelalter das Mahlgut gebeutelt haben. Damit eliminierte man einen Teil des Glutens.

Jetzt kann ich Ihnen nicht mehr folgen. Man hat dermaßen das Vollkornbrot propagiert. In allen ernährungswissenschaftlichen Abhandlungen! Jetzt muß ich einen Moment erst zur Besinnung kommen!

Die Randschichten des Korns enthalten komplexere Moleküle als der Mehlkörper; durch die Wirkung des Kochens werden sie noch komplexere und folglich für den Organismus noch giftigere Derivate erzeugen.

Wirklich?

Erinnern Sie sich an die Maillard-Produkte, von denen ich sprach? Je mehr Proteine das Mehl enthält, desto mehr chemische Reaktionen ergeben sich mit den Kohlehydraten der hellen Bestandteile, und umso mehr Maillard-Produkte wird man haben.

Aber warum hat man dann das Vollkornbrot in den höchsten Tönen gelobt?

Das geschah, wie üblich in der Ernährungswissenschaft, auf Grund von vereinfachenden Argumenten: Man hat nur an das Problem der Mangelerscheinungen gedacht, das infolge einiger Beobachtungen über die Karies in Mode gekommen war, und schon hat man das Produkt auf den Markt geworfen, hat man eine ganze Werberichtung geschaffen, damit dieses Konzept sich generell durchsetzen konnte. Genau so wurden auch alle anderen Ammenmärchen der Diätetik lanciert.

Es ist einfach unfaßbar, daß man Menschen letztlich doch aus finanziellen Gründen in einem solchen Irrtum beläßt.

Die kommerzielle Seite kommt zu den Irrtümern der Theoretiker unvermeidlich noch hinzu. Das geht zu Lasten der Gesundheit der breiten Masse, die überdies noch davon überzeugt ist, sich etwas Gutes zu tun. Und die Industrie stopft sich die Taschen voll. So sind denn alle zufrieden.

Ich verstehe nicht, daß noch nie jemand auf diese Dinge aufmerksam gemacht hat. Es ist etwas verwirrend, daß Sie der erste sein sollen, der das tat.

»Wenn das stimmte, wäre das doch längst bekannt.« Das hat man mir am Anfang immer gesagt. Zum Glück sind mir die Fortschritte der Wissenschaft zu Hilfe gekommen. Man beginnt sich der Schädlichkeit des Kochvorgangs bewußt zu werden. Das wurde auch Zeit, denn einer gegen vier Milliarden, das ist kein ganz gerechter Kampf!

Sie müssen doch erheblichem Druck ausgesetzt gewesen sein?

Der schlimmste Druck war mein eigener Widerstand: Nichts ist schwieriger, als sich den Tatsachen zu beugen. Ich verstehe den Widerstand, den meine Thesen auslösten und noch immer auslösen, sehr gut. Aber ich glaube nicht, daß man diese Situation bedauern sollte: Opposi-

Schizophrenie und neuroaktive Peptide; T. C. Dohan, Abteilung für Molekularbiologie, Psychiatrisches Institut Pensylvania (USA), The Lancet, 12. Mai 1979, S. 1031

Ich habe den Beweis dafür erbringen können, daß die während der Verdauung von Getreide entwickelten Polypeptide Effektoragenzien sind und habe von einigen die mit Endorphinen vergleichbare Aktivität beschrieben.

Dabei ... stützte ich mich auf drei Beobachtungen:

1. Eine starke Korrelation zwischen den veränderten Verhaltensweisen Schizophrener im Anfangsstadium der Krankheit und den Veränderungen beim Verzehr von Weizen oder Weizen plus Reis (multiple Rückbildungen).

2. Die verschiedenen Ernährungsarten und die epidemiologischen Gegebenheiten deuten darauf hin, daß das Morbiditätsrisiko Schizophrener dort am größten ist, wo Weizen (und Reis) in großen Mengen verzehrt werden, etwas kleiner bei denen, die nur Reis essen, und noch kleiner, wo Mais, Hirse und Gerste die Grundgetreidearten bilden.

3. Klinische Beobachtungen, aus denen man schloß, daß Glutenunverträglichkeit (Zöliakie) und Schizophrenie genetisch miteinander verknüpft sind, eine Vermutung, die durch eingehende Untersuchungen an Familien, bei denen Zöliakiesymptome auftraten, hinfällig wurde.

Diese Gegebenheiten veranlaßten uns, unter anderen, zu untersuchen, ob Weizengluten die mit einer völlig getreide- und milchfreien Diät behobenen Störungen erneut hervorrufen könne, was effektiv der Fall war! Man hat eine endorphine Aktivität in Peptidmetaboliten des Milchkaseins und im Gluten von Mais und Gerste sowie eine sehr starke Aktivität im Weizengluten feststellen können.

tion, selbst wenn sie unangenehm ist, hat immer etwas Nützliches; sie unterzieht neue Ideen einer Belastungsprobe. Wenn diese Ideen etwas wert sind, wird nichts sie daran hindern, schließlich bekannt zu werden; sie werden aus dem Kampf gestärkt hervorgehen. Und wenn sie nichts wert sind, dann ist es besser, sie so schnell wie möglich aufzugeben!

Das hält aber weitere neue Erkenntnisse auf den jeweiligen Wissensgebieten auf. Und was wird in der Zeit aus den Kranken...

»Eine neue Theorie drängt man nicht auf, man wartet, bis seine Gegner tot sind«, sagte der große Physiker Max Planck.

Aber hier geht es nicht um die Quantenphysik, hier müssen Kranke sterben, während die Medizin einen falschen Weg geht.

Die Medizin spiegelt die Wünsche der Gesellschaft wider, aus der sie hervorgeht. Was man wünscht, ist, seine Wehwehchen zu kurieren, ohne dafür eine Anstrengung auf sich nehmen zu müssen. Stellen Sie sich mal einen Arzt vor, der seinem Patienten sagt: »Meine ganzen Pillen sind nur Mache, ich rate Ihnen zu einer anderen Ernährung.« Was wird der Kranke tun? Er wird nicht eine andere Ernährung, sondern einen anderen Arzt wählen.

Die Medizin müßte die Öffentlichkeit aber zumindest darauf aufmerksam machen, daß von der Ernährungsseite her Gefahr droht.

Das tut sie auch, zaghaft, aber die Leute reagieren auf diese Art von Warnungen auch nur sehr langsam. Sie kennen die Geschichte der Kampagne gegen das Rauchen? Durch die der Zigarettenkonsum gestiegen ist? In unserer

Gesellschaft gibt es starke selbstzerstörerische Kräfte. Und außerdem hat die Medizin auch keinen vernünftigen Ersatz für die heutige Ernährung anzubieten.

Glauben Sie nicht, daß das einfach aus Gründen der Bequemlichkeit so ist? Man kann doch sehr viel schneller Tabletten verschreiben als die Ursachen suchen.

Ich bin der Meinung, daß jeder Arzt das Beste macht, aber er muß sich nach der Nachfrage richten. Wenn man wünscht, daß die Medizin sich ändert, müßte man erst einmal die Mentalität der Gesellschaft ändern. Solange man vor der Krankheit Angst hat, wird man Schamanen und Wundermittelchen brauchen, um das Unglück zu beschwören.

Sie scheinen zu unterstellen, daß man vor Krankheit keine Angst zu haben braucht?

Denken Sie nur an das Problem der Infektion, über das wir vorhin sprachen: Wenn die Wunden sich nicht infizieren, wieso sollte man dann Angst vor Mikroben haben?

Immerhin sind das Krankheitskeime. Man weiß ja nie, wie so eine Sache ausgehen kann.

Und wenn man sie nur irrtümlich ›Krankheitskeime‹ genannt hätte? Stellen Sie sich vor, daß sie Schädigungen bewirken, wenn der Organismus durch die traditionelle Ernährung verkorkst ist. Und daß sie im gegenteiligen Falle nützlich sind.

Noch nie hat jemand nachgeprüft, wie die Sache mit ursprünglicher Ernährung ausgehen könnte.

Es ist schwer zu glauben, daß eine andere Ernährung einen Einfluß auf die Entwicklung von Infektionskrankheiten haben soll.

Die Medizin hat sich ihre Vorstellung von jeder Krankheit auf der Basis von Fakten geschaffen, die im Rahmen unseres Bezugssystems der Kochkost beobachtet wurden. Die Begriffe ›Typhus‹ oder ›Pocken‹ sind mit all den Ängsten befrachtet, die sich im Laufe von Jahrhunderten, jedes Mal wenn eine solche Krankheit schlimm ausging, angesammelt haben.

Jeder Krankheitsname beschwört die Erinnerung an all die Leiden und all die Gräßlichkeiten herauf, für die er in der Vergangenheit als Epitaph diente. Niemand kann objektiv sein mit derartigen Passiva im unbewußten Gedächtnis, denn Angst wird von Generation zu Generation weitergegeben.

Und Sie haben sich von dieser Angst befreien können, weil Sie Krebs überstanden haben?

Nein. Das hat mich vielleicht gegen die Angst vor dem Tod geheilt. Aber die anderen Krankheiten hatten für mich ihre traditionelle Konnotation behalten. Es hat jahrelanger Beobachtungen im Rahmen der Instinktotherapie bedurft, um diese Sache objektiv anzugehen. Ich konnte den Ablauf praktisch der meisten aller geläufigen Krankheiten mitverfolgen.

Ich dachte, daß es mit Ihrem System überhaupt keine Krankheiten mehr gibt...

Das Ganze ist viel subtiler. Krankheiten treten schon auf, aber in einer viel milderen Form, so abgeschwächt, daß man ihre Anzeichen kaum erkennt. Haben Sie sich nie darüber gewundert, daß eine Krankheit mal einen abgeschwächten, mal einen ganz typischen Verlauf nehmen kann?

Ich habe immer geglaubt, das sei auf eine bessere Resistenz zurückzuführen.

Genausogut kann man annehmen, daß die abgeschwächte Form dem normalen Verlauf der Krankheit entspricht und die symptomatische Form durch eine Komplikation des ganzen Prozesses entsteht.

Man kann Argumente immer in ihr Gegenteil verkehren.

Nur: wenn eine Krankheit in allen Fällen in abgeschwächter Form auftritt...

Dann würde die normale Form also als eine Art Unfall angesehen?

Genau. Jedenfalls haben wir uns davon im Rahmen des Instinkto-Bezugssystems überzeugen können. Die klassischen Formen aller Virus- und bakteriellen Krankheiten werden dadurch ausgelöst, daß der Organismus die Kontrolle verliert, was hauptsächlich auf Ernährungsstörungen zurückzuführen ist. Unter Instinkto-Bedingungen bleiben diese Krankheiten dagegen so klar in fest umrissenen Grenzen, daß man meinen könnte, sie seien genetisch programmiert.

Das ist schon stark, was Sie da sagen. Was würden Sie denn machen, wenn man bei Ihnen eine Virus-Hepatitis feststellt? Würden Sie dann jede Behandlung ablehnen?

Ein etwas unglückliches Beispiel. Gegen infektiöse Hepatitis gibt es überhaupt keine medizinische Behandlung. Mein Instinkt hingegen garantiert, daß mir alle nützlichen Nährstoffe zugeführt werden. Soll ich Ihnen sagen, wie diese Krankheit bei einer natürlichen Ernährung verläuft? Ich werde Ihnen unsere allererste Erfahrung schildern. Bei einem meiner Mitarbeiter war eines Morgens das Weiße der Augen leicht gelb gefärbt. Ich riet ihm, zum Arzt zu gehen, der eine Virushepatitis (des Typs B, also der bösartigsten) diagnostizierte. Er schrieb ihn sofort für drei

Monate krank und verordnete ihm Bettruhe und magere Kost. Mein Freund hatte gerade einen Bauernhof gekauft und kam nun in den Genuß von drei Monaten bezahltem Urlaub, um ihn auszubauen. Er brauchte nicht einen einzigen Tag das Bett zu hüten, war in bester Form, um seine ganzen Tischler- und Erdarbeiten zu machen.

Was meinte der Arzt dazu?

Er hat es nie erfahren... Er hätte zweifellos erklärt, daß diese Krankheit manchmal in abgeschwächter Form auftritt, was übrigens stimmt. Die abgeschwächte Form gibt es tatsächlich, aber mit einer etwas wissenschaftlichen Betrachtungsweise muß man sich doch eben fragen, welche Faktoren diese abgeschwächte Form bestimmen. Und da wäre man schon vor längerer Zeit auf den Ernährungsfaktor gestoßen... Da die Medizin diese Möglichkeit aber von vornherein ausschließt, berücksichtigt sie unterschiedliche Ernährungsweisen beim Ablauf solcher Krankheiten gar nicht; der Kausalzusammenhang entgeht ihr, und so gehen auch keine Zahlen in die Statistiken ein. Und nichts und niemand schreckt sie auf aus diesem System, in dem sie sich so selbstherrlich eingerichtet hat.

Und was hat Ihr Freund während seiner Gelbsucht gegessen?

Er hat zunächst einige Tage gefastet (instinktives Fasten ist ein Teil der Instinktotherapie), dann hat er Pampelmusen gegessen und Eier und Speck...

Aber das ist doch viel zu schwer für die Leber!

Nichts ist zu schwer für welches Organ auch immer, wenn der Instinkt grünes Licht gibt.

Sogar bei Krankheit?

Der Instinkt berücksichtigt anscheinend bestimmte Krankheitszustände. Deswegen denke ich auch, daß diese Krankheiten genetisch programmiert sind.

Jetzt gehen Sie zu weit. Das ist doch absurd zu denken, daß der Organismus seine eigenen Krankheiten programmiert. Welchen Sinn sollte das haben?

Ausgezeichnete Frage! Ich werde Sie beim Wort nehmen. Fragen wir uns doch einmal, ob diese Krankheiten nicht einen Sinn haben, einen Zweck erfüllen, der der Medizin total entgangen ist? Es gibt mehrere Gründe, um sich in solcherlei Gedankengänge vorzuwagen:

1. Virus- und bakterielle Krankheiten treten unter einer adäquaten Ernährungsweise in abgeschwächter Form auf, was uns vermuten lassen kann, daß es sich eigentlich um einen kontrollierten Prozeß handelt.
2. Sie laufen nach einem Programm ab (in der Medizin nennt man das ›Syndrom‹), das sich bei den verschiedenen Individuen ähnelt. Man kann daher meinen, daß sie direkt oder indirekt genetisch programmiert sind, da eine solche Regelmäßigkeit durch keine andere Instanz gewährleistet werden könnte.
3. Diese Krankheiten tendieren spontan zur Heilung (unter Instinkto-Bedingungen!). Mit anderen Worten, man könnte sagen, daß sie auf eine gewisse Dauer programmiert sind, wie eine zeitlich begrenzte Arbeit.
4. Wer Programm sagt, sagt Organisation. Und wenn das Leben sich die Mühe macht, irgendeinen Prozeß zu organisieren, dann muß zwangsläufig ein Sinn dahinterstehen. Fragt sich nur welcher Sinn?

Ist das nicht ein etwas finalistischer Standpunkt?

Seit dem großen Höhenflug der mechanistischen Biologie hat man den Finalismus lächerlich gemacht. Sie kennen die Geschichte von der Melone, die der Liebe Gott gleich in Scheiben eingeteilt hat, damit man sie mit der ganzen Familie essen kann... Oder die von der Nase, die er deswegen aus dem Gesicht hervortreten ließ, damit man eine Brille daraufsetzen kann. Finalismus ist dann lächerlich, wenn man versucht, die Ursache der Dinge mit ihrer Zweckbestimmtheit zu erklären. Was aber nichts daran ändert, daß es eine Finalität gibt, sobald es um irgendeine Organisation geht. Jeder biologische Prozeß muß, wenn er im Lauf der Evolution bestehen wollte, für die Art oder für das Individuum einen Nutzen gehabt haben, sonst hätte das Gesetz der natürlichen Auslese nicht zu seinen Gunsten funktioniert. Was heißt, daß ein biologischer Prozeß zu etwas nutze sein muß. Oder auch: daß er eine Zweckbestimmtheit haben muß. Man sieht folglich, daß Finalismus direkt den Evolutionsgesetzen entspringt.

Sie verstehen es meisterhaft, jeden zufriedenzustellen.

Ich habe Wortklaubereien immer verabscheut. Wir müssen nun also, um in dieser Theorie weiterzukommen, herausfinden, welchen Sinn dieser Prozeß hätte, den wir vielleicht fälschlich ›Krankheit‹ nennen.

Und wenn es der wäre, die Schwächsten auszusondern? Das würde der Art ebenfalls nutzen, selbst wenn es vom Individuum aus gesehen nicht besonders schön ist!

Alle Hypothesen sind erlaubt. Aber wir könnten, um weiterzukommen, schon mal das mit in unsere Überlegungen einbeziehen, was man heute über Mikroben weiß. Wissen Sie, wie ein Virus gebaut ist? Sie haben es sicher in der Schule gelernt.

Das ist so etwas wie eine extrem kleine Mikrobe, die man mit dem Mikroskop nicht erkennen kann und die unsere Zellen angreift. Ich meine sogar, daß ein Virus nur auf Kosten einer Zelle leben kann.

In Wirklichkeit kann man nicht sagen, daß ein Virus ein lebender Organismus ist: Es atmet nicht, es frißt nicht, es pflanzt sich nicht aus sich heraus fort.

Sagt man jedoch nicht, daß es sich auf Kosten der Zelle vermehrt?

Das ist die Standardformel: »Auf Kosten der Zelle«; aber diese Art, Fakten zu benennen, könnte falsch sein: Warum sagt man nicht, daß es die Zelle ist, die das Virus vermehrt? Da sie es doch ist, die eine Eigenaktivität entwickelt ... wäre das nicht logischer?

Aber sie hätte doch überhaupt kein Interesse daran, es zu vermehren!

Jetzt sind Sie selbst finalistisch!

Schließlich ist ein Virus etwas Schlechtes! Weder die Zelle noch der Körper haben ein Interesse an seiner Vermehrung!

Und hat das Virus Interesse an seiner eigenen Vermehrung? Hüten Sie sich vor Gemeinplätzen. Wenn wir die gegenwärtige Theorie aus ihren festgefahrenen Gleisen herausholen wollen, müssen wir uns von allen vorgefaßten Meinungen freimachen. Sie betrachten das Virus von vornherein als einen Missetäter, als einen Aggressor, der nur ein einziges Ziel hat, nämlich unsere Zellen anzugreifen. Aber es ist lächerlich, einem Mikroorganismus, der kein eigenes Leben hat, eine Absicht zuzuschreiben: Das wäre Animismus, die Projizierung der Charakteristika unserer Psyche auf ein Partikel Materie bar jeden Gehirns...

Enthält das Virus nicht DNS, also eine genetische Information, die einer Absicht gleichkäme?

Sie kennen ja wirklich alle Geheimnisse der Biologie. Ein Virus enthält effektiv DNS oder RNS, was ungefähr auf dasselbe hinausläuft. Mit anderen Worten, es transportiert tatsächlich ein genetisches Programm, also eine Organisation, die gewiß zu irgend etwas nütze sein muß. Aber wozu, für wen? Für das Virus, für die Zelle, für den Organismus? Nichts erlaubt, das zu beantworten...

Wenn ich mich recht erinnere, schleust das Virus, wenn es die Zelle attackiert, seine DNS in sie hinein und stellt die genetische Maschine der Zelle zu seinem Nutzen um.

Sie haben ein sehr gutes Gedächtnis: Das ist die klassische Art, dieses Phänomen zu beschreiben. Eine Beschreibung, die unmittelbare Konsequenz einer Haltung ist, im Virus einen Aggressor zu sehen. Gehen Sie die Sache nun einmal von der anderen Seite an, indem Sie unterstellen, daß die in der Virus-DNS enthaltene genetische Information für die Zelle oder für den Organismus nützlich ist.

Ich glaubte, daß das Virus die Zelle zerstört.

In bestimmten Fällen stirbt die Zelle effektiv. Das ist nicht unbedingt sehr schlimm. Ein Virus, es heißt Bakteriophage, zerstört beispielsweise Koli-Bakterien. Das ist die Bakterie, die in unserer Darmflora am häufigsten vorkommt! Das kann für den Organismus in seiner Gesamtheit nützlich sein. Die Aktion des Virus könnte Teil eines global angelegten Programms sein, ein Kampf gegen die Kolibazillose, beispielsweise.

Und die Viren, die die Zellen des Organismus selbst zerstören?

Nach einer Viruskrankheit – Hepatitis, Pocken –, wie schwer sie auch gewesen sein mag, habe ich im Bett des

Kranken noch nie eine Serum-Lache gesehen... Das Virus zerstört nur einen ganz kleinen Teil von Körperzellen. Das ist überhaupt nicht katastrophal. Der Darm verliert tagtäglich unzählig viele Zellen durch Abschuppung, ohne daß es uns deswegen schlechter ginge. Anstatt nun zu denken, daß die Zelle sich vom Virus zerstören läßt, könnte man genausogut behaupten, daß sie sich opfert, um das Virus zu vermehren. Bei einigen Viren erfolgt diese Vermehrung übrigens, ohne daß ein Zelltod eintritt.

Dennoch kann man befürchten, daß das Virus sich dermaßen vermehrt, daß es im Organismus nur noch so wimmelt von ihm, daß es über den ganzen Körper herfällt...

Sehr richtig: Das könnte man befürchten. Der Aggressor, der über die Grenze einmarschiert, hat im allgemeinen die Absicht, über dieses Territorium herzufallen, und auf seinem Durchmarsch vernichtet er alles, was ihn daran hindern könnte, dieses Ziel zu erreichen. Aber so laufen diese Dinge nicht ab. Die Natur hat Regelmechanismen vorgesehen, deren Existenz sich viel leichter erklären läßt, wenn man von der Idee einer Globalsteuerung ausgeht: Jede Zelle, die das Virus vermehrt, stellt gleichzeitig auch ein spezielles Protein her, mit dem die anderen Zellen gewarnt werden, es noch weiter zu vermehren. Dieser Prozeß stabilisiert sich also, sobald auf eine Zelle etwa ein Virus kommt.

Davon habe ich noch nie gehört.

Aber doch, das steht selbst in den Zeitungen. Denn dieses Protein ist nichts anderes als das Interferon!

Man versucht ja sogar, es zu nutzen, um die virale Vermehrung zu stoppen, ohne sich darüber im klaren zu sein, daß man damit vielleicht essentiellen Regelmechanismen entgegenwirkt. Die Ergebnisse sind, letzten Informationen nach zu schließen, auch nicht eben berühmt.

Wenn ich Ihre Erklärungen richtig verstanden habe, so befindet sich nach einer Viruskrankheit ein Virus in jeder Zelle? Richtet es da keinen Schaden an?

Ich verstehe, daß Sie das beunruhigt. Das ist etwas, was mich auch zutiefst schockiert hatte: Nach der ›Heilung‹ bleibt die Virus-DNS in der Zelle, von wo aus es bei nächstbester Gelegenheit die Krankheit wieder auslösen kann... Ein komischer Sieg, gerade so, als habe man nach einem Krieg in jedem Haus einen feindlichen Soldaten behalten. Wissenschaftlich nennt man das, das Virus »integriert sich in das Genom«, und so brauchte man sich dann über nichts mehr zu wundern...

Mit der These vom Virus als Aggressor kommt das wirklich nicht hin. Aber wozu sollte eine solche Organisation gut sein?

Da kommt noch etwas nicht hin: Das Interferon hindert nämlich nicht nur das Virus daran, sich weiter zu vermehren, sondern verhindert gleichzeitig auch die Vermehrung eines zweiten Virus, das in den Körper hätte eindringen können.

Und das erklärt, warum man niemals zwei Viruskrankheiten gleichzeitig durchmacht?

Genau. Aber denken Sie noch etwas weiter. Wenn der Körper in der Lage ist, die Vermehrung eines zweiten Virus zu blockieren, wieso sollte er dann nicht in der Lage sein, die Vermehrung des ersten zu verhindern...? Sie sehen, daß die klassische These nicht haltbar ist. Darauf hätte man schon gleich mit der Entdeckung des Interferon kommen müssen. Ein Regelmechanismus, der nicht dazu da ist, das Virus zu eliminieren, sondern dessen Vermehrung ganz exakt zu dosieren, ein Mechanismus, der darüber hinaus in der Lage ist zu verhindern, daß ein zweites

Virus die Sache noch verkompliziert – das ähnelt nicht einer Schlacht gegen einen Aggressor, der in einem Überraschungsangriff über uns herfällt, sondern vielmehr einer exakt geplanten Operation.

Ich verstehe nicht ganz, wozu das DNS-Supplement in meinen Zellen gut sein soll; ist deren eigene genetische Information nicht schon phantastisch genug? Sie zogen vorhin den Vergleich von der Bibliothek mit den 1000 dikken Bänden heran...

So phantastisch ihre Datei auch ist, sie kann niemals alle möglichen Informationen enthalten. Ich glaube, daß die vom Virus eingebrachte Datei eine Art Zusatzinformation ist, die der Zelle erlaubt, eine Arbeit durchzuführen, für die sie ursprünglich nicht programmiert war.

Ach, jetzt verstehe ich, worauf Sie hinaus wollen.

Man braucht nur zu beobachten, was der Organismus macht, wenn die zusätzliche DNS in die Gesamtheit seiner Zellen eingedrungen ist, das heißt, wenn die Inkubationszeit vorbei ist. Dann tauchen überall, je nach Virusart, alle möglichen Anzeichen auf: Fieber, Schweiß, Katarrhe, Diarrhöe, Hautausschläge aller Formen und Farben! Manchmal sagen die alten Ärzte noch: »Das muß raus.« Ihnen fehlte nur die Definition vom ›das‹.

Ich verstehe. Das sind jedesmal Ausscheidungen.

Man müßte sich schon die Augen zuhalten, um das nicht zu sehen. Leider haben die Virologen da nie einen Zusammenhang hergestellt, denn da sie nicht wissen, daß der Körper voller anormaler Moleküle steckt, die auf das Kochen zurückgehen, war es ihnen unmöglich, diese ganzen Vorgänge zu begreifen. Und da ihnen jede Basis für eine Beweisführung fehlte, hat die Medizin sie beobachtet, beschrieben, katalogisiert, um anhand dessen ihre Diagnose zu stellen. Sie hat ihnen den ruhmreichen Namen ›Symptome‹ gegeben, ein sehr geschickt aus dem Griechischen abgeleitetes Wort: syn = mit und ptoma = Kadaver... Wahrhaftig eine Etymologie mit Vorbestimmung!

Dann war es also ein krasser Fehler, sie zu bekämpfen?

Die Medizin hat das Virus als Aggressor betrachtet und alles darangesetzt, es zu zerstören. Übrigens vergeblich, denn es ist schwierig, gegen ein Virus vorzugehen, weil es sich um einen auf Gen-Ebene kontrollierten Prozeß handelt, so daß man diesen Prozeß nur verhindern kann, indem man den Organismus einem tiefgehenden Eingriff unterzieht. Also beispielsweise das Immunsystem durch Impfungen mattsetzt...

Sie sind gegen Impfungen?

Wenn Krankheiten doch nützlich sind...

Und Antibiotika? Ich kenne nicht wenig Fälle, wo Ärzte Antibiotika gegen Erkältungen verschrieben haben.

Das ist schon ein Automatismus geworden. Dabei wirken Antibiotika gegen Viren gar nicht, sie begrenzen nur bakterielle Komplikationen, Überinfektionen, die aus medizinischer Sicht die Krankheit ›komplizieren‹ können.

Sie behaupten also, daß das Virus eine Art Entgiftung programmiert. Ich weiß nicht, warum unsere Zellen das nicht allein können, das wäre doch viel einfacher.

Argumentieren Sie mal als Biologe: Die genetische Information unserer Zellen wurde unter den Bedingungen des Urmilieus aufgebaut. Mit ihr erfolgt die Aufbereitung der

Daten der, wie man sie nennen kann, ursprünglichen Moleküle, all der Moleküle, die sich im ursprünglichen Nahrungsmittel befinden, sowie der daraus entstehenden Metaboliten (das heißt der durch normale Stoffwechselvorgänge entstehenden Moleküle). Traditionelle Nahrung hingegen enthält jede Menge von nicht ursprünglichen Molekülen, die die Zellen nicht loswerden können, da sie darauf nicht programmiert sind...

Ich verstehe. Demnach würden die Viren unseren Zellen das Zusatzprogramm bringen, mit dem sie sich von den nicht ursprünglichen Metaboliten befreien können.

Ein bißchen wie die Lochkarte, die Sie in die automatische Waschanlage stecken, damit das Spezialprogramm für besonders hartnäckige Verschmutzungen abläuft.

Viren sollen also nützlich sein. Schwer, das zu verstehen.

Ich will nicht behaupten, daß alle Viren diese Eigenschaft haben, doch habe ich sie noch nicht alle durchprobiert. Einige sind vielleicht wirklich schädlich, andere dazu bestimmt, mit Mängeln behaftete Individuen zu eliminieren, was zur Vorstellung von der Individualität, wie wir sie im westlichen Kulturkreis haben, natürlich nicht paßt. Jean Rostand hat schon gesagt, daß die Medizin, indem sie das Individuum schützt, an der Degeneration der Art mitwirkt. Vielleicht war die Natur noch schlauer. Es ist gut vorstellbar, daß gewisse Viren im Laufe der Evolution entstanden sind, um eine Übervölkerung und die Verwüstung von Nahrungsbiotopen zu verhindern. Wenn beispielsweise Hirsche sich übermäßig vermehren, wie das in den Naturparks der Fall ist, wo ihre Freßfeinde fehlen, Luchs, Wolf und andere Fleischfresser, so bekommen die älteren Exemplare Konjunktivitis und können sich nicht mehr ernähren. So haben sie keine Probleme mit der Bevölkerungskurve...

Was denken Sie über AIDS? In dem Fall kann man nicht über heilsame Auswirkungen sprechen...

Ich hoffe, bei dieser Krankheit bald die Instinktotherapie erproben zu können. Um so mehr, als die Medizin noch keine Lösung gebracht hat. Man versucht es mit Interfe-

Die Theorie vom Virus als Vektor genetischen Materials scheinen die Bakterien schon lange vor der christlichen Ära eingeführt zu haben.

Bakterien vermögen effektiv ein kleines, Plasmid genanntes Stück zusätzlicher DNS herzustellen und zu replizieren, welches sie sodann mit Hilfe eines Sexualpilus auf eine verwandte Seele übertragen. Diesen wissenschaftlichen Namen gaben die Biologen der Röhre – einer Art Ausleger – auf der Oberfläche der Bakterie, die diese durch die Membran in die zweite Bakterie einführt. Die übertragene DNS beginnt sofort, sich selbst zu replizieren und läßt auf der zweiten Bakterie einen Sexualpilus erscheinen, welcher seinerseits einer dritten Bakterie seine Dienste anbieten kann und so weiter. Die ganze Kolonie wird schließlich dieses genetische Material erworben haben, womit sich auch die Anpassung von Bakterien an Antibiotika erklären läßt, Moleküle also, die sie nicht sonderlich zu fürchten scheinen.

Nach der Instinkto-Option kann man das Virus als die höher entwickelte Form eines Sexualpilus ansehen, welches geschafft hat, sich abzulösen, wobei die seiner Extremität angefügte Kapsel ihm erlaubt, eine DNS-Portion über große Entfernungen hinweg von einer Zelle zur anderen oder, besser noch, von einem Organismus zum andern zu transportieren. Demnach wäre das Virus ein Organ parasexueller Übertragung von Genmaterial zu adaptativen Zwecken.

Anmerkung: Seine Nachbarin mit Grippe anzustecken, ist eine andere Art, seine Frau zu betrügen...

ron, aber bis jetzt hat praktisch noch kein Kranker überlebt. Es ist möglich, daß meine Theorie eine Lösung bringt, ich habe da so ein paar Ideen... Im Moment jedenfalls scheinen mir die Viren aller geläufigen Krankheiten, zumindest der, die ich in den zwanzig Jahren unserer Versuche beobachten konnte, keinen anderen Sinn gehabt zu haben, als die Eliminierung von durch Kochen entstandenen Molekülen zu programmieren.

Haben Sie dafür den wissenschaftlichen Beweis erbringen können?

Den analytischen Beweis noch nicht. Das würde sehr kostspielige Verfahren erfordern, und noch nie wurde in der ganzen Welt der Forschung die strukturelle Basis für eine Arbeit diesen Typs geschaffen. Das theoretische Prinzip hat noch niemand formuliert.

Seit wann verfechten Sie diese Theorie über die Viren?

Sagen Sie lieber diese Hypothese. Seit etwa fünfzehn Jahren...

Und es hat keine Ärzte oder Forscher gegeben, die sie interessant gefunden hätten?

Doch, doch. Von privater Seite habe ich vielerlei Ermutigung erfahren. Der ehemalige Direktor der Universitätskinderklinik Genf hatte mich nach der Heilung eines kleinen Leukämiekranken zu sich gebeten; am Ende der Unterredung beglückwünschte er mich zu meinem Vorgehen und äußerte, daß er es ausdrücklich befürworte; dann, als er mir die Hand gab, bat er, seinen Kollegen gegenüber nichts von seiner Reaktion zu äußern... Viele Ärzte haben sich sehr aufgeschlossen gezeigt, fast alle, denen ich meinen Standpunkt darlegen konnte. Aber keine Einzelperson, und sei sie noch so gelehrt, kann den

Bulldozer der offiziellen Medizin dazu bringen, rückwärts zu fahren.

Das wird noch lange dauern.

Mit der Instinktotherapie wird man sehr geduldig!

Und wie sind diese Gedankengänge entstanden?

Durch Zufall.

Wieder so etwas wie die Geschichte mit dem Rotkohl?

Nein. Im Rotkohl habe ich den Instinkt entdeckt. Um die anormalen Moleküle zu finden, brauchte ich etwas weniger Ursprüngliches: einen ›kleinen Japaner‹...*

Einen kleinen Japaner... Ist das die Geschichte einer unzüchtigen Handlung?

Seien Sie versichert, ich habe niemals jemanden vergewaltigt. Mit der Instinktotherapie wird man außerdem auf diesem Gebiet sehr ruhig. Die Geschlechtstriebe finden zu einer völligen Harmonie zurück. Wegen der Fortsetzung meiner Geschichte muß ich Ihnen – tut mir leid wegen der Versuchung – dieses Törtchen genau beschreiben. Also: es besteht aus zwei Scheiben knusprigen Teigs mit einer 1 cm dicken Schicht Mokkacreme dazwischen. Das Ganze ist in geröstetem Mandelpulver gewälzt und mit einer rosa Zuckerperle verziert.

Mir läuft das Wasser im Munde zusammen.

Das war ganz am Anfang, einige Monate, nachdem wir, meine Frau und ich, beschlossen hatten, ganz auf Tört-

---

* Le ›petit japonais‹ (kleingeschrieben) ist ein Mokka-Mandeltörtchen.

chen, Pralinen, Naschereien zu verzichten, die die asketische Speisefolge unserer Mahlzeiten hätten aufbessern können. (Damals standen noch keine exotischen Früchte auf unserem Speisezettel; wir versagten uns jedes nicht biologisch angebaute Erzeugnis. Sie können sich vorstellen, wie es auf unserem Eßtisch aussah...). Kurz und gut, ich war soeben für die Aufnahme der Orgelkonzerte Händels als Solovioloncellist engagiert worden, und zwar mit zwei Aufnahmeterminen täglich. Das war in der Kirche von Nyon, einer kleinen Stadt am Genfer See. Während der Pausen, von denen es viele gab, weil die Tontechniker alle aufgenommenen Passagen auf ihre Qualität hin überprüfen mußten, vertrat ich mir in einer Nebenstraße die Beine, und dort gab es zu meinem Pech eine erstklassige Bäckerei und Konditorei.

Außerdem hatten wir Freunde, die versucht hatten, unsere Diät mitzumachen, aber da sie nicht durchhielten, riefen sie mich öfter an, um mich in langen Gesprächen davon zu überzeugen, daß man sich, vorgeblich, um gegen den Frust anzukämpfen, wenigstens ein Mindestmaß an Ausnahmen erlauben müsse. Und jedes Mal, wenn ich an dem Schaufenster vorbeiging, stieg in mir ein immer unerträglicher werdendes Gefühl der Frustration auf; schließlich betrat ich den Laden und kaufte mir, trotz der Abmachung mit meiner Frau, eines dieser Törtchen.

Ehrlich gesagt, wirkte es richtig faszinierend auf mich, zumal die Auswahl unserer Speisen sehr begrenzt war. Am nächsten Morgen aber war meine Frustration, entgegen meiner Erwartung, nur noch größer, und so dauerte es nicht lange, bis ich wieder vor dem Tresen stand und, in der Hoffnung, mich nunmehr erfolgreicher von meinem Frustriertsein zu befreien, gleich drei kaufte.

Am nächsten Tag war es noch schlimmer: Schon am Morgen dachte ich nur noch an diese Törtchen. Das war nahezu eine Zwangsvorstellung geworden. Abermals betrat ich also die Konditorei und kaufte das ganze Regal leer. Ich verschlang meine Beute (gut 15 Stück) auf der

Straße, um nicht so aufzufallen, und endlich war der Widerwille da. Es war die einzige Lösung gewesen, um der Versuchung zu entgehen...

Ich brauchte mehrere Wochen, um wieder den gleichen Geschmack an natürlichen Nahrungsmitteln zu finden wie vorher. Damals habe ich begriffen, welche Falle doch das Kochen ist. Es sind die Ausnahmen, die man sich gönnt, die zu Frustrationen führen, und nicht die hundertprozentig durchgeführte Instinktotherapie. Aber dieses Experiment hatte noch eine andere unerwartete Konsequenz:

Als ich am nächsten Morgen aufwachte, wies meine Frau mich darauf hin, daß ich im Schlaf geschwitzt hatte. Dabei hatten wir die Beobachtung gemacht, daß man mit unserer Ernährungsweise praktisch nicht mehr schwitzt. Schweißtropfen auf der Stirn, nasse Achseln, selbst bei Anstrengung, das alles gibt's nicht mehr. Ich wußte nicht recht, wie ich meinen nächtlichen Schweißausbruch erklären sollte, als Nicole hinzufügte: »Man sollte meinen, daß dein Schweiß nach gebrannten Mandeln riecht.«

Da verstand ich, daß meine Stunde geschlagen hatte. Ich versuchte, ihr zu erklären, daß ich ein Experiment, ein wissenschaftliches, hatte machen wollen, aber sie rauschte ab und knallte die Tür zu... Na, Sie können sich die Szene vorstellen.

Ihr erster Ehekrach.

Dazu war es nicht gekommen, weil wir gar keine Zeit dafür hatten. Uns beunruhigte nämlich etwas ganz anderes: Wenn mein Schweiß nach gebrannten Mandeln roch, so war das der Beweis dafür, daß er Trägermoleküle dieses Aromastoffs enthielt. Moleküle also, die mein Stoffwechsel nicht abgebaut hatte.

Ich verstehe wirklich nicht ganz, was daran so schlimm sein soll.

Auf den ersten Blick kann das ganz nebensächlich erscheinen. Die Tatsache, daß diese Moleküle meinen Organismus durchquert hatten, ohne umgewandelt zu werden, warf aber eine grundsätzliche Frage auf. Rohe Mandeln, selbst in weit größeren Mengen gegessen als die paar Gramm gerösteten Mandelpulvers, das meine Törtchen umhüllte, hatten niemals zu irgendeiner Art von Geruch geführt. Ich konnte dieses Phänomen daher nicht meinem Assimilationspotential zuschreiben. Die gebrannten Moleküle waren offenbar durch die Maschen meines Stoffwechsels gelangt. Mit anderen Worten: Der menschliche Stoffwechsel ist wahrscheinlich an durch Kochen denaturierte Moleküle nicht angepaßt. Bis dahin hatte ich nicht geglaubt, daß das möglich sei.

Läßt sich das wissenschaftlich erklären?

Mir kam blitzartig die Erleuchtung: Unser Organismus fabriziert Enzyme nach Modellen, die in unseren Genen festgeschrieben sind. Diese Enzyme sind folglich à priori den ursprünglichen Molekülen angepaßt. Sobald man naturfremde Moleküle in den Körper bringt, weiß man nicht recht, was geschehen wird.

Man sagt ja, daß Kochen wertvolle Nährstoffe zerstört.

Natürlich. Bestimmte Moleküle werden durch Kochen völlig unbrauchbar, wie z. B. das Vitamin C. Man hat großen Wert darauf gelegt, das bekanntzumachen, und das ist sogar der Hauptgrund dafür, daß inzwischen viel mehr Rohkost gegessen wird.

Eine der ersten Waffen im Kampf für die Rohkost. Finden Sie nicht, daß das eine gute Sache ist?

Irgendwo mußte man ja anfangen. Leider hat man aus dieser Zerstörung durch Kochen ein solches Schreckgespenst gemacht, daß man darüber schließlich die Hauptsache vergaß. Weil nämlich ein Vitamin-C-Mangel letztlich nicht so schrecklich ist; man kann ihn bei einem gekochten Essen leicht durch einige Kiwis beheben, die zehnmal mehr davon enthalten als Zitronen. Das Problem liegt woanders, nämlich in den leicht beschädigten Molekülen.

Leicht beschädigte Moleküle sollen gefährlicher sein als total zerstörte? Das ist paradox.

Moleküle, die so beschädigt sind, daß sie in unseren Stoffwechsel gar nicht eingehen, können auch keinen Schaden anrichten. Leicht denaturierte Moleküle dagegen können auf dem für die normalen Moleküle vorgesehenen Weg eindringen und dann im Organismus in der Falle sitzen. Stellen Sie sich vor, daß man Ihnen ein Schlüsselbund gibt, um ein Labyrinth zu durchqueren, das aus mehreren sich kreuzenden Gängen besteht, die an jeder Abzweigung jeweils mit einer abgeschlossenen Tür versperrt sind. Was werden Sie tun, um hindurchzufinden? Wenn wir davon ausgehen, daß an der Eingangstreppe mehrere Türen zur Wahl stehen?

Ich werde alle Schlüssel auf gut Glück an den verschiedenen Eingangstüren ausprobieren, bis einer von ihnen schließlich in eine Tür paßt.

Genau, und wenn Sie erst einmal im ersten Gang sind, wird die Tür sich hinter Ihnen wieder schließen. Wie werden Sie weiter vorgehen?

Ich werde wiederum das ganze Schlüsselbund an allen Türen, die ich auf dem Weg finde, durchprobieren.

Sehr gut. Und immer weiter. Auf diese Weise werden Sie der Richtung folgen müssen, die gewissermaßen in Ihrem

Schlüsselbund eingetragen war. So werden Sie dann mühelos zum Ausgang des Labyrinths gelangen. Und genau das passiert, wenn ein Molekül unseren Metabolismus durchquert: Jede seiner Facetten muß genau zu den Molekülen passen, die es nacheinander auf seinem Weg antrifft, so wie jeder Schlüssel des Schlüsselbundes seinem Schlüsseloch entsprechen muß.

Und wenn an meinem Schlüsselbund ein Schlüssel fehlt?

Die Natur hat aufgepaßt, daß alle Schlösser den Schlüsseltypen entsprechen, die es auf dem Markt gibt. Die Enzyme, über die der Organismus verfügt, sind genau so gebaut, daß sie ursprüngliche Moleküle korrekt umformen. Aber Ihre Besorgnis ist gerechtfertigt: stellen wir uns einmal vor, daß Ihr Schlüsselbund ein paar harte Schläge abbekommt. Denn genau das ist es, was das Kochen auf mikroskopischer Ebene bewirkt. Die Erhöhung der Temperatur führt zu einer Beschleunigung der Moleküle.

Bei einem Gas, bei dem Partikel frei sind, leuchtet mir das ein. Aber sind die Nahrungsmoleküle nicht im Nahrungsmittel gebunden?

Alle materiellen Partikel in festen Körpern werden durch eine gewisse Geschwindigkeit bewegt; sie schwingen um ihren Standpunkt wie eine Kugel am Ende einer Feder. Außer am absoluten Nullpunkt, das heißt also bei minus 273°, da würde dann totale Unbeweglichkeit herrschen, und es könnte keinerlei chemische Reaktion erfolgen. Damit es zu einer chemischen Reaktion kommt, müssen die Moleküle sich treffen oder sogar mit genügend starker Energie aufeinanderprallen.

Die lebensspezifischen chemischen Prozesse erfolgen bei Temperaturen zwischen 0 und 40°. Wenn man auf zu hohe Temperaturen erhitzt, kommt es zu anderen Reaktionen: Die Moleküle werden dann mit einer solchen Heftigkeit aufeinanderstoßen, daß sie sich entweder deformieren oder aber aneinanderklammern können oder, ganz unvorhergesehen, in kleine Stücke zerbrechen.

Sie sagen: sich deformieren. Kann das denn die Eigenschaft einer Substanz verändern? Die bloße Tatsache, ein Molekül zu deformieren, ändert doch nichts an seiner chemischen Formel.

Nichts an der Formel, aber an seinen Eigenschaften. Das Molekül, welches Veilchenaroma trägt, beispielsweise, hat die Form eines Sofas. Wenn man es deformiert, indem man sein Innenteil hochschlägt, so daß es die Form eines Bootes annimmt, bekommt es einen Petroleumgeruch. Die Welt der Moleküle gehorcht sehr präzisen geometrischen Gesetzen. Chemische Formeln geben nur einen ersten annähernden Eindruck dieser Formen.

Nehmen Sie einmal Glukose: Man braucht die Form ihres Moleküls nur umzudrehen, wie bei einem Handschuh, den man im Spiegel betrachtet und der plötzlich nicht mehr auf der rechten, sondern auf der linken Hand sitzt. Die symmetrische Glukose, 1-Gklukose genannt, hat genau dieselbe Zusammensetzung wie die d-Glukose, die normalerweise in der Natur vorkommt, aber sie kann von unserem Organismus nicht verwertet werden.

Hatte man deswegen empfohlen, Getreide zu dextrinieren, bevor man es in den Ofen gab?

Auch da hat es in den Köpfen unserer Reformkost-Anhänger wieder einmal ein paar kleine Verwechslungen gegeben. Das Dextrinieren besteht im Abbau von Stärke unter der Wirkung einer Säure. Daraus entsteht Dextrin, eine in der Färbetechnik benutzte Appretur.

Entzieht die Hitze nicht die in der Stärke enthaltene Glukose?

Leider macht sie nicht nur das. Wenn Sie eine Mischung aus Mehl und Wasser kochen, erhalten Sie noch lange keine reine Zuckerlösung.

Nein. So stellt man Kleister her.

Ich sehe, von Chemie verstehen Sie etwas. Stärke entsteht aus Glukosemolekülen, die nach einem präzisen Plan, der ein wenig der Form eines Tannenzweigs ähnelt, zusammengefügt werden. Unter Hitzeeinwirkung brechen alle diese Zweige und klammern sich dann irgendwie aneinander, so daß sie lange, sich kreuzende Ketten bilden, die diese klebrige Konsistenz ergeben. Die Chemiker sagen dazu, daß die Stärke sich polymerisiert hat. Nun, und wenn Sie Brot backen, tun Sie genau dasselbe.

Sie verderben mir den Appetit: Brot, das jetzt Kleister sein soll...

Mit kleinen Kohlendioxydbläschen drin, damit's besser wird. Für unsere Gaumenfreuden hat die Kochkunst an alles gedacht.

Aber kehren wir nochmal in unser Labyrinth zurück. Ein Nahrungsmittel zu garen kommt – auf Molekularebene – auf das gleiche hinaus, wie wenn man die Schlüsselbunde einer riesigen Besuchermenge unseres Labyrinths gegeneinanderstößt, bevor man diese Besucher die Gänge betreten läßt. Wenn der Zusammenprall nicht zu heftig ist, wird das keine nachteiligen Folgen haben. Wenn man aber die Haltbarkeit der Schlüssel überstrapaziert, werden einige sich verbiegen, andere werden entzweigehen, und noch wieder andere werden sich ineinander verhaken, indem der Bart des einen im Ring des anderen hängenbleibt und so weiter.

Mit den Nahrungsmolekülen geschieht das Gleiche. Man darf nicht vergessen, daß Nahrungsmittel zum großen Teil Lebewesen sind oder direkt aus solchen hervorgehen. Die in biologischen Prozessen verwendeten Enzyme wurden vom Leben gewählt, damit sie Temperaturen widerstehen, unter denen diese Prozesse ablaufen. Es gibt überhaupt keinen Grund dafür, warum sie höhere Temperaturen aushalten können sollten. Es ist von vornherein klar, daß einige von ihnen das auch nicht tun.

Bei welcher Temperatur beginnt dieser Abbau?

Man könnte glauben, daß man sehr stark erhitzen muß, da man bei 38° schon bei einer absoluten Temperatur von 310° Kelvin ist. Etwa 30° mehr erscheinen relativ wenig: kaum 10%. Und doch: man weiß, daß bestimmte Enzyme beispielsweise schon bei 59–60° unwirksam werden.

Man hat schon immer gesagt, daß Enzyme besonders empfindlich sind.

Was für Enzyme gilt, kann auf andere Proteine ebenso gut zutreffen, denn Enzyme sind Proteine, oder für jedes andere komplexe Molekül. Wie es scheint, ist der Handlungsspielraum sehr klein.

Ist überhaupt kein Kochprozeß möglich, ohne daß es zu Degradierungen dieser Größenordnung kommt?

Mit dem Kochen will man gerade erreichen, daß Moleküle degradiert werden, denn sonst würden sich Nahrungsmittel ja weder im Geschmack noch in der Konsistenz verändern. Da erinnern Sie mich an die Aufregung eines großen Naturapostels, Besitzer einer Reformhauskette; ich will hier keine Namen nennen. Ich war bei einem Vortrag, den er vor vielen Jahren in Lausanne hielt. Im ersten Teil seiner Ausführungen hatte er seine Zuhörerschaft vermittels superber rhetorischer Höhenflüge davon überzeugt, daß Kochen schädlich sei, indem er sich hauptsächlich auf die Tatsache berief, daß die zur Verdauung erforderlichen Enzyme zerstört würden. Nach der Pause hat er sich dann das in ölbeheizten Backöfen gebackene Brot vorgenommen, um die unvergleichlichen Vorzüge des Holzofenbrotes zu rühmen, ein Verfahren, das seine Fabrikationskette natürlich garantiere. Als dann die anschließende Debatte begann, hob ich die Hand und fragte ganz unschuldig: »Wie denken Sie über die Erhaltung der Enzyme beim Backen im Holzofen?« Der Arme wußte nicht, was er antworten sollte. Seine auf das Geschäft bedachte Frau startete ein Ablenkungsmanöver über die Segnungen von Konfitüre aus Frischobst...

Was sicher ein weiteres Märchen ist?

Die durch Tieffrieren bewirkten Degradierungen des Obstes (das vor seiner Weiterverarbeitung zu Konfitüre bei niedrigen Temperaturen aufbewahrt wird) sind sicherlich nicht so bedeutsam wie die durch Hitze bewirkten. In bezug auf das Kochen besteht allseits eine Art Tabu. Die Tatsache, daß man ein Jahrhundert lang bei der stereotypen Formel von den durch Kochen zerstörten Nährstoffen blieb, die Gefahren der molekularen Denaturierung hingegen, die doch ganz wesentlich sind, völlig verschleierte, zeigt, daß da etwas hakt.

Haben Sie das Buch von Dr. Jackson gelesen, einem der bekanntesten Anhänger natürlicher Ernährungsweise um die Jahrhundertwende? Das ist ein gutes Beispiel für diese Art von Zwiespalt: Der erste Teil des Buches gilt seiner weit ausholenden Beweisführung, nach der der Mensch für Rohkost gemacht ist, und im zweiten Teil dann gibt er ohne weitere Erklärung ein ganzes Repertoire von Kochrezepten: gedünstet, im Wasserbad bereitet usw.

Wenn Ihre Ideen sich allgemein durchsetzen, was wird dann aus all den Kochlehrlingen, wenn sie von der Schule abgehen?

Sie könnten sich immer noch zum Instinktotherapeuten umschulen lassen... Aber nun mal sachte. Es ist nicht meine Absicht, die Gesellschaft zu ändern. Die Kochkunst ist ein großer Stern am Firmament unserer Kultur. Sämtliche Verdauungskanäle der Menschheit sind auf ihn ausgerichtet. Ich ziehe es vor, darauf hinzuarbeiten, die Medizin zu verändern.

Sie sagten aber selbst, daß man, um die Medizin zu verändern, die Gesellschaft verändern müsse.

Wir wollen nicht auf Formulierungen herumreiten. Es ging darum, aus der Sackgasse herauszukommen, in die die üblichen Medikationen geführt haben. Ich denke hier an die theoretischen Irrtümer, die sich in die medizinische Denkweise eingeschlichen haben, denn die Ärzteschaft wie auch die Verfechter der Reformkost sind Gefangene des Dogmas der Kochkunst geblieben. Sie haben nie den im Körper vorhandenen anormalen Substanzen Rechnung getragen. Dabei wäre das ganz einfach gewesen. Jedes Molekül, das die Gänge des Metabolismus betritt, nachdem es zum Teil beschädigt worden ist, läuft Gefahr, dort wie in einer Falle zu bleiben. Dafür reicht es schon, daß die ersten Umsetzungen zwar erfolgen, daß es aber vor dem Enzym, dem es obliegt, es die nächste Etappe durchlaufen zu lassen, scheitert. Alle ähnlichen Moleküle, die die gleichen Mängel aufweisen, werden auf der gleichen Umsetzungsebene blockiert bleiben und sich im Körper ansammeln. Ich verstehe nicht, warum dieser Gedanke den Ernährungswissenschaftlern nicht schon früher gekommen ist. Man weiß doch seit langem, daß der Stoffwechsel aus Enzymen und die Nahrung aus Molekülen gemacht sind.

Wird der Organismus sie nicht nach und nach ausscheiden, wie es bei Ihnen geschah, als Sie Ihre Törtchen ausschwitzten?

Einige ja, andere nein. Die Denaturierung durch Kochen läßt Myriaden von verschiedenen Molekülen in die Assimilation eingehen. Da ist alles möglich. Auf die große Anzahl gerechnet, kann man sich darauf gefaßt machen, daß einige von ihnen nicht eliminiert werden können und so gefährlich im Organismus schmarotzen, daß sie die Gesundheit gefährden können.

Als Claude Bernard sagte, daß die Mikrobe nichts, Resistenz aber alles sei...

...hatte er zweifellos recht. Aber seine Lektion hat keine Früchte getragen, denn man wußte nicht, wodurch sich die Resistenz wirklich verschlechtern konnte. Schließlich haben Pasteurs Thesen gewonnen: Man konzentrierte sich auf Mikroben, Bakterien, Viren, Mykosen und andere Agenzien, die man nur als krankmachend zu bezeichnen brauchte, um das Gefühl zu vermitteln, daß man die Ursache der Krankheiten überhaupt entdeckt habe. Dabei weiß man in Wirklichkeit noch immer nicht, warum dieselbe Mikrobenart sich bei dem einen Individuum vermehrt, beim anderen aber nicht. Man führt die unterschiedliche Virulenz ins Feld, die Vererbung, den psychischen Zustand, aber ich habe wirklich den Eindruck, daß man auf diese Weise die Sache ganz unnötig kompliziert.

Und niemand soll an das Problem der Moleküle gedacht haben...

Offenbar nicht. Am Hauptproblem ist man vorbeigegangen. Wenn meine Ansicht richtig ist, dann wird, denke ich, die Medizin bald umschwenken. Im letzten Jahrhundert hat sie alle ihre Anstrengungen auf die Mikrobe konzentriert. Nun wird sie einen anderen Maßstab anlegen müssen, um zur Ursache der Ursachen durchzudringen. Den Maßstab der Moleküle.

Das ist eine monumentale Umstellung, von der Sie da sprechen, und Sie sagen das alles mit einem ganz entspannten Lächeln...

Ich glaube nicht, daß Wissenschaft und Humor einander widersprechen. In diesem besonderen Fall ist es besser, die Dinge mit einem Lächeln zu nehmen, um nicht an die menschlichen Dramen zu denken, deren Ursache diese Verschleierung gewesen sein könnte.

Hat die Medizin wirklich niemals auf das mögliche Vorhandensein anormaler Moleküle im Organismus hingewiesen?

Nicht auf Moleküle, die durch den Kochvorgang entstehen. Der Gedanke, daß eine funktionelle Störung von einem anormalen Molekül herrühren kann, wurde 1954 von Lynus Pauling, Nobelpreis für Chemie und Vitamin-C-Großindustrieller, geäußert. Er hat effektiv nachgewiesen, daß bestimmte Anämien auf eine Mißbildung des Hämoglobin-Moleküls zurückzuführen sind, wobei diese Mißbildung wiederum auf der schlechten Konstitution eines Enzyms beruht, was das Problem auf einen genetischen Defekt reduzierte. Es war das erste Mal, daß man einen Zusammenhang zwischen Ursache und Wirkung, zwischen molekularer Anomalie und Symptom sah. Pauling prägte den Begriff von der ›Molekularpathologie‹.

Er war also ganz kurz vor dem Ziel.

Seltsamerweise dachte er nur an den Fall, wo die molekulare Transformation infolge einer Anomalie in der Konstitution des Enzyms fehlschlägt, und nicht an den Fall, wo ein Enzym sich an einem anormalen Nahrungsmolekül die Zähne ausbeißt. Auch er hat nicht gewagt, die biochemischen Vorgänge des Kochens in Frage zu stellen. Es läuft immer wieder auf dieselbe Verschleierung hinaus.

Zu der Zeit, damals, war die Genetik auch mehr ›en vogue‹ als die Diätetik.

So ist es. Man war gerade auf dem besten Wege, die DNS zu entdecken, und es war sehr modern, alle physischen Mängel unseren Genen anzulasten. Damals hatte man es nicht nötig, an diese unbequemen kleinen Moleküle in der Art von Maillard & Co. zu denken.

Ich muß sagen, daß ich mich nicht sehr wohlfühle bei der Vorstellung, daß es in meinem Organismus vor kaputten kleinen Molekülen nur so wimmelt. Wenn ich jetzt etwas Gekochtes esse, werde ich jedes Mal das Gefühl haben, daß sich bei mir im Magen etwas verklemmt hat. Mit Ihren Ideen riskieren Sie, eine ganze Menge Leute zu stören. Finden Sie es nicht gefährlich, solche Dinge zu behaupten, ohne einen unfehlbaren wissenschaftlichen Beweis dafür zu haben?

In einem der ersten Vorträge, die ich hielt, um das Bewußtsein der Öffentlichkeit für dieses Problem zu schärfen, wurde ich sehr heftig von einem Arzt angegriffen. Ich hatte schon bemerkt, daß er förmlich kochte, auf seinem Platz in der ersten Reihe, als er sich plötzlich erhob und an das Publikum wandte: »Es ist skandalös, daß solche Individuen in aller Öffentlichkeit Panikmache betreiben dürfen, indem sie von Molekülen sprechen, deren Existenz überhaupt nicht bewiesen ist. Das Kochen bildet einen Teil unseres kulturellen Erbes, und der menschliche Organismus hat sich ganz gewiß schon vor sehr langer Zeit daran anpassen können.« Ich versuchte, ruhig zu bleiben, und als er seine Munition verschossen zu haben schien, antwortete ich: »Theoretisch darf man von der Möglichkeit ausgehen, daß es denaturierte Moleküle gibt, die sich im Organismus ansammeln und dort eine ganze Reihe von Störungen hervorrufen können. Es ist nicht meine Aufgabe zu beweisen, daß es solche Moleküle gibt, sondern die der Medizin, zu beweisen, daß es sie nicht gibt...« Ich sah meinen Gesprächspartner blaß werden und konnte meinen Vortrag dann ungestört fortsetzen.

Sie sind mitleidslos mit der Medizin.

Noch gar nicht genug, um sie aus ihrem Schlaf hochzuschrecken. Manchmal habe ich den Eindruck, daß ich mehr, daß ich eine ganz gezielte Aktion hätte unternehmen müssen.

Geht die Bewegung der Naturheilkundler nicht in die gleiche Richtung?

Letzten Umfrageergebnissen zufolge hat die Mehrheit der Bevölkerung sich für ›sanfte‹ Heilverfahren ausgesprochen, was immerhin zeigt, daß es eine ganze Strömung gibt, die mit der ›harten‹ Medizin nicht zufrieden ist. Unbewußt macht unsere Gesellschaft den Nachfolgern Äskulaps irgendwie Vorwürfe; man weiß nur noch nicht recht, wie man diese nun genau formulieren soll. Ich glaube, es wird nicht mehr lange dauern, bis man merken wird, daß das ganze Denkmodell, auf dem die Medizin ihr Gebäude errichtet hat, falsch ist. Man hat sich die Pathologie wie die Folge zweier gegensätzlicher Kräfte vorgestellt: eine positive Kraft, die Gene, und eine negative, den Krankheitskeim.

Meiner Meinung nach muß man von einem völlig neuen Denkmodell ausgehen, nämlich von den Genen und der Mehrheit der Mikroben auf der einen Seite und den naturfremden Molekülen und anderen Faktoren der Nicht-Anpassung, die das Funktionieren der Maschine stören könnten, auf der anderen.

Für Sie ist der Krankheitskeim letztlich das Molekül und nicht mehr die Mikrobe.

Wenn Sie so wollen. Anormale Moleküle stören das Gleichgewicht zwischen dem Organismus und der Mikrobe. Man hat eilends die Mikrobe angeklagt und hat darüber vollkommen das durch Kochvorgänge bewirkte Schmarotzertum im Organismus vernachlässigt.

In der Naturheilkunde spricht man immerhin schon von der Entgiftung des Organismus. In der Homöopathie verschreibt man toxinische Drainagen. Die Idee von anormalen Molekülen ist also bereits formuliert worden.

Man spürt, daß es sie gibt, ohne nun genau ihre Herkunft erklären zu können. Was zu widersprüchlichen Situationen führt: Man wird Sie drei Wochen fasten lassen, um Sie zu entgiften, und dann wird man Ihnen eine natürliche Ernährung empfehlen: Vollkornbrot, Quark...

Natürlich, wenn Vollkornbrot giftiger als Weißbrot ist und wenn Quark die fremden Moleküle der Milch noch schneller ins Blut gelangen läßt ... dann ist das Ganze nicht sehr gelungen.

Ganz davon zu schweigen, daß es illusorisch ist zu meinen, nach drei Wochen Fasten sei man entgiftet.

Sind Sie auch gegen das Fasten?

Ich bin für ein *instinktives* Fasten. Der Organismus weiß sehr gut, wann er fasten muß und für wie lange. Ein willkürlich beschlossenes Fasten kann schädlich sein. Jedenfalls habe ich in diesen Fällen feststellen können, daß die Instinktotherapie wirksamer ist als eine willentliche Unterbrechung der Nahrungszufuhr: Der Körper scheidet seine Toxine besser aus, wenn er sich aus einer abwechslungsreichen Nahrung frei diejenigen Nährstoffe heraussuchen kann, die ihm im Zuge dieses Giftabbaus etwaige Lücken auszufüllen helfen.

Es heißt aber doch, daß der Körper durch das Fasten gezwungen wurde, auf seine Reserven zurückzugreifen und daß er dadurch die angesammelten Toxine ausscheidet.

Genau da liegt die Gefahr. Man riskiert, daß er wieder Gifte in Umlauf bringt, die er nicht verträgt. Fasten, das ist ein bißchen so, als würden Sie ein Boot mit blockiertem Ruder zu Wasser lassen: Es wird schließlich im Kreis herumfahren. Wenn man das Boot hingegen vom Instinkt leiten läßt, so wird dieser ständig den Kurs korrigieren, alle Klippen umschiffen und sich im Falle eines Sturms nicht so weit hinauswagen. Der Organismus wird sich nur das zumuten, was er vertragen kann... Ich habe noch niemals gesehen, daß er das Gegenteil gemacht hätte.

Ganz abgesehen davon, daß durch Fasten keine Mangelerscheinungen ausgeglichen werden können. Aber ich will gern zugestehen, daß es, bevor man wußte, in welcher Hinsicht die Nahrung Ursache von Vergiftungen sein könnte, noch die beste Methode war, um die tägliche Bombardierung mit anormalen Molekülen zu unterbrechen. Weder die parallelen medizinischen Richtungen, noch die orthogonale Medizin – Pardon, ich wollte sagen, die orthodoxe Medizin...

Sie sind immer noch von der Mathematik geprägt...

...Keine medizinische Richtung, sagten wir, hat bisher die Theorie von der genetischen Anpassung an ursprüngliche Nahrungsmittel klar formuliert. Ob man nun den Weg der Analyse einschlägt oder holistischere Richtungen wählt, die Theorie wird zwangsläufig von dieser anfänglichen Unterlassung im vorhinein belastet sein. Die tragende Säule des Gebäudes der Medizin, die, die sich auf die Biologie stützen müßte, ist im Leeren schweben geblieben. Da braucht man sich nicht zu wundern, daß das Ganze nicht hält...

Trotzdem ist es schade, daß Sie das Vorhandensein dieser anormalen Moleküle im Organismus nicht analytisch beweisen können.

Die Fortschritte der Wissenschaft erfolgen immer in sukzessiven Etappen: Daß es Viren gibt, hatte man schon behauptet, lange bevor man sie im Elektronenmikroskop sah; der Begriff der Gene wurde festgelegt, ohne daß man das Geringste über die DNS-Strukturen wußte, und erst seit kurzem weiß man, wie ein Antikörper gebaut ist. Es braucht sehr lange, bis die technischen Mittel, mit denen man die Existenz eines theoretisch bereits erfaßten Elements effektiv beweisen kann, völlig ausgereift sind. Im Fall der Antimaterie, beispielsweise, die rechnerisch schon 1958 gefunden wurde, hat man mehr als 20 Jahre am Teilchenbeschleuniger gearbeitet, um dann ein paar Partikelchen herzustellen, aber um welchen Kilopreis!

Es darf Sie also nicht erstaunen, wenn im Falle der durch Kochen entstehenden Moleküle die Idee schon vor ihrem Beweis da ist. Was am Anfang zählt, ist zunächst, daß das theoretische Modell logisch ist, daß ihm nichts widerspricht, daß sich durch dieses Modell Phänomene erklären lassen, für die man zuvor noch keine Erklärung gefunden hatte und, vor allem, daß die Phänomene, die es vorauszusehen erlaubt, sich in der Folge auch nachweisen lassen.

Hypothese, Nachweis, Folgerung: Das habe ich im Philosophieunterricht gelernt.

Es ist das ABC jeder Wissenschaft. Und wenn mit einem neuen Denkmodell Leiden verhindert und Krankheiten geheilt werden können, die man anders nicht heilen kann, dann wäre es dumm, darauf zu verzichten. Was zählt, sind letzten Endes nur Tatsachen.

Einige Ärzte haben mir manchmal vorgeworfen, ein theoretisches Gerüst aufzubauen. Ihrer Meinung nach muß sich die Medizin, um nicht Interpretationsfehlern zum Opfer zu fallen, strikt an Tatsachen halten und sich jeder abstrakten Spekulation enthalten. Eben diese Ärzte merken gar nicht, daß sie ja selbst nach einem theoretischen Modell arbeiten, dermaßen hat sich das alles in ihren Köpfen festgesetzt: der Krankheitsbegriff, der Begriff vom Krankheitskeim, vom Medikament, die Definition des Normalen – all das sind Modelle, und hübsch falsche obendrein –, auf die man sich bezieht, um eine Diagnose zu stellen, eine Medikation zu verschreiben, Tod oder Heilung zu prognostizieren.

Keine Wissenschaft kann ohne theoretisches Modell arbeiten. Das hat seinen Grund im Geist selbst, in seiner Funktionsweise. Sobald man der festen Überzeugung ist, sich nicht auf ein Modell zu beziehen, hat man nämlich jeden Abstand zu diesem Modell verloren, das man anwendet, ohne es zu wollen, und dann ist man nicht mehr in der Lage, es in Zweifel zu ziehen. Und das ist zutiefst unwissenschaftlich. Als man damals anfing, von Viren zu sprechen, hatte man von ihrer Existenz keinen anderen Beweis als den der Ansteckungsfähigkeit ihrer Symptome. Was meine ›gekochten‹, wie Sie das nennen, Moleküle anbelangt, so beobachtet man ebenfalls, daß nach Verzehr jeder Art nicht ursprünglicher Nahrungsmittel systematisch eine ganze Reihe von Symptomen auftauchen: Erregtheit des Nervensystems, Katarrhe, Hautausschläge, entzündliche Ausscheidungen, Abschälung, Seborrhöe usw. Die einfachste Hypothese ist die, daß diese vom Organismus zurückgewiesenen anormalen Substanzen mehr oder weniger direkt auch von anormalen Substanzen herrühren, die man in ihn hineingebracht hat.

Das scheint mir in der Tat eine verführerische Vorstellung zu sein. Aber es würde mich trotzdem sehr wundern, wenn die Ärzte Sie besonders ernst nähmen. Vielleicht im Mittelalter...

Ich möchte Sie darauf hinweisen, daß die heutigen Mediziner unfähig sind, die beiden der geläufigsten Beschwerden zu erklären, die bei fast allen Infektionskrankheiten vorkommen: den Katarrh und den Hautausschlag.

Wenn Sie eine hübsche Angina haben und zu Ihrem HNO-Arzt gehen, wird er Ihren Rachen mit seinem Kehlkopfspiegel untersuchen und sagen: »Ich sehe, daß ihre Schleimhaut entzündet ist. Sie ist voller Schleim, der die Infektion in Ihre Bronchien bringen könnte.« Wenn Sie wißbegierig sind, werden Sie ihn fragen: »Wie kommt es, daß meine Schleimhaut einen Schleim produziert, der meinem eigenen Organismus schadet?« Und dieser Mann wird Ihnen antworten: »Ich verschreibe Ihnen ein Antibiotikum, dann geht's Ihnen bald besser.« Diese Art von Schlußfolgerung hat mich noch nie befriedigt.

Die Medizin ist eine Kunst, keine Wissenschaft...

Sagen wir, daß sie die Kunst besaß, sich für eine Wissenschaft auszugeben. Als alter Fuchs der Physik habe ich es nie ertragen können, daß ein Phänomen ohne eine Erklärung bleiben sollte, selbst wenn einige Pillen reichen, um es zum Verschwinden zu bringen. Ich ziehe es – bis zum Beweis des Gegenteils – vor zu behaupten, daß eine Schleimhaut dazu da ist, einen normalen flüssigen und durchsichtigen Schleim abzusondern, der die Oberfläche schützt und sie an ihren Reibungsflächen ›schmiert‹. Dickflüssiger, weißer, gelber oder grüner Schleim, der die Atemwege verstopft, scheint mir anormal zu sein, man muß also nach den Ursachen forschen.

Heißt das, daß die Medizin über die Natur des Schleims nichts weiß?

Wundert Sie das? Nein, diese doch elementarste Sache der Pathologie hat man nie geklärt. Die Medizin weiß nicht, was Schleim ist.

Hat man ihn denn nicht analysiert?

Man hat Kohlehydrate und Eiweiß gefunden. Aber weiter ist man nicht gekommen. Oder auch Hautausschläge: Ein Dermatologe macht zunächst sieben Jahre Allgemeinmedizin und dann noch drei Jahre Spezialausbildung; während dieser lernt er, die Unzahl von Pickeln, die auf dem menschlichen Körper sprießen, beim Namen zu nennen. Wenn er fertig ist mit seinen Studien, weiß er noch immer nicht, was mit diesen Pickeln herauskommt.

Die Erfahrung hat aber gezeigt, daß alle Arten von Katarrhen und Eruptionen in dem Maße verschwinden, wie man die Instinktotherapie praktiziert. Die einfachste Erklärung ist, daß diese Substanzen Restprodukte des Stoffwechsels sind, die von naturfremden Molekülen der geläufigen Nahrung herrühren.

Und warum sollten sie nicht mit den normalen Ausscheidungsorganen eliminiert werden, mit dem Urin oder dem Stuhl?

Weil diese normalen Ausscheidungswege genetisch nicht für die Eliminierung von anormalen Molekülen programmiert wurden.

Das ist logisch. Aber wenn das stimmte, müßte man es doch schon seit langem wissen.

Einleuchtende Erkenntnisse sind schon immer der Stein des Anstoßes allen Wissens gewesen.

Ich bin mal mit dem Chefarzt eines Universitätskrankenhauses aneinandergeraten, der mich einen Analphabeten schimpfte, weil, wie er ins Feld führte, die Darmschranke sowieso gegen unerwünschte Moleküle schütze. Dieser Mann hatte sein ganzes Leben darauf verwandt, krebserregende Substanzen zu untersuchen, und es ist ganz klar, daß die in unserer Nahrung enthaltenen kanzerogenen Moleküle die Darmschranke durchdringen, weil sie ihre Reise ja schließlich in unseren Zellkernen beenden. Er blieb indessen bis zum Ende der Unterredung aufgebracht, und ich hatte mit meiner Theorie nichts erreicht.

Das ist ein gutes Beispiel für eine Verschleierung. Die Tatsache, daß kanzerogene Moleküle von der Nahrung ins Blut übergehen, müßte doch sofort auf den Gedanken bringen, daß andere Moleküle den gleichen Weg nehmen könnten.

Das Vorhandensein kanzerogener Moleküle zeigt ja auch, daß Ihr Modell stichhaltig ist, der Beweis dafür, daß der Organismus an bestimmte Nahrungsmoleküle nicht angepaßt ist, wenn ich das richtig sehe.

So ist es. Man kann sogar ein anderes, noch überzeugenderes Beispiel anführen, aus dem ebenfalls noch niemand entsprechende Folgerungen gezogen hat. Das ist der Fall der 2-Desoxyglukose.

Wie bitte?

Das ist nicht schlimm, Sie werden sehen. Das ist ein Zukker, der in allen Punkten der Glukose ähnelt. Das Molekül ist identisch, außer, daß ihm ein Sauerstoffatom im zweiten Kohlenstoff fehlt (in der Chemie werden die Kohlenstoffatome, welche das Rückgrat des Glukosemoleküls bilden, von 1–6 numeriert). Daher auch der Name 2-Desoxyglukose. Sie sehen, Chemie ist etwas ganz Einfaches...

Ich finde das eher unverdaulich...

Wenn Sie diese beiden Moleküle mit bloßem Auge sehen könnten, würden Sie kaum einen Unterschied feststellen, höchstens gerade eben einen Unterschied in der Oberflächengestalt. Der Organismus unterscheidet sie auch nicht besser. Wenn man Ihnen 2-Desoxyglukose eingibt, werden Sie sie genauso behandeln, wie Sie Glukose behandeln würden. Alle Transport- und Absorptionssysteme, die für die Assimilierung der echten Glukose vorgesehen

Auszug aus:
»Cahiers de nutrition et de diététique«, September 82,
Gründer: Jean Trémolières.
Untersuchung über durch Erhitzen von Öl entstandene Thermo-Oxidationsprodukte und deren Eindringen in die Lymphe usw... S. 139–141

»Das starke Erhitzen von Öl, wie es beim Fritieren geschieht, geht einher mit chemischen Veränderungen der Fettsäuren. Daraus entstehen chemisch neue Arten, die flüchtig oder nicht flüchtig sein können. Darüber hinaus wurde durch Analyse die Gegenwart von Verbindungen gezeigt, die auf Grund ihrer chemischen Struktur potentiell schädlich sein können. Immerhin müssen diese chemisch neuen Arten, nachdem sie vom Organismus aufgenommen wurden, in der Lage sein, die Darmwand zu durchdringen, um in die Lymphe und dann ins Blut dringen zu können, damit ihre potentiell schädliche Wirkung im gesamten Organismus zum Tragen kommen kann. Wir hielten es daher für geboten, die Quoten lymphatischer Absorption der hauptsächlichen nicht flüchtigen chemisch neuen Arten, welche durch fritierte Lebensmittel geschaffen werden könnten, zu vergleichen. Zu diesem Zwecke wurden Ratten, die Träger einer Fistel am Lymphbrustgang waren, entweder mit einem erhitzten Sojaöl gefüttert, welches eine komplexe Mischung chemisch neuer Arten enthielt, oder aber mit einer chemisch neuen Art, deren Struktur genau festlag. Die Lymphe wurde aufgefangen, um ihr die Lipide zu entziehen und diese zu analysieren. Die Untersuchung hat ergeben, daß 53%

sind, werden sich täuschen lassen, so daß Ihre Molekülattrappe ungehindert in ihre Zellen vordringen kann, besonders bis in ihre Nervenzellen, wo das für seine Transformation zuständige Enzym, da es das normalerweise am zweiten Kohlenstoffatom hängende Sauerstoff-

aller aufgenommenen oxydierten Monomere in den folgenden 48 Stunden in der Lymphe nachweisbar waren. Die getrennte Untersuchung der 5 Gruppen mit vorher genau festgelegten Komponenten weisen Quoten eines Übertritts in die Lymphe zwischen 25% und 93% auf.«

...»Wir haben die Absorption von cyklischen Säuren untersucht, indem wir Ratten durch Gastralintubation ein gemischtes Triglyzerid verabreichten, welches entweder eine aromatische Säure oder Cyclohexen enthielt. Diese beiden Säuren sind ausgezeichnete Modelle der Struktur, welche die Fraktion cyklischer Monomere in Fritierölen bildet. Die Menge sämtlicher normalerweise in einem normal erhitzten Fritieröl vorhandenen cyklischen Bestandteile liegt nicht höher als bei 0,2% sämtlicher Fettsäuren des Öls. Bei einer Nährstoffzufuhr dieser Art werden, so zeigen unsere Untersuchungen, 95% der aufgenommenen Cyclohexenverbindung in der Lymphe wiedergefunden. Wenn auch vergleichsweise schwach, bleibt auch die Absorption des Aromaderivats bedeutend (51%).«

...»Es kann ferner nicht ausgeschlossen werden, daß gewisse, durch die Pankreaslipase oder die entsprechenden Monoglyzeride gebildeten chemisch neue Arten innerhalb der Mizellen von Gallensalz besser gelöst und daher auf der Ebene der Darmschleimhaut auch besser absorbiert werden.

Anmerkung: Die vorgebliche Undurchlässigkeit der Darmschranke war kaum mehr als eine intellektuelle Schranke... Und was die durch Erhitzen improvisierten Moleküle und ihre Auswirkungen auf unseren Organismus anbelangt, so ist dieses Problem für unsere heutige Wissenschaft wohl noch immer undurchlässig...«

atom nicht findet, seine Mission nicht erfüllen kann. Sie wird also nicht transportiert werden, und sie und ihresgleichen werden sich in Ihren Zellen akkumulieren und auf bessere Zeiten warten.

Das ist also offiziell anerkannt?

Absolut. Aber die Medizin nutzt diese Eigenschaft der 2-Desoxyglukose zu ganz anderen Zwecken: Mit ihr hofft sie die Geheimnisse der Schizophrenie zu durchdringen. Mit der Akkumulation dieses Zuckers in den Nervenzellen kann effektiv die Überaktivität der verschiedenen Hirnzentren nachgewiesen werden.

Daraus können wir eine grundlegende Folgerung ableiten: Jedes Molekül, das nur einen geringfügigen Unterschied im Vergleich zu einem normalerweise in ursprünglichen Nahrungsmitteln vorhandenen Molekül aufweist, droht in unsere Assimilation einzudringen und an einem bestimmten Punkt seiner Umsetzung plötzlich blockiert zu werden. Wenn es sich im Organismus akkumuliert, kann es so viele Störungen hervorrufen, wie es Körperorgane und -funktionen gibt.

Und das Kochen soll nun die Quelle allen Übels sein, das geliebte Kochen, das man an den Anfang jeglicher Zivilisation stellt...

Wir sprachen vom Kochen und von durch Hitzeeinwirkung denaturierten Molekülen. In Wirklichkeit ist das Problem noch viel komplexer: In jedem nicht ursprünglichen Nahrungsmittel kann es eine gewisse Anzahl von Substanzen geben, an die unsere Enzyme nicht angepaßt sind (da sie erklärtermaßen nur an ursprüngliche Nahrungsmittel angepaßt sind), und daher kann es jedes Mal, wenn wir Tiermilch trinken oder wenn wir Käse oder ein gewürztes Gemüse zu uns nehmen, das unser Instinkt zurückweisen würde, oder wenn wir Obst essen, das nicht Teil unserer naturbestimmten Nahrung ist, zu einer Akkumulation anormaler Substanzen kommen. Selbst wenn man einfach nur die vom Instinkt vorgegebenen Dosen überschreitet, wenn man beispielsweise zuviel rohes Fleisch ißt, dann wird man sein normales Assimilationspotential überschreiten; einige Rückstände können nicht transformiert werden und sich in den Zehen speichern...

Sprechen Sie von der Gicht?

Ihnen entgeht wirklich nichts: die Kristalle, unter denen die Gichtkranken so furchtbar leiden müssen, rühren von einem erhöhten Harnsäuregehalt her, der auf den Proteinstoffwechsel zurückgeht. Ich habe gesehen, daß es allein durch den übermäßigen Verzehr von rohem Fleisch zu Anzeichen von Gicht kommen kann. Den Instinkt zu zwingen, ist nichts Ursprüngliches.

Sie haben grausame Erfahrungen...

Aber ganz unfreiwillig. Von all denen, die die Instinktotherapie praktizierten, haben nicht wenige alle nur möglichen Fehler begangen.

Dann kann also ein mengenmäßiges Zuviel dieselben Ansammlungen bewirken wie qualitative Anomalien?

Es kann in beiden Fällen zu einer Akkumulation kommen; die Folgen werden aber nicht dieselben sein. Wenn bei einer bestimmten Substanz die Normen nur mengenmäßig überschritten werden, machen die angesammelten Nebenprodukte keine allzu großen Probleme, da sie zur Klasse der normalerweise ohnehin vorhandenen Metaboliten gehören; der Organismus wird sie leicht eliminieren können, sobald man wieder zu einer ausgeglicheneren Ernährung übergegangen ist. Ganz anders sieht die Sache bei den Derivaten nicht ursprünglicher Moleküle aus, die im Stoffwechselprozeß ein unbekanntes Schicksal erwartet, da sie nicht zur Menge der genetisch eingeplanten Moleküle gehören. Die Mengenlehre ist sogar auf die Biologie anwendbar.

Schon wieder die Sprache des Mathematikers. Moderne Mathematik zu allem Überfluß!

Man kann sehr gut unterscheiden: einmal den Komplex der ursprünglichen Moleküle und der Stoffwechselabläufe, die genetisch programmiert sind und die seit grauen Vorzeiten dank der weisen Umsicht der Evolutionsgesetze ein harmonisches Ganzes bilden, und dann einen zweiten Komplex, der alle bizarren Moleküle umfaßt, die von unserer mit der Intelligenz aufgekommenen kulinarischen Praxis herrühren, sowie die anormalen biologischen Prozesse, die diese auslöst (einschließlich des mengenmäßigen Übermaßes, weil man gegen den Instinkt gehandelt hat). Dieser zweite Komplex unterliegt natürlich nicht denselben harmonischen Gesetzen wie der erste, da er in der Geschichte des Lebens noch sehr neu ist.

Diese beiden Komplexe überschneiden sich teilweise, denn einige naturfremde Moleküle können trotz ihrer eventuellen Mängel korrekt umgewandelt werden, mit anderen Worten, ihre Schnittmenge ist keine Nullmenge...

Mir tun ja die Ohren weh nach so vielen Begriffen aus der Mathematik! Wo Sie doch ganz genau wissen, daß ich Mathematik nicht riechen kann.

Nicht riechen? Da sind wir nun genau bei dem Begriff, der Ihrem Geruchssinn weh tun müßte. Wenn Sie Mathematik schon nicht riechen können... um wieviel mehr können Sie vielleicht viele Ihrer Mitmenschen nicht riechen...

Der Mythus von Prometheus
(Simultanübersetzung)

Die Menschen (1), die einst die Tafel der Götter (2) teilten, gerieten mit jenen in Hader (3). Prometheus (wörtlich der Vorbedenker oder Vorsorgende) aufgerufen, den Streit zu schlichten, muß die Rolle des Herolds übernehmen, welche in der Welt der Götter gleichzeitig die des Hermes ist. Er ergriff für die Menschheit Partei, wählte einen mächtigen Stier aus und führt ihn für das Opfer herbei. Er teilt aber das Tier in zwei ungleiche Hälften (4): auf die eine Seite legte er, versteckt unter der wenig appetitlichen Haut des Stierbauches, das Fleisch, auf die andere Seite alle Knochen, mit glänzendem und schön anzusehendem Talg bedeckt. Prometheus, der sich die irreführende Aufteilung ersonnen hatte, um die Menschen zu begünstigen, forderte Zeus auf, nach Belieben einen der beiden Teile zu wählen. Zeus durchschaute den Betrug, stellte sich aber unwissend (5) und wählte die nicht eßbaren, unter dem Talg versteckten Knochen (6). Dann aber ergriff ihn ein mächtiger Zorn; um die Menschen, die Komplizen dieses Betrugs des Prometheus, zu strafen, wird er ihnen auferlegen, daß sie sich künftig von Fleisch und Blut ernähren müssen (7). Von nun an waren sie auf immerdar von den unsterblichen Göttern getrennt und hatten kein Anrecht mehr auf die ›Supernahrungsmittel‹ Ambrosia, Nektar und Düfte.

Noch immer voll des Zornes will Zeus auch Prometheus strafen, und er sendet kein Feuer mehr auf die Erde und untersagt den Menschen, es zu nutzen, um damit ihr Fleisch zu garen und sich zu ernähren (8). Da nun beschließt Prometheus, seinen Schützlingen ein zweites Mal zu Hilfe zu eilen. Er raubt Zeus das Feuer, um es den Menschen zum Geschenk zu machen. Dafür stellte Zeus jetzt den Menschen eine furchtbare Falle; er sandte ein Weib, das erste Weib, das es gab, zu ihnen, Pandora mit Namen, was ›die Allgebende‹ (9) bedeutet.

Die Männer empfingen sie mit Freuden, aber sie war ihr Unglück, denn diese begehrenswerte und verführerische und überdies noch neugierige Frau hat nichts Eiligeres zu tun als, kaum daß sie an ihrem Bestimmungsort angekommen ist, den Deckel des Gefäßes zu öffnen, in dem alles Unheil und alle Krankheiten der Welt eingeschlossen waren (10). Seitdem sind die Menschen zu Alter und Tod verurteilt.

– – – –

Die Menschen (1), die bis dahin einer ursprünglichen Nahrung (2) verschrieben waren, begannen die Gesetze der Natur zu mißachten (3). Seit kurzer Zeit mit einer theoretischen Intelligenz begabt, vermögen sie den Genuß vorauszusehen und beginnen, diesen mit allen Mitteln zu suchen. So nehmen sie sich denn ihre Nahrung vor, erwarten sie doch gerade von ihr die größte Befriedigung. Und sie vergnügen sich damit, ihre Eigenschaft zu verändern (4). Sie verstecken sie beispielsweise unter Gewürzen, die einen faszinierenden Geschmack haben, und täuschen damit ihren Ernährungsinstinkt. Zwar wissen sie mehr oder weniger bewußt, in den tiefen Schichten ihrer Intelligenz, daß sie sich damit selbst täuschen, aber sie finden Gefallen an der Sache (5). Indem sie nun ihre Nahrung unter Gesichtspunkten der Gourmandise auswählen, nimmt ihr Organismus Produkte auf, die nicht ihren echten Bedürfnissen entsprechen (6). Wie vorauszusehen, wird die Natur böse: Opfer eines zunehmenden Ernährungsungleichgewichts, müssen sie nun auf Tierfleisch zurückgreifen, um sich mit den unerläßlichen Proteinen zu versorgen (7). Die generelle Überlastung beraubt sie gleichzeitig der Freuden einer ursprünglichen Ernährung, ihr Geschmackssinn reagiert nicht mehr normal, und ihr Geruchssinn verkümmert definitiv.

Die ersten Kochversuche enden in gesundheitlicher Hinsicht katastrophal; die Menschen sind fast nicht mehr in der Lage, sich zu ernähren (8). Mit der allgemeinen Verbreitung der

Kochkunst kommt es schließlich zu einer Gewöhnung, durch die man den Unannehmlichkeiten des Entgiftungsprozesses entgehen kann, wofür sich aber nunmehr denaturierte Moleküle im Körper ansammeln und zu Störungen im Nervensystem und insbesondere im Sexualleben führen (9). Das Bild der Frau und auch ihre familiären Funktionen wandeln sich: Indem sie zur Freude aller die Obliegenheiten des Kochens übernimmt, ohne daß irgend jemand auch nur ahnt, welche Gefahr sich dahinter verbirgt, löst sie die lange Kette all jener Krankheiten aus, die wir kennen (10). Seitdem finden die Menschen es ganz natürlich, ihr Leben in Senilität und durch einen frühzeitigen Tod zu beschließen.

Anmerkung 1: Prometheus ist kein zusammengesetztes Wort. Es kommt aus dem Sanskrit (›Pramantha‹, Stab, der sich dreht (= Feuerreibholz). Die Bedeutung ›der Vorbedenkende‹ oder ›Vorsorgende‹ scheinen die Griechen ihm später gegeben zu haben, und die Feuerszene hätte demnach den Begriff der Vorsorge abstützen sollen. In diesem Sinne wäre die Beherrschung des Feuers effektiv der Ursprung der theoretischen Intelligenz. Hier sei vermerkt, daß nach dem soeben Gesagten das Präfix ›pro‹, das ›vor‹ bedeutet, aus dem Kunstgriff des ›Pramantha‹ hervorgegangen wäre; hinsichtlich der Strukturierung unserer Psyche spricht das Bände...!

Anmerkung 2: Prometheus wurde in Ketten geschmiedet; das Kochen ist nicht mehr rückgängig zu machen.

Anmerkung 3: Ein Adler fraß auf immerdar von seiner Leber: unter der Wirkung der kulinarischen Vergiftung wird der Mensch von ewig unbefriedigten Leidenschaften verzehrt...

Folgerung: Die Mythologie ist der Wissenschaft voraus.

Worauf wollen Sie hinaus?

Da Sie Mathematik nicht riechen können, könnten wir vielleicht von weniger erhabenen Dingen sprechen: von schlechten Gerüchen beispielsweise.

Ich sehe da keinen Zusammenhang.

Das ist noch so ein Tabu unserer kulinarischen Gesellschaft. Aber da wir schon über Diätetik sprechen, sollte man, glaube ich, auch darüber sprechen, daß der Verdauungskanal zwei Extremitäten hat. Wir haben ausführlich erörtert, was an seinem Eingang vor sich geht: an dieser Stelle hat die Natur ihre Einlaßschieber untergebracht. Was geschieht, wenn der Speisebrei seine lange Reise angetreten hat? Jüngste Experimente, die man mit Hilfe von an Fäden befestigten Sonden vornahm, die man Freiwillige schlucken ließ, haben gezeigt, daß die Beförderung durch den Verdauungskanal nicht so verläuft, wie man bisher behauptete. Man hatte geglaubt, daß die verschiedenen Partien des Darminhalts sich ähnlich wie Waggons, aus denen sich ein Zug zusammensetzt, in der Schlange vorwärtsbewegen. In Wirklichkeit überholen sie sich gegenseitig, wie Autos auf der Autobahn.

Kaum zu glauben…

Das stammt diesmal nicht von mir! Aber dazu kann ich Ihnen noch eine ganze Menge erzählen: Die Exkremente des normalen Menschen dürften überhaupt keinen unangenehmen Geruch haben.

Aber es ist doch ganz normal, daß sie schlecht riechen, damit man sie nicht wieder zu sich nimmt.

Die Geheimnisse des Kotfressens sind noch nicht alle geklärt: Bei Hungersnöten heben Gorillas mit zarter Hand das wieder auf, was ihnen normalerweise als Visitenkarte dient, riechen daran und befördern das Ganze für einen zweiten Durchgang wieder in ihr Maul zurück.

Ich würde selbst an der Glaubwürdigkeit derartiger Berichte zweifeln, wenn ich nicht überdies festgestellt hätte, daß die Exkremente aller wilden Tiere absolut geruchlos sind.

Wenn man in Hundekot tritt, dürfte das also überhaupt nicht schlecht riechen?

Der Haushund bekommt nicht gerade ein sehr ursprüngliches Futter. Normalerweise gibt man ihm vom Menü des Herrchens...

Und ursprünglich gefütterte Haustiere hätten demnach einen ganz geruchlosen Kot?

Ich verstehe, daß Sie das überrascht.

Ja aber, dann muß der Mensch ja ganz entsetzlich verkorkst sein.

Wenn das Verkorkstsein im Verhältnis zu seinem Gestank steht, dann gebe ich Ihnen recht. Ich habe selbst lange Zeit nicht glauben können, daß die Exkremente eines korrekt ernährten Menschen überhaupt keinen Geruch haben sollen. Ich habe das aber an einem meiner Kinder nachweisen können, das vom ersten Tage an nach ›Instinkto‹ ernährt wurde.

Vom ersten Tag an?

Ach, von diesem Experiment habe ich Ihnen noch gar nichts erzählt: Es ging darum, herauszufinden, ob der Ernährungsinstinkt erworben oder angeboren ist, das heißt, ob die Geruchs- und Geschmacksmechanismen die

Ernährungsregulierung auf Grund von in der frühen Kindheit erfolgten Lernprozessen gewährleisten oder ob es sich, im Gegenteil, um eine genetische Programmierung handelt. Um das herauszufinden, hatten wir Versuche mit immer jüngeren Babys vorgenommen, und da meine Frau ein Kind erwartete, beschlossen wir, noch vor jedem möglichen Lernprozeß, also noch vor dem ersten Anlegen, einen Versuch durchzuführen.

Es kommt also die Entbindung, es ist ein Mädchen, ein prächtiges Baby von 4 Kilo, meine Frau steht auf, um es zu wickeln, wie es bei Instinkto-Entbindungen üblich ist...

Sie wollen mich doch jetzt nicht die Geschichte von der Negerin glauben machen, die mal kurz von der Karawane weggeht, um ihr Baby zu kriegen, und sie dann im Laufschritt wieder einholt?

Das kommt Ihnen unmöglich vor? Natürliche Entbindungen verlaufen alle nach diesem Muster.

Es kann gefährlich sein, die Mütter zu zwingen, sofort nach der Entbindung aufzustehen.

Sie stehen ja von selbst auf! Auch da lassen wir den Instinkt sich melden. Die Frau, die soeben entbunden hat, spürt gleichzeitig eine neue Energie, die zweifellos dazu bestimmt ist, sich um ihr Baby zu kümmern. Ich habe nie einen Schockzustand beobachten können, der eine besondere Schonung erforderlich machte, wie es bei normalen Entbindungen häufig der Fall ist.

Und das führen Sie auf die Ernährung zurück?

Zu einem großen Teil: die gute Regulation des Nervensystems, das die Wehentätigkeit steuert; das Fehlen von entzündlichen Schmerzen; der perfekt funktionierende

Metabolismus, der nicht durch die übliche Giftlawine gestört ist, und vor allem die Tatsache, daß die Fruchtblase bis zum Schluß heil bleibt.

Die Instinkto-Babys werden mit einer Haube geboren?

Natürlich, da das doch Glück bringt... Im Ernst, man muß sich fragen, warum bei der großen Mehrheit der Tiere bei der Austreibung als erstes immer die Fruchtblase erscheint, nicht aber bei den Menschen. Schon als ich noch jung war, wenn ich die Ferien auf dem Lande verbrachte, war ich stets überrascht, daß immer erst eine Art Blase zum Vorschein kam, bevor das Kalb geworfen wurde. Man hat mir gesagt, das sei normal, und so habe ich es darauf beruhen lassen.

Und bei der Frau wäre das genauso normal.

Wie es scheint, ja. Das im Fruchtwassersack enthaltene Wasser spielt eine entscheidende Rolle bei der Übertragung der von der Kontraktion des Uterus ausgeübten Kraft. Der Druck der Flüssigkeit treibt das Baby nach draußen wie einen Kolben in seinem Zylinder. Wenn das Wasser vorzeitig austritt, wird es für die Frau, wenn sie in den Wehen liegt, sehr viel schwieriger, und vor allem setzen diese zu früh ein, noch bevor der Rest des Gewebes überhaupt bereit ist.

Sie sind dabei, die Geburtshilfe zu reformieren: Normalerweise wird die Fruchtwasserblase in der Annahme geöffnet, daß man damit die Entbindung erleichtere.

Die Entbindung wird dadurch beschleunigt, aber indem man das tut, umgeht man die natürliche Regulierung! Die Austreibung erfolgt dann nämlich überstürzt, daher auch die Gefahr eines Dammrisses. Das ist mittlerweile so klassisch geworden, daß der Dammschnitt sogar schon vorbeugend erfolgt. Normalerweise würde eine Mutter nie einen Dammriß bekommen, es sei denn, ein Riese von 2,50 m hätte eine Pygmäenfrau befruchtet. Das Ernährungsproblem berührt alle lebenswichtigen Funktionen. Es ist nur logisch, daß die Instinkto-Erfahrung, mit der man sehen kann, wie jede dieser Funktionen unter ursprünglichen Bedingungen ablaufen würde, dazu führt, alle Gebiete der Medizin einmal neu zu überdenken.

Und was haben Sie mit Ihrem Baby gemacht?

Keine Angst, nichts Grausames! Im Gegenteil, es war eine ziemlich bewegende Erfahrung, der eine grundlegende Rolle in der Instinkto-Theorie zukommt. Ich sehe noch diesen Winzling auf den Knien meiner Frau, der im Licht einer alten Petroleumlampe die Augen weit aufsperrte. Nicht ohne eine gewisse Besorgnis hielten wir nacheinander alle Früchte, die wir auf dem Tisch hatten, an die Nase des Babys. Keine Reaktion, weder beim Apfel, noch bei der Orange, noch bei der Birne. Als wir bei der Banane waren, öffnet Marielle zu unserer Überraschung den Mund. Wir ziehen die Banane wieder weg, und der Mund schließt sich. Wir halten sie wieder dichter an die Nase, und wieder geht der Mund auf. Nach mehreren Versuchen besteht kein Zweifel mehr daran, daß das Baby völlig kohärent reagiert. Meine Frau kaut ihm also, wie es die Bäuerinnen früher taten, einen Happen Banane vor, und sobald der Löffel dicht an der Nase des Babys ist, öffnet sich das Mündchen, und zu unserer Verblüffung fängt Marielle an zu kauen, ganz bedächtig, als habe sie das schon immer gemacht, und schluckt ihren Happen dann runter. Sollen wir weitermachen oder laufen wir Gefahr, diesen ganz neuen Verdauungskanal mit einer rohen Frucht zu traumatisieren? Es heißt, daß Muttermilch nötig sei, um die Darmflora zu besiedeln...

Marielle schluckt, wieder genau so, einen zweiten, dann einen dritten Happen, bis sie 4/5 der Banane (eine dicke Chiquita) aufgegessen hatte. Den nächsten Löffel lehnt sie ab, der Mund bleibt geschlossen, und bei jedem Versuch wendet sie den Kopf ab. Ich überrede meine Frau, ihr noch einen Löffel in den Mund zu geben, und sofort kommt die cremige Masse wieder heraus, die kleine Zunge funktioniert umgekehrt, wie der Transporteur einer Nähmaschine beim Rückwärtsnähen. Und genau das hatte ich zu beweisen gehofft: Das Programm ist genau koordiniert, sobald der Geruch nicht mehr dazu führt, daß der Mund sich öffnet, läuft der Nahrungsreflex anders herum, so daß die Frucht wieder ausgespien wird.

Und wie hat sie sie verdaut?

Das ist noch nicht alles. Als wir sahen, daß alles ganz normal läuft, probierten wir es mit weiteren Früchten. Marielle ißt mit dem gleichen Appetit eine Viertel Papaya – eine Tropenfrucht mit der Form einer Birne, nur zweimal größer. Ihr Magen muß voll sein. Eine Frage läßt mich indessen nicht los: Kann sich ein Baby dieses Alters schon vom Fleisch eines Tieres angezogen fühlen? Also halten wir ihr an die Nase: ein Stück Fleisch, ein Eigelb, ein Sardinenfilet, eine Auster, andere Meeresfrüchte... Keine Reaktion, außer bei Thunfisch. Der Mund geht ganz weit auf, und schon schluckt dieses Neugeborene munter drei Löffel rohen Thunfischs!

Und wie ist es weitergegangen? Hat sie nicht erbrochen? Keine Koliken gehabt? An Ihrer Stelle hätte ich die ganze Nacht kein Auge zugemacht.

Nicole und ich haben uns mit der Wache abgelöst. Wir hatten alles auf eine Karte gesetzt, und jetzt blieb nichts weiter übrig, als das Ergebnis abzuwarten. Nun, Marielle schlief wie ein kleiner Engel, ohne ein Bäuerchen, ohne Seufzer, ohne irgendwelches Magenkullern. Am nächsten Morgen begann sie zu saugen und verspeiste, außer der

Muttermilch, noch fast eine ganze Mango. Ihre erste Mahlzeit kam zum anderen Ende wieder heraus, gut verdaut, ohne jede Fermentierung...

Und geruchlos?

Ohne den geringsten Geruch. Aber das beschäftigte mich nicht sonderlich, da der Stuhl von Babys in den allerersten Tagen ohnehin nicht sehr schlecht riecht.

Solange sie Muttermilch bekommen.

Solange sie *nur* Muttermilch bekommen. Sobald man ihnen das Fläschchen gibt und sie auf Brei umstellt, muß man sich die Nase zuhalten. Ich erinnere mich noch an die Freuden des Wickeltischs, denn unsere ersten beiden Kinder waren in den Genuß der klassischen Ernährungsweise gekommen: allmähliches Abstillen nach 2–3 Monaten, und mit Trockenmilch und Babynahrung in Gläsern kamen dann langsam, aber sicher auch die schlechten Gerüche.

Und bei Marielle?

Das war die große Überraschung. Wir hatten gedacht, daß ihr Stuhl weniger schlecht als bei ihren Geschwistern riechen würde, und nun konnten wir feststellen, daß er *überhaupt nicht* roch.

Übertreiben Sie jetzt nicht ein wenig im Interesse der Sache?

Überhaupt nicht. Das Geschäftchen eines ursprünglich ernährten Kindes riecht nicht so stark wie die Zellulose seiner Windeln.

Fast unglaublich.

Aber wahr! Schade, daß es noch kein Fernsehen gibt, bei dem zum Bild der Geruch hinzukommt, sonst hätten wir Jacques Martin eine Schocksendung anbieten können.

Ich weiß nicht, ob Ihre Ideen ihn so interessiert hätten. Er soll der Gastronomie ja sehr zugetan sein.

Drei Wochen Instinkto – das ist das beste Mittel, um sich dann mit neuen Kräften auf Hähnchen mit Pommes frites zu stürzen... Das hat noch niemanden umgebracht. Ganz im Gegenteil.

Weil man Ihr System wie eine Art Kur anwenden kann?

Sicherlich. So, wie man fastet, nur daß mein System viel angenehmer ist.

Und es ist unbedenklich, danach wieder auf gekochte Nahrung überzugehen?

Von den Tausenden von Fällen, die ich beobachten konnte, hat man mir noch keinen Fall gemeldet, wo die Rückkehr zur gekochten Nahrung Schwierigkeiten bereitet hätte. Wieder auf rohe Nahrung überzugehen, das ist schwierig! Weil man dazu dann noch mehr Willenskraft braucht als beim ersten Mal. Der Raucher, der ohne Zigaretten auskommen will und nach einer Abstinenzphase wieder rückfällig wird, hat noch mehr Schwierigkeiten, ein zweites Mal davon loszukommen. Genau das passiert bei roher und gekochter Nahrung.

Wer also von Instinkto abgeht, nimmt es sehr selten wieder auf?

Das hängt alles von den psychologischen Faktoren ab, die da im Spiel sind. Wenn man beschlossen hat, sie für immer und ewig zu praktizieren, wird die Tatsache, nicht durchgehalten zu haben, den Willen beim zweiten Anlauf abschwächen. Deswegen empfehle ich auch all denen, die sich dafür interessieren, zunächst mit einem dreiwöchigen Versuch anzufangen, der dann immer noch auf drei Monate verlängert werden kann, wenn man das wünscht. Und wenn diese neue Erfahrung sich als überzeugend herausgestellt hat, einen weiteren Versuch über drei Jahre zu planen. So behält man seine Entscheidungsfreiheit, denn nichts ist schlimmer, als sich als Gefangener eines Systems zu fühlen.

Ich glaube, eine Askese läßt sich leichter ertragen, wenn man weiß, daß sie nicht zu lange dauert.

Und man merkt sehr schnell, daß das Ganze keine Askese ist! Das Wichtigste, um sich dabei wohlzufühlen, ist, den unbewußten Kräften in uns, die uns an unsere Tischgewohnheiten fesseln, so wenig Angriffsfläche wie nur möglich zu bieten. Wir alle haben von frühester Kindheit an unsere Empfindungen, wie Sicherheit, Familienglück, Festlichkeiten, auf die traditionelle Nahrung projiziert. Davon loszukommen, ist genau so schwer wie sich durch Psychoanalyse von einem Vaterbild zu befreien.

Jahrelange Sitzungen auf der Couch müssen also gleich mit eingeplant werden?

Jahrelange Sitzungen am Tisch, was befriedigender und wirksamer ist... Die Umwelt akzeptiert veränderte Nahrungsgewohnheiten viel leichter, wenn es sich um eine zeitlich befristete Erfahrung handelt. Die Widerstände, auf die man stoßen kann, sind so gewaltig, daß es besser ist, sich psychologisch zu wappnen. Der schlimmste Widerstand ist übrigens der eigene, und auch hier ist es wichtig, eine gewisse Strategie zu entwickeln. Allein das Wissen, daß man von seinem Unbewußten manipuliert wird und daß dieses Unbewußte wiederum von gastronomischen Fixierungen manipuliert wird, erlaubt schon, die Dinge mit etwas Abstand zu betrachten und wenigstens ein paar Wochen durchzuhalten.

Das ist eine Frage der Selbstbeherrschung.

Man hat viel weniger Herrschaft über sich, als man glaubt. Die Entscheidungen, die man in vollkommener Freiheit zu treffen meint, entstammen unserem Unbewußten, das von einer Vergangenheit und von einer ganzen Kultur geprägt ist. Wenn wir aus freiem Entschluß zu handeln glauben, bringen wir oft nur einen Willen der Allgemeinheit, Ängste oder Tabus zum Ausdruck, die uns von anderen übermittelt wurden, von einem sozialen Kontext, der seinerseits wiederum seine Wurzeln tief im Irrationalen und im *Präkritizismus* hat. Daher sind wir häufig außerstande, über eine längere Zeit hinweg ein Verhalten durchzustehen, das wir als logisch empfunden und das zu übernehmen wir beschlossen haben. Es braucht nur ganz unvermittelt eine skurrile, aus unseren eigenen opponierenden Schichten kommende Idee aufzutauchen, und schon hat das Pferd uns abgeworfen, uns, die wir uns doch sicher im Sattel wähnten. Es gibt nichts Schwierigeres, als vom Kochen geheilt zu werden.

Was halten Sie denn davon, beispielsweise jedes Jahr eine dreiwöchige Instinktokur zu machen?

Überhaupt kein Problem! Ich glaube, daß das die auf breiter Ebene am besten praktizierbare Lösung ist, und besonders während der Ferien: keine Sorgen mehr mit dem Kochen, keine Restaurantkosten. Beim Camping gibt's nichts Einfacheres: keine Abwäsche, kein Topfschrubben, keine Brandgefahr!

Aber wie macht man es mit dem Einkauf? Wenn man die Auswahl braucht, die ich bei Ihnen gesehen habe...

Wir hier müssen dem Personenkreis, der die Instinktotherapie erlernen will, optimale Bedingungen bieten. Eine möglichst große Auswahl erleichtert das Wiedererwecken des Instinkts. Und außerdem ist diese Auswahl nötig, um dem Organismus möglichst rasch Nährstoffe zu bieten, mit denen Mangelerscheinungen behoben werden können und die erlauben, einen spontanen Heilungsprozeß in Gang zu setzen.

Sie müssen gut unterscheiden zwischen Therapie und Überleben. Kranke, die die Methode bei sich zu Hause anwenden, sollten unbedingt über ein möglichst breites Angebot verfügen. Gesunde aber, die sich mehr einer prophylaktischen Kur unterziehen, kommen sehr leicht mit einer kleineren Palette aus. Es dauert dann nur etwas länger, bis ein Bedarf gedeckt ist. Was die Ferienkur anbelangt, so kann man sich ohne weiteres mit dem Obst und Gemüse begnügen, das man auf den Märkten findet: Fisch, Muscheln, Schalentiere vom Fischhändler...

Und das Fleisch vom Metzger?

Das handelsübliche Fleisch ist für ›Instinktos‹ leider nur selten eßbar: Masttiere bekommen denaturierte Nahrung und speichern wie die Menschen jede Menge anormaler Moleküle in ihrem Gewebe. Die Konzentration von Toxinen kann im Tier letztlich viel höher sein als in seinem Futter.

Dann wird es aber sehr kompliziert, wenn jeder seine eigenen Schafe halten soll...

Für drei Wochen kann man sich mit einer begrenzteren Auswahl begnügen. Auf längere Sicht muß man natürlich eine ganze Reihe von Regeln beachten. Wenn man sie erst kennt und sich ein bißchen umorientiert hat, ist das Problem nicht komplizierter, als für einen normalen, etwas abwechslungsreichen Speisezettel einzukaufen.

Und das ist nicht zu teuer?

Wenn Sie natürlich jeden Tag nur gekochte Kartoffeln essen, werden Sie billiger davonkommen. Aber diese Differenz zahlen Sie mit Ihrer Gesundheit. Ein normal bestückter Instinkto-Tisch kommt nicht teurer als klassische Ernährungsweise annehmbarer Qualität mit ihren Nebenkosten. Und Sie sparen 100% bei Ihren Gas- oder Stromrechnungen!

Was mir sehr zupasse kommt, ist, daß das Kochen wegfällt.

Das verstehe ich gut. Ich höre noch, wie meine Mutter sich über die Sklaverei des Gemüseputzens, des Kochens und der Abwäsche beklagte; darüber, sich jeden Tag aufs neue den Kopf über das nächste Essen zerbrechen zu müssen...

Dabei gibt es auch Hausfrauen, die gern kochen, die sich regelrecht beraubt vorkommen, wenn man ihnen diese Möglichkeit der Selbstbestätigung nimmt. Kochen kann man aus Herrschsucht wie auch aus Liebe oder Pflichterfüllung. Es lassen sich die edelsten Gefühle auf jede beliebige Tätigkeit projizieren: Heldentum auf Mord, beispielsweise, in Kriegszeiten...

Wenn ich Sie recht verstehe, so ist die Arbeit der Köchin ein wenig die Kunst, aus Liebe oder aus Pflichterfüllung zu töten...

Ja, aber auf ganz kleiner Flamme... Jedenfalls ist es eine völlig unnütze Arbeit. Seit wir unser sämtliches Kochgeschirr und ein ganzes Arsenal von Küchengerät, das uns die Schränke vollstopfte, verkauft haben, konnten wir im Haus sogar ein zusätzliches Zimmer einrichten. Meine Frau konnte ihre Zeit mehr den Kindern als dem Herd widmen, sie hat mir bei allen meinen Untersuchungen assistieren können, ganz abgesehen davon, daß sie seit zwanzig Jahren keinen einzigen Kranken in der Familie zu pflegen hatte.

Das ist eine wahre Befreiung der Frau.

Und keine schlecht riechenden Windeln mehr zu wechseln... Tut mir leid, aber wir müssen leider nochmals auf den Geruch von Exkrementen zurückkommen: Der Geruchssinn ist, neben unserem Geschmackssinn, das einzige Sinnesorgan, das uns direkten Zugang zur Welt der Moleküle verschafft...

Ich sehe schon, worauf Sie hinaus wollen.

Ganz früher kosteten die Ärzte vom Urin von Diabetikern, um ihn auf Zucker zu untersuchen. Da man keine anderen Analyseverfahren hatte... Ich meinerseits habe mich mit dem Geruchssinn begnügt, um derartige Anomalien aufzuspüren. Damit bekommt man zwar keine genauen Zahlen, aber qualitativ ist diese Methode sehr viel schneller und sensibler als alle klassischen Laborverfahren... Gewisse Substanzen sind leider geruchlos. Daß man nichts riecht, heißt also noch lange nicht, daß es nichts aufzuspüren gäbe. Wenn dagegen ein Geruch spürbar wird, kann man sicher sein, daß auch eine Substanz vorhanden ist.

In einem widerlich riechenden Stuhl wären demnach anormale Rückstände aus der Verdauung denaturierter Nahrungsmittel.

Das Problem verkompliziert sich dadurch, daß die Bakterien der Darmflora Substanzen abgeben, die ebenfalls schlecht riechen. Es ist aber nicht normal, daß sich diese Bakterien vermehren; wenn sie es doch tun, ist das wiederum nahrungsbedingt; sei es durch nicht ausbalancierte Kost, sei es durch anormale Moleküle.

Und so kann man davon ausgehen, daß ein schlechter Geruch auch immer ein Signal für eine Ernährungsstörung ist. Wenn es ganz bestialisch stinkt, müssen diese Störungen schon gewaltig sein. Das kann ich an meinen Schweinen beobachten: bei einer einfachen Unausgewogenheit, wenn sie beispielsweise zuviel Obst und nicht genügend Gras bekommen, wie es im Winter mal vorkommen kann, haben ihre Exkremente einen leicht säuerlichen Geruch, nicht unangenehm, er erinnert nicht entfernt an das Wort Sch... Wenn der menschliche Stuhl widerlich riecht, so zeugt das offenbar von einer anormalen molekularen Störung durch gekochte Nahrungsmittel oder durch den Verzehr von fremden Nahrungsmitteln, wie Tiermilch. Schweine, die mit Kartoffelsuppe, Molke oder dem Abwaschwasser der Restaurants gemästet werden, schlagen in dieser Beziehung übrigens alle Rekorde!

Sie züchten auch Schweine?

Das ist mit das beste Fleisch. Das Warzenschwein gehört zweifellos schon seit langem zur Nahrung der Primaten.

Und Sie haben keine Angst vor Bandwürmern?

Ein Bandwurm ist lang, aber nicht gefährlich. In Wirklichkeit sind es Trichinen, die die Gesundheit gefährden könnten. Wir lassen regelmäßig Kontrollen vornehmen. Aber bei Instinkto gibt es nie irgendwelche Parasiten.

Glauben Sie, daß das Verbot des Alten Testaments...

Moses kannte die Instinktotherapie nicht. Sein Volk aß auch Schweinefleisch, und vielleicht hat er Gesundheitsstörungen beobachtet, gerade weil diese Tiere Küchenabfälle einer immer mehr denaturierten Kost bekamen. Seit der Sintflut hat die hebräische Küche immer mehr Fortschritte gemacht...

Übrigens hat man in Frankreich früher empfohlen, Kleinkindern Schinken zu geben: Nur Schweine lebten in der Natur, ihnen waren die großen Eichenwälder reserviert (Eicheln fressen sie am allerliebsten), so daß es sogar verboten war, dort Holz zu sammeln. Die Ökologie stammt nicht erst von heute...

Hat rohes Schweinefleisch nicht einen sehr ausgeprägten Tiergeschmack?

In der normalen Schweinezucht ist es Vorschrift, die Eber zu kastrieren, weil ihr Fleisch sonst einen nicht zu ertragenden Geruch nach männlichem Tier hätte. Anscheinend geraten die für die Produktion der Sexualgerüche bestimmten Drüsen unter der Wirkung dieser Lawine denaturierter Moleküle völlig durcheinander und verpesten das ganze Körperinnere mit ihrer Sekretion. Mit unserer Methode ist zwischen dem Fleisch der männlichen und der weiblichen Tiere praktisch kein Unterschied festzustellen.

Sie können sich unsere Schweine gern ansehen, es sind prächtige Tiere; ihr Geruch ist angenehm und zieht nicht in die Kleider wie der von auf herkömmliche Weise gefütterten Tieren.

Und die Menschen? Sie hätten demnach überhaupt keinen Körpergeruch?

Überhaupt keinen unangenehmen Geruch. Das ist bei allen möglichen Gelegenheiten sehr angenehm; ich hatte immer einen Horror vor den schweißgewürzten ›ich liebe dich‹. Apropos, ich habe einen Freund, der einmal ganz nahe an einen wilden Gorilla herangelangt ist. Dieses Tier roch, so schien es ihm jedenfalls, ganz eindeutig nach Maiglöckchen.

Sie werden die Parfumfabrikanten ruinieren...

Ich weiß nicht, wer überraschter war: mein Freund über den Geruch des Gorillas oder der Gorilla über den Geruch des Menschen. Denn die Körperausdünstungen eines Zivilisierten übertreffen bestimmt bei weitem die von sämtlichen Gen-Beständen der Schöpfung vorgesehenen Normen.

Und das käme wirklich nur von der Ernährung?

Bei ursprünglicher Ernährung stellt man fest, wie allmählich alle Körpergerüche verschwinden: die Achseltranspiration, der Geruch von Haaren, die eine Wäsche nötig hätten, von in Schuhen eingesperrten Füßen und... naja. Ich glaube, man kann eine ganz einfache Gleichung aufstellen:

anormaler Geruch = anormale Substanzen.

Und unsere Nase hätte also die Aufgabe, uns Moleküle zu signalisieren, die in unserem Körper nichts zu suchen haben?

Es hat mich immer gewundert, daß dieses bizarre Organ, das der Liebe Gott uns mitten ins Gesicht pflanzte, von den Gerüchen des Körpers belästigt werden soll, zu dem es gehört. Das ist gegen die Evolutionsgesetze. Jede Ursache für einen Zeitverlust muß es hinnehmen; von der natürlichen Auslese eliminiert zu werden.

Des Rätsels Lösung war so einfach, daß ich nicht darauf gekommen war: Jeder anormale Geruch signalisiert eine Anomalie. Aber das ist noch nicht alles: In dem Maße, wie der Körper sich entgiftet, kann man die Gerüche der eliminierten Substanzen immer besser unterscheiden. Am Anfang ist es einfach eine Mischung aller möglichen Substanzen, entstanden durch die Bombardierung mit aus dem Kochprozeß stammenden Molekülen, die aus dem Organismus herausbefördert werden. Danach klärt sich die Lage.

Soll das heißen, daß ich nach und nach die Gerüche der gekochten Gerichte herausfinden kann, die je meine Nasenflügel erbeben ließen?

Genau. Diese und weniger verlockende... Ich entdeckte dieses Phänomen zum ersten Mal an meinem Sohn Christian. Eines Tages, da war er kaum sechs Jahre alt, rief er mich und sagte: »Papi, ich habe Himbeeren im Ohr.« Ich dachte erst, er fabuliere, aber da er darauf beharrte, hielt ich meine Nase ganz dicht an sein Ohr. Und dem entströmte ganz unzweifelhaft ein köstlicher Himbeerduft. Ich holte also mit einem Wattestäbchen etwas Ohrenschmalz heraus und legte es in eine kleine, hermetisch abschließende Plastikdose. Und jedes Mal, wenn ich sie öffnete, nahm ich wieder diesen Geruch wahr, der so konzentriert war, daß man ihn ohne weiteres einordnen konnte: es war der typische Geruch von Himbeerkonfitüre. Ich unterbreitete mein Muster mehreren Freunden, die alle die gleiche Diagnose stellten.

Ich vermutete zunächst, es handele sich um von den Ohrenschmalzdrüsen auf Grund eines übermäßigen Verzehrs von Obst eliminierte Moleküle. Aber da sich dieses Phänomen nicht mehr wiederholte, selbst nicht bei größeren Rationen roher Himbeeren, kam ich nicht hinter das Geheimnis. Bis zu dem Tag, an dem meine Frau sich daran erinnerte, vor der Geburt Christians mehrere Monate bei ihrer Großmutter gewesen zu sein. Diese hatte sie mit Himbeerkonfitüre dermaßen vollgestopft, daß sie sich zum Schluß allein schon beim Geruch der Konfitürebrote übergeben mußte.

Und Sie denken, daß sich die Trägermoleküle dieses Aromas in einem solchen Maße akkumuliert hätten, daß sie in den Fötus überdrangen?

Das erschien mir unwahrscheinlich. Und doch roch dieses Ohrenschmalz ganz genau wie die Himbeerkonfitüre, mit den Kernen gekocht, also nicht Gelee, die meine Frau damals gegessen hatte.

Und die ohne umgesetzt worden zu sein so pur wieder herausgekommen wäre, daß man noch erkennen konnte, was es mal war...? Jetzt kann ich Ihnen nicht mehr recht folgen.

Wenn der Körper eine Substanz eliminiert, setzt er damit einen biochemischen Prozeß in Gang, der sich an eine bestimmte Klasse von Molekülen wendet. Es ist letztlich also gar nicht so erstaunlich, daß diese Moleküle zusammengenommen wieder auftraten, ohne daß ihr Geruch sich mit dem anderer Moleküle gemischt hätte. Als unser erstes Erstaunen sich gelegt hatte, konnten wir eine ganze Reihe von Beobachtungen anstellen, die alle in die gleiche Richtung liefen, und durch Vergleiche wurde für uns dann zur Gewißheit: der Organismus eliminiert über alle nur möglichen Ausscheidungsorgane Substanzen, die direkt oder indirekt von denaturierten Nahrungsmitteln herrühren, die manchmal Jahre zuvor aufgenommen worden waren. Und wenn er sie eliminiert, so heißt das, daß er gesättigt ist davon...

Glauben Sie, daß anormale Moleküle durch die Plazenta dringen können, um sich im Körper des Fötus anzusammeln? Das scheint mir etwas an den Haaren herbeigezogen.

Sie können auch den Weg über die Muttermilch nehmen. Haben Sie noch nie sagen hören, daß manche Mamas eine schlechte Milch haben? Was die Durchlässigkeit der Plazenta anbelangt, so möchte ich Ihnen etwas über einen hochwissenschaftlichen Versuch erzählen, dessen Ergebnis 1982 veröffentlicht wurde (also 15 Jahre nach meinen Vorahnungen...): Man erhitzt eine Mischung aus Wasser, Traubenzucker und Lysin zwei Stunden bei 90°.

Das ist wirklich das einfachste Kochrezept, das man sich denken kann: ganz gewöhnlicher Zucker und ein ganz einfaches Protein, wenn ich so sagen darf (in Wirklichkeit ist Lysin eine der zwanzig Aminosäuren, aus denen sich die vom Leben verwendeten Proteine zusammensetzen). Danach gibt man das so erhaltene Absud im Verhältnis 1:6 dem Futter trächtiger Ratten bei. Ergebnis: 2 auf 3 Embryos gehen ein, die anderen sind schlecht entwickelt, sogar schwere Anomalien wurden beobachtet (aus dem Nabel tretender Darm). Sie können mir glauben, es besteht kein Zweifel darüber, daß die Maillard-Produkte durch die Plazenta dringen.

Wirklich beängstigend, wenn das schon bei einer so einfachen Substanz wie der Verbindung von zwei Molekülen der Fall ist.

Vorsicht: die Glukose- und Lysinmoleküle können sich nicht nur in einer einzigen Art und Weise kombinieren. Jede Verbindung kombiniert sich ihrerseits wiederum mit anderen in der Mischung enthaltenen Molekülen, so daß man also durch das Kochen von zwei einfachen Molekülen eine ganz unwahrscheinliche Reihe von Substanzen erhält, wie sie verschiedenartiger überhaupt nicht sein können.

Ja aber, wenn man dann ein Nahrungsmittel kocht…

Dann ist das noch viel schlimmer, weil man dem soeben gezeichneten Bild noch ebenso viele Bilder hinzufügen muß, wie es zu Beginn dieses Prozesses Paare von Elementen gibt, die sich ihrerseits wiederum untereinander kombinieren werden. Da braucht man sich nicht zu wundern, daß die Ernährungswissenschaftler es vorziehen, lieber nicht zu sehr daran zu denken. Sonst könnten sie nämlich bis ans Ende ihrer Tage Moleküle untersuchen, von denen jedes einzelne pathogen zu sein droht…:

Jetzt verstehe ich schon besser, warum die genetische Anpassung an gekochte Nahrung Ihnen unmöglich erscheint.

Ich jedenfalls finde es weniger gewagt, sich wieder an rohe Nahrung anzupassen.

Aber wozu sollte es gut sein, seine Ernährungsweise umzustellen, wenn man doch schon dreißig Jahre lang seinen Organismus geschädigt hat?

Weil, wenn Sie ihn weitere dreißig Jahre lang schädigen, Ihre Stunde vor der Zeit schlagen wird.

Sie sind der Meinung, daß der Tod dann eintritt, wenn der Organismus mit anormalen Molekülen gesättigt ist?

Sie brauchen nur kritisch an den Geruch alter Leute zu denken, dann wissen Sie, was ich meine.

Ist das nicht eine Frage der Hygiene? Früher hat man sich weniger geduscht...

Ich hatte einen ziemlich alten Patenonkel, der mir in sehr schlechter Erinnerung ist. Jedes Mal, wenn ich in seine Nähe kam, zog er mich an den Haaren, richtig unangenehm war das. Das war der erste Grund, mich immer auf Distanz zu halten. Der andere Grund war der Geruch, der von ihm ausging, ein Geruch nach lauter ranzigen Komponenten. Dabei fehlte ihm durchaus nicht der Sinn für Hygiene. Übrigens bot er mir immer eine Vesper an, Kleingebäck, Salzstangen, Brezeln und anderes Backwerk, all das, was so seine tägliche Kost ausmachte. Ich hatte natürlich nie einen Zusammenhang gesehen zwischen dem Nebengeschmack dieser Backwaren und der Geruchskulisse, die mir immer schon einen Schmerz an meinen Haaren ankündigte.

Und Sie glauben, daß das molekulare Schmarotzertum im Organismus soweit gehen kann, daß es lebenswichtige Funktionen gefährdet?

Wissen Sie, was Mohammed über den Tod sagte: Jeder Mensch betritt diese Welt mit einem bestimmten ihm zugeteilten Quantum Nahrung, und ist diese aufgebraucht, so stirbt er.

Mit anderen Worten, man gräbt sein eigenes Grab – mit den Zähnen...

Auszug aus ›Cahiers de nutrition et de diététique‹,
März 1982, Gründer: Jean Trémolières.
›Toxizität von Maillard-Produkten für den Embryo‹.
J. Lederer und A. Dushimimana, S. 36–37

1975 haben Adrian und Susbielle nachgewiesen, daß der Zusatz von Prämelanoiden, erhalten durch Erhitzen von Glykokoll bei Anwesenheit von Glukose, für den Embryo toxisch sind. Werden 16,5% dieses Produkts dem normalen Futter trächtiger Ratten beigemischt, so verringerte sich die Anzahl der Jungen von 9 auf 5 je Brut, und das Gewicht der Jungen ist geringer als das von Jungen einer Mutter, die normal gefüttert wurde. Angeborene Anomalien wurden allerdings nicht festgestellt.

»Chelius und Mitarbeiter und Stegink und Pitkin fanden im fötalen Blut Prämelanoide, wenn sie der Mutter diese parenteral verabreicht hatten. Die Plazenta-Schranke ist für Prämelanoide folglich durchlässig.«

»In Anbetracht der Bedeutung von Lysin im biologischen Wert von Proteinen haben wir dem Futter trächtiger Ratten 16,5% des durch Erhitzen von Lysin in Gegenwart von Glukose erhaltenen Produkts beigemischt.«

Heute, am Ende des 20. Jahrhunderts, würde ich eher sagen, daß man es mit seinem künstlichen Gebiß gräbt!

Dieses Wort des Propheten bekommt einen ganz konkreten Sinngehalt, wenn man sich vergegenwärtigt, daß sich die Moleküle denaturierter Nahrung zu einem gewissen Prozentsatz im Körper akkumulieren; und die kritische Schwelle ist effektiv dann erreicht, wenn der Organismus nach Maßgabe der genetischen Bedingungen eines jeden Einzelnen eine im voraus festgesetzte Menge aufgenommen hat. Das zeigt auch, wie wichtig Genügsamkeit ist.

»Wir erhitzen eine äquimolekulare pastose Lösung zwei Stunden bei 90° C; unter diesen Bedingungen waren ungefähr 50% der Komponenten indisponibel geworden.«

»Das Produkt hat sich aus folgenden Gründen als für den Embryo toxisch herausgestellt:

1. Die Anzahl der Embryos hatte sich von 9,80 auf 3,75 je Brut verringert.

2. Es war zu einer Gewichtsabnahme der Embryos bei gleichzeitiger Gewichtszunahme der Plazenta gekommen. Wäre die Gewichtsverminderung einfach nur die Folge einer unzureichenden Ernährung gewesen, hätte die Gewichtsverminderung sowohl beim Embryo als auch der Plazenta auftreten müssen, wie Külher und Mitarbeiter bei der Ratte und Lechting und Mitarbeiter bei der Frau feststellten.

3. Es kam zu einem Fall von Omphalozele. Das ist jedoch eine sehr schwere Mißbildung, die bei der Ratte bisher nur in folgenden Fällen beobachtet worden war:

- bei Trypanblau, durch Gillman und Mitarbeiter
- bei schwerem Mangel an Folsäure, durch Nelson und Mitarbeiter
- bei hochdosierten Salicyliden durch Warkany und Takacs
- bei Streptonigrin durch Warkany und Takacs.«

Ist dieses Modell nicht etwas sehr vereinfachend? Schließlich sind wir doch keine Mülleimer, die man nach und nach mit Abfall füllt...

Wenn die obere Grenze einer bestimmten Konzentration anormaler Moleküle erreicht ist, kann unsere DNS die biochemischen Abläufe, von denen unser Leben abhängt, nicht mehr fernsteuern. Stellen Sie sich vor, Sie hätten ein Aquarium mit Goldfischen und jemand erlaubte sich einen schlechten Scherz und schüttet eine Handvoll Sägemehl hinein. Ihre Fische werden immer noch problemlos schwimmen und ihre Nahrung finden können. Wenn man aber jeden Tag noch eine Handvoll hinzugibt, wird der Moment kommen, wo die armen Viecher Wasserflöhe und Holzplättchen nicht mehr voneinander unterscheiden können und ihre Kiemen verstopft werden. Das etwa geschieht, wenn unsere Chromosomen sich in einem mit anormalen Stoffwechselabbauprodukten übervollen Plasma bewegen müssen.

Und wie viele anormale Substanzen braucht der Körper, bis der Tod eintritt?

Die tödliche Dosis ist ganz gewiß für jede Art von Parasitenmolekülen ganz unterschiedlich, und je nach Fall werden sich auch dort wieder die verschiedenen Wirkweisen kombinieren, so daß man nicht ohne weiteres Zahlen nennen kann. Dieses Problem übertrifft alles, was man sich vorstellen kann. Nur als Hinweis kann ich Ihnen den Fall eines der giftigsten Proteine nennen, die man kennt: das Gift einer Bakterie, die sich in Konservenbüchsen entwickelt (Clostridium botulinum) und die bakterielle Lebensmittelvergiftung verursacht. Es reichen zwanzig Millionstel Milligramm dieses kleinen Wunders an molekularem Mechanismus, damit Sie in 48 Stunden k. o. sind.

Ist das tödlich?

Es gereicht den Konservenbüchsen zur Ehre. Diese Mikrobe hat die Freundlichkeit, sich nicht zu entwickeln, wenn Sauerstoff vorhanden ist, so daß sie in natürlichen Nahrungsmitteln zwangsläufig auch nicht vorkommen kann.

Und das äußert sich...

...mit einer ganzen Reihe von Beschwerden, die zu Lähmungen der Extremitäten und schließlich der Atemzentren führen.

Sie tun wahrhaftig alles, um mich zu traumatisieren.

Es kann nur gut sein, zu wissen, welche Überraschungen aus einer Konservenbüchse kommen können. Letzten Endes reicht schon weniger als ein Molekül pro Körperzelle, um die Maschine zum Stehen zu bringen. Das sind Mengen, die durch Analysen nicht feststellbar sind.

Ich hoffe, daß nicht alle denaturierten Moleküle so giftig sind.

Zum Glück nicht. Aber bei der Nahrungsmenge, die man im Laufe seines Lebens zu sich nimmt, muß man sich auf allerlei Verdruß gefaßt machen, selbst mit Toxinen, deren Wirksamkeit milliardenfach schwächer ist.

Nennen Sie mir ein paar Zahlen, ich will wissen...

Ich will Sie noch ein bißchen weiter traumatisieren. Bis Sie am Ende Ihrer Lebenserwartung angelangt sind, werden Sie, wenn man von zwei Kilogramm täglich ausgeht, an Ihren Darmzotten die hübsche Menge von 56 Tonnen Lebensmittel vorbeiziehen lassen haben.

Dann reicht also schon eine unendlich kleine Menge anormaler Moleküle, um zur Katastrophe zu führen.

Genau das wollte ich Ihnen zeigen. Wenn man davon ausgeht, daß ein Molekül ab einer 50-Gramm-Dosis tödlich ist, so wird klar, daß im Prinzip der Bruchteil von einem Millionstel in der täglichen Nahrung schon reicht.

Eine so verschwindend kleine Menge läßt sich durch Analysen aber nur sehr schwer nachweisen. Wenn man beispielsweise von den Komponenten des Speisezuckers eine Bestandsaufnahme macht, ist man schon sehr zufrieden, auf etwa ein Zehntausendstel genau zu sein.

Ich glaube, das ist auch der Grund dafür, daß unsere Chemiker sich dieses Problem nie bewußt machten: Es handelt sich um Phänomene, die mit den üblichen Untersuchungsmethoden unerkannt bleiben. Wenn es noch darum ginge, bekannte Moleküle zu suchen, könnte man wie bei den Pestiziden zum Beispiel auf die Gas-Chromatographie zurückgreifen. Hier aber handelt es sich darum, Moleküle aufzuspüren, die man noch gar nicht kennt, so daß man ihr Vorhandensein auch gar nicht vorhersehen kann.

Weil noch nie jemand das Problem einer Nicht-Anpassung der Enzyme an naturfremde Moleküle formuliert hat?

Ganz genau! Das hat man alles im Niemandsland des unendlich kleinen Vernachlässigbaren untergebracht.

Wenn ich also an meinem Brotkanten knabbere, dann gerate ich da an die in ihrer Mehrheit assimilierbaren Moleküle, welche den Ernährungswissenschaftlern erlauben, seinen Kalorien- und Glukosegehalt zu berechnen, und daneben auch an einen ganz kleinen Prozentsatz gefährlich denaturierter Moleküle, die dem Auge des besten Spezialisten der analytischen Chemie entgehen.

Der Analyse der Instinktos entgehen sie aber nicht, da man sie noch Jahre später im Stuhl, im Schweiß oder in Exsudaten jeder Art findet.

Da ist noch etwas, was mich beschäftigt: Wenn der Stuhl noch eine so lange Zeit, nachdem man von der üblichen Nahrung abgegangen ist, einen widerlichen Geruch hat, dann muß man doch davon ausgehen, daß die Darmwand verkehrt herum arbeitet...

Gut geraten. Der Darm ist nicht nur ein Absorptionsorgan, sondern auch ein wichtiges Ausscheidungsorgan, das unliebsame Substanzen eliminieren soll. Man hat nachweisen können, daß die Darmwand Stoffe aus dem Blut in den Stuhl passieren läßt, und zwar mit Hilfe eines Versuchs, der die Gegner der Vivisektion seinerzeit empören mußte. Man hat einen Hund so operiert, daß mit einer Darmschlinge eine geschlossene Schleife gebildet und die beiden frei gebliebenen Teile wieder zusammengefügt wurden, so daß die Stoffwanderung des Tiers normal weitergehen konnte. Zwei Tage später war die im Moment des Eingriffs leer gewesene Schlinge wieder voller Substanzen...

Beinahe hätte ich wieder gesagt: kaum zu glauben.

Man rechnet, daß 50% der Fäkalien sich aus Stoffen zusammensetzen, die durch die Darmwand erneut umgesetzt werden. Das lernen Medizinstudenten schon im zweiten Jahr. Man braucht sich also nicht darüber zu wundern, daß unser Organismus diesen Weg wählt, um Moleküle hinwegzubefördern, die er gern loswerden möchte. Und umso mehr, als die aktive Fläche, wenn man alle Darmzotten und Mikrozotten der Zellen rechnet, etwa 300 m^2 beträgt.

Das ist eine riesige Eingangstür.

Und Ausgangstür! Verstehen Sie, warum Verstopfung so gefährlich ist? Sie bremst die Ausscheidung von Schadstoffen und erhöht deren Konzentration im Blut.

Das ist eine Frage, die mich sehr interessiert: Mit Ihrem System hat man in dieser Hinsicht keine Probleme?

Da können Sie ganz beruhigt sein; die hartnäckigsten Verstopfungen sind in wenigen Tagen behoben. Instinkto nimmt dieses Problem sogar als erstes in Angriff, denn wenn der Darm nicht funktioniert, klappt nichts, weder die Assimilation noch die Ausscheidung schädlicher Rückstände. Es gibt übrigens eine Frucht, der in diesem Zusammenhang eine wichtige Rolle zukommt. Das ist die Kassie, eine Art Hülsenfrüchtler. Sie wächst an einem Baum bzw. dem Sennastrauch und hat röhrenförmige fingerdicke Früchte, die 30–40 cm lang werden. Im Innern befinden sich kleine Scheibchen, die in ein schwarzes Mus eingebettet sind. Man kann sie morgens, anstelle eines Frühstücks, lutschen. Wenn man Kassie braucht, schmeckt sie nach Lakritze oder Schokolade.

Sie frühstücken nicht?

Wir haben morgens nie Hunger.

Dabei empfehlen die Ernährungswissenschaftler doch, den Tag mit einem guten Frühstück zu beginnen. Wenn Sie mir schon meinen Milchkaffee und die Croissants nehmen... könnte ich das denn nicht wenigstens durch ein Stück Obst ersetzen?

Sie werden sehen, daß Sie, sobald Ihr Darm von den Schlacken Ihrer gewöhnlichen Nahrung befreit ist, keine Lust mehr haben werden, vormittags etwas zu essen.

Und die Glukosezufuhr?

Sofern Sie sich sonst nicht gerade, sobald Sie aus dem Bett springen, Insulin spritzen, haben Sie genügend Kohlenhydrate in Reserve, um bis zum Mittag durchzuhalten. Sogar noch eine ganze Weile länger, wenn es sein müßte. Die Stoffe, die durch Ihren Darm wandern, diffundieren die ganze Zeit über Glukose. Sogar im Grimmdarm noch treffen sie dann auf Bakterien, die Enzyme produzieren, welche in der Lage sind, etwa 50% der Pflanzenfasern zu verdauen (die für unsere eigenen Enzyme unverdaulich sind). Da der Stofftransport zwei bis drei Tage dauert, haben Sie Spielraum. Von dem in Leber und in den Muskeln gespeicherten Fett und dem für große Hungerszeiten vorgesehenen Fett ganz zu schweigen.

Mir knurrt aber jeden Morgen vor Hunger der Magen, und das wird immer schlimmer, wenn ich nüchtern bleibe.

Das hat mit Hunger nichts zu tun. Es zeigt nur an, daß Ihre inneren Organe Opfer einer Überbeanspruchung sind und ihre nächtliche Entgiftungsarbeit noch nicht abgeschlossen haben. Wenn Sie dann Ihre leckeren Croissants essen, verschwindet dieses Hungergefühl; daraus schließen Sie, daß Sie Hunger hatten und daß es völlig richtig war zu essen. Dabei tun Sie in Wirklichkeit nichts anderes, als diese innere Reinigung zu blockieren, indem Sie Ihre Organe wieder auf Verdauung ›umschalten‹.

Das stimmt. Wer fastet, spürt keinen Hunger mehr; ich habe mich immer gefragt, wie das möglich ist. Also deswegen, weil das hungrige Magenknurren aufhört, wenn man sich nicht länger vergiftet?

Sobald man aufhört mit dieser kulinarischen Bombardierung, können die inneren Organe endlich aufatmen. Das gilt für Instinkto genauso wie für das Fasten.

Unsere Kochkunst befördert uns also noch in einen weiteren Teufelskreis: Sie verursacht eine Vergiftung, die ein falsches Hungergefühl auslöst, das uns wiederum veranlaßt, mehr zu essen und so weiter?

Leider! Und das ist bedauerlich! Für unsere Gesundheit und wegen des Hungers in der Welt, da auf diese Weise überall auf unserem Planeten Nahrung vergeudet wird.

Wenn man bedenkt, daß es heißt, die Menschheit habe überhaupt nur durch das Kochen überleben können…

Das Gegenteil ist wahr. Das Kochen hat die Menschen gefräßig gemacht. Es hat sie dahin gebracht, die ursprüngliche Vegetation auszurotten, um überall Getreide anzubauen. Und der Dung, den man heute in den Boden gibt, ist dermaßen gespickt mit denaturierten Stoffen, daß er langsam den Humus verunreinigt.

Und das Problem der Hungersnot in der Dritten Welt?

Wenn die Menschheit bei ihrer Ernährung die Urgesetze respektieren würde, ließe sich dieses Problem leicht lösen.

Wenn man Obst liebt, liebt man den Baum, dann hegt und pflegt man seinen Obstgarten. Unter der Herrschaft gekochter stärkehaltiger Nahrungsmittel aber ist Obst in den Rang eines Appetithäppchens verwiesen worden; es kommt uns ›konsistenzlos‹ vor, es füllt uns nicht den Magen und verkorkst uns den Darm.

Ich war bestürzt zu sehen, wie in Afrika, nach Einführung des Manioks*, der Obstbaum von den Eingeborenen vernachlässigt wurde. Die schwarzen Kinder vertragen nicht einmal mehr reife Mangos, dermaßen übersättigt sind sie mit Glukose; sie mögen sie lieber, wenn sie noch grün sind, und schlagen sie gegen den Baumstamm, um sie etwas mürber zu machen. Und die guten ausgereiften Früchte lassen sie auf dem Boden liegen.

Wenn man sich in der Welt auf das Obst rückbesinnen würde, könnten wir sehen, wie auf den Flächen, mit

---

* tropische Kulturpflanze, aus deren Wurzelknollen die Tapioka gewonnen wird.

denen durch unsere intensive Landwirtschaft Raubbau getrieben worden war, wieder tausenderlei Arten von Obstbäumen gepflanzt würden, so daß sich im Frühling ein einziger Garten vor uns ausbreitet, voller Blumen und Düfte, und die Bienen könnten uns Berge von Honig liefern...

Das wäre also ein richtiger Garten Eden?

Dieses Truggebilde existiert nicht ohne Grund im kollektiven Unbewußten.

Aber die Erträge würden doch nie reichen, um die gesamte Menschheit zu ernähren!

Was weiß man wirklich darüber, seien wir doch ehrlich! Genau hat das noch nie jemand ausgerechnet, was auch gar nicht einfach wäre, denn da gibt es eine ganze Reihe von Faktoren zu berücksichtigen. Auf den ersten Blick aber glaube ich, daß wir alle dabei sehr viel gewinnen würden. Besonders auf dem Gebiet der Proteine, wo die größte Gefahr eines Mangels besteht: Man könnte riesige Flächen für die Viehzucht retten, denn man könnte ohne weiteres alle möglichen Tiere unter den Bäumen weiden lassen: Das Gras würde automatisch gemäht, das Fallobst weiterverwertet, der Mist würde ganz automatisch verteilt und die Bäume düngen, die Hühner pickten die Insekten auf, die sich in dem Kot entwickeln; sie würden die Larven und Raupen vernichten und mit ihrer Hilfe köstliche Eier produzieren! Man brauchte keine Kühe mehr zu melken, sondern ließe die Kälber einfach bei der Mutter.

Man wagt gar nicht daran zu denken; es würde unsere gesamte Agroökostruktur völlig umkrempeln...

Gestatten Sie mir jetzt mal eine Gegenfrage: Wohin führen denn diese Strukturen?

Ich glaube nicht, daß sie so ›wirtschaftlich‹ sind, wie immer behauptet wird. Man errechnet sich kurzfristig phantastische Erträge. Aber man vergiftet den Boden mit zweifelhaftem Dünger, man stört ein natürliches Gleichgewicht durch einen absolut reglementierten Anbau, man legt ihn frei, die Erosion tut ein Übriges... Unter dem Vorwand, es sei zu unserem Überleben notwendig, zerstört man den Humus, die unersetzliche Quelle allen pflanzlichen und tierischen Lebens...

Um dann was zu bekommen: soundso viele Tonnen Brot oder gekochte Kartoffeln pro Quadratkilometer, um noch länger die Gesundheit der Menschenmassen zu ruinieren, die sich in die Städte geflüchtet haben, angewidert von diesem sich wie toll gebärdenden Gewerbe und von dem, was man sich schon kaum noch Erde zu nennen getraut...

Ein einziger Mann auf seinem Traktor beackert 50 Hektar im Jahr, während 50 Leute ihre Zeit damit zubringen, diesen Traktor in Fabriken herzustellen, ihn zu verzollen, mit Steuern zu belegen, in den Statistiken zu führen. Wir wundern uns über die Landflucht: Die Liebe zum Diesel hat die Liebe zur Erde ersetzt, die Auspuffgeräusche übertönen den Vogelgesang, und die schädlichen Abgase füllen die Lunge... Wenn sich wenigstens der Geldbeutel füllen würde! Aber selbst das klappt nicht: Geldentwertung, Steuern, Wucherzinsen belasten das Budget. Was also bleibt denn dann von all diesen Mühen und Plagen... Wäre es nicht viel schöner, Bäume zu beschneiden, sich ins Gras zu legen, während man seine Tierherde überwacht...

Ich habe festgestellt, wie sich in mir und bei allen, die auf ursprüngliche Nahrung umgestiegen sind, ein tiefer Wandel vollzogen hat: Die Liebe zur Frucht läßt die Liebe zur Erde wieder aufleben, man spürt eine ganz neue Ehrfurcht für natürliche Werte; einen Baum zu fällen empfindet man wie eine Verletzung, Bulldozer und Mähdreschmaschinen werden zu wahren Monstern. Wenn alle

Menschen sich der Natur gegenüber wenigstens wieder ein bißchen behutsamer, ein bißchen aufmerksamer verhalten würden, ich glaube, dann brächte man es nicht mehr fertig, unseren Planeten so zu zerstören, wie es gegenwärtig geschieht.

Glauben Sie, daß eine veränderte Ernährungsweise reichen würde, um die Situation zu ändern?

Liebe geht durch den Magen. Die Liebe zur Erde ebenfalls! Man müßte sich schon die Augen zuhalten, um nicht zu sehen, daß das heute gültige System mit seiner Flucht nach vorn, zu immer mehr Wachstum, am Ende nur zu einem Sturz führen kann, der sehr schmerzhaft zu werden droht. Und ich glaube, daß man daran nur dann etwas ändern kann, wenn man den Menschen an seiner Basis ändert. Und die Basis des Menschen ist seine Nahrung, ist sein Instinkt.

Ich glaube, ich hörte Sie vorhin sagen, daß menschlicher Dung den Boden verunreinigen könnte.

Das ist eine der fatalen Auswirkungen des Kochens. Die denaturierten Moleküle, die Tag für Tag den Verdauungstrakt der vier Milliarden ›bekochten‹ Esser verlassen, plus die ihrer Haustiere, verbreiten sich im Ackerboden und in den Flüssen...

Aber mit den Kläranlagen gewinnt man heute doch den größten Teil organischer Materie wieder zurück...

Um daraus bergeweise sterilisierten und gepreßten Unrat zu machen, den man dann als organischen Dünger wieder auf den Feldern ausbringt... Wir werden dem niemals entkommen: Die Nahrung, die wir essen, muß wieder in die Erde zurück. Und solange wir unsere Nahrung denaturieren, denaturieren wir die Erde.

Glauben Sie nicht, daß die durch Kochen denaturierten Moleküle im Humus degradiert werden? Ist die Bodenmikroflora an denaturierte Moleküle nicht besser angepaßt als wir? Die Sonne brennt doch schon seit Urzeiten ganz unbarmherzig auf den Boden.

Es ist immer wieder dasselbe Problem: Die meisten der dem Humus durch Düngen zugeführten Moleküle werden perfekt abgebaut, man wird den Eindruck haben, daß es mit dem besten aller Dünger zum besten steht, wie Candide sagen würde. Dabei aber entwischt eine kleine Minderheit von Molekülen den im Milieu verfügbaren Enzymen, akkumuliert sich und vergiftet langsam den Humus. Wenn man einmal die Milliarden von Menschen rechnet, von denen jeder einzelne im Laufe seines Daseins 'zig Tonnen organischer Substanz verunreinigt hat, und das geht nun schon seit etwa zehntausend Jahren so, dann wird Ihnen klar, daß da schon einiges zusammenkam, um den biochemischen Gehalt sämtlichen auf der Erde verfügbaren Humus zu verändern. Ich habe das Gefühl, daß man dieser langsamen Verunreinigung, die schon lange vor der chemischen Umweltverschmutzung einsetzte, die schleichende Verschlechterung der Gesundheit unserer Pflanzen zuzuschreiben hat: kryptogame Krankheiten, Parasitosen, Virosen, die sich von Jahr zu Jahr weiter ausbreiten. Auf diesem Gebiet bleibt für die Forschung noch ein weites Betätigungsfeld. Und dabei hat man geglaubt, das Problem in den Griff zu bekommen, indem man die chemische Umweltverschmutzung anprangert...

Und wenn man dazu noch mit den Auswirkungen einer tausendjährigen Aufheizung infolge unserer Küchenfreuden rechnen muß...

...der Sie noch die Auswirkungen der Luftverseuchung hinzuzählen dürfen: Die Feuerstellen der einzelnen

Haushaltungen, die mehrere Stunden täglich angezündet sind, die Waldbrandwirtschaft, das Abbrennen von Stroh und was seit den Anfängen des Neolithikums derlei Praktiken mehr sind, all das entzieht dem Boden die ihm zustehende organische Materie, um sie als Teer und Asche in die Luft zu blasen. Rechnen Sie sich mal diese Menge aus: Wenn jeder Mensch pro Tag ein Kilo Brennstoff verbrennen muß, um sein Essen zu kochen, dann macht das für das letzte Jahrhundert:

100 x 365 x 3000000000 Individuen, das ergibt im Durchschnitt also ungefähr 100000 Milliarden Kilogramm verbrannter Materie, deren Rauch sich in der Atmosphäre verteilt hat.

Das entspricht einem riesigen Vulkanausbruch, wie man ihn seit Menschengedenken noch nie erlebt hat. Wozu seit geraumer Zeit noch der Rauch der Fabrikschornsteine, der Auspuffgase, der Heizungen der privaten Haushalte, die toxischen Derivate der Raffinerien kommen... und dann wundern wir uns, wenn der Himmel jedes Jahr etwas grauer wird!

Ja, man sollte wirklich meinen, daß die strahlenden Sommertage mit einem tiefblauen Himmel immer seltener werden.

Es heißt, früher habe man, wenn man in einen Brunnen hinabstieg, die Sterne am hellichten Tag sehen können...

Ich möchte nochmal auf das Problem der Überheizung der Böden zurückkommen. Hat wirklich noch nie jemand auf diese Gefahr aufmerksam gemacht?

In der ganzen wissenschaftlichen Bibliographie habe ich nur eine einzige Veröffentlichung gefunden, die aus dem Jahre 1947 stammt: Ein Amerikaner namens Pottenger hat in zehn Jahren 900 Katzen aufgezogen; die eine Hälfte mit rohem, die andere Hälfte mit gekochtem Fleisch. Er wollte die Auswirkungen des Kochens auf die allgemeine Pathologie dieser Tiere beobachten.

Sehen Sie, das Problem gekochter Nahrung ist also doch schon mal formuliert worden.

Ja, aber das ist schnell wieder in Vergessenheit geraten. Vielleicht weil der Versuch Pottengers rein empirischer Art geblieben war. Er war nicht auf der Grundlage einer Theorie geplant worden, sondern kam durch ein Zusammentreffen zweier Ereignisse zustande. Dieser Wissenschaftler untersuchte nämlich an den Katzen zunächst die Auswirkungen einer operativen Entfernung der Nebennieren. Es war die große Zeit der Entdeckung des Kortisons. Er arbeitete schon seit mehreren Jahren auf diesem Gebiet, aber plötzlich vertrugen die Tiere die chirurgischen Eingriffe viel besser, und die postoperative Abnahme der Mortalität konnte mit nichts anderem als der veränderten Ernährungsweise erklärt werden: am Anfang bekamen die Tiere Fleischreste des Campus*, also gekochtes Fleisch. Eine Vergrößerung des Tierbestandes hatte dann aber dazu geführt, daß man auf die Dienste des nächsten Metzgers zurückgreifen mußte, das Fleisch wurde nun also roh verfüttert... Und plötzlich nahmen Pottenger und sein Team einen Versuch größeren Ausmaßes in Angriff, um die unterschiedlichen Auswirkungen gekochter und roher Nahrung nachzuweisen.

Das ist doch genau das, was Sie brauchten!

Leider dachten sie nicht einen Moment an das Postulat der genetischen Anpassung an ursprüngliche Nahrung. Sie gaben ihren Versuchskaninchen ergänzend noch eine gewisse Menge Kuhmilch, was die Auswertung der Ergebnisse sicherlich komplizierte.

---

* Gesamtanlage einer Hochschule, Universitätsgelände

Aber worauf warten Sie denn, um diesen Versuch zu wiederholen?

Auf die nötigen Subventionen! Ich habe schon mehr als tausend Mäuse gezüchtet, habe sie seziert, alle ihre Organe in Spiritus gelegt in der Hoffnung, die zur Untersuchung der Mikroskopschnitte nötigen Mittel aufzutreiben, denn das kostet ein Vermögen. Bisher ist aber nichts gekommen. Aber ich hoffe weiter...

Und die Ergebnisse Pottengers?

Seinem Bekunden nach aufsehenerregend! Sie erlaubten zum ersten Mal, die Auswirkungen der Denaturierung durch Hitzebehandlung aufzuzeigen. Die Katzen, die gekochtes Fleisch bekommen hatten, wiesen praktisch alle Anzeichen der Humanpathologie auf: Rachitis, Kieferdeformationen, Rheumatismus, Infektionen, Fehlgeburten, Schwierigkeiten beim Säugen, Aggressivität, Tuberkulose, vorzeitige Senilität, Herzinfarkte usw. usw....

Aber warum hat man da nicht die Öffentlichkeit alarmiert?

Das war kurz nach dem Krieg. Damals war es wichtiger, sich den Magen überhaupt füllen zu können, als ernährungswissenschaftlich herumzuexperimentieren. Noch 1960, als ich mit meiner eigenen Methode begann, wurde jede Lehre, die etwas mit dem Essen zu tun hatte, wie eine Aggression empfunden.

Aber wieso hatten die Wissenschaftler nicht soviel Verantwortungsbewußtsein, solche Fakten der breiten Öffentlichkeit zugänglich zu machen?

Das rührt doch an Fragen des Berufsethos oder des Verbrechens gegen die Menschheit...

Die Wissenschaftler können nur Informationen verkaufen, die man ihnen abzunehmen geneigt ist. Ich habe das am eigenen Leibe zu spüren bekommen. Ich habe beispielsweise versucht, einige wissenschaftliche Zeitschriften zur Veröffentlichung eines Artikels über den veränderten Gehalt mit Cosin* färbbarer Leukozyten zu bewegen, der sich mit ursprünglicher Ernährungsweise beobachten läßt. Das ist immerhin eines der Hauptthemen im Kampf gegen den Krebs; aber meine Beobachtungen waren zu ungewöhnlich, als daß man gewagt hätte, sie zu veröffentlichen. Ich finde übrigens, daß Pottenger seiner Pflicht voll genügt hat: Er hat einen sehr kompletten Artikel veröffentlicht. Nur war der Rest der Fachwelt nicht aufgeklärt genug, um sich der Frage dann anzunehmen: Man mußte entweder beweisen, daß Pottenger sich getäuscht hatte oder aber, daß er die Dinge richtig sah, und in diesem Falle hätte man das Thema weiterentwikkeln müssen. Aber seine Beobachtungen waren für viele zu unbequem.

Er war seiner Zeit zu sehr voraus. Ihnen wünsche ich mehr Glück!

Es scheint sich zu machen... Übrigens habe ich Ihnen von diesem Versuch erzählt, weil man damit noch eine zusätzliche Erkenntnis gewonnen hatte, die genau zu unserem Thema paßt: Als diese Versuche beendet waren, wurde das Gelände, auf dem die Katzen umhergelaufen waren, in ein Gemüseanbaugebiet zur Versorgung der Kantine umgewandelt. Aber da kamen dann Reklamationen: Dort, wo die Erde mit dem Kot der Katzen gedüngt worden war, die Gekochtes gefressen hatten, wiesen die Erbsen einen Nebengeschmack nach Katzen-A-a auf, während die des anderen Geländes völlig normal schmeckten.

---

* roter Farbstoff

Das läßt sich sehr leicht erklären, wenn man davon ausgeht, daß bestimmte denaturierte Moleküle des gekochten Fleisches in die Exkremente übergegangen waren, ohne normal abgebaut worden zu sein, und von der Erde wiederum in die Pflanzen – auch da wiederum, ohne weiter abgebaut zu werden.

Wenn man diese Art von Bodenverschmutzung zuläßt, riskiert man also einen Bumerang-Effekt: die Pflanzen werden uns ihrerseits vergiften, selbst wenn wir beschließen, sie roh zu essen?

Wir laufen sogar Gefahr, daß es zu einer Kettenreaktion kommt, wie bei der chemischen Pollution. Sie haben vom Quecksilber gehört, von dem sich ein wenig in jedem Glied der Nahrungskette konzentriert, vom Plankton bis hin zu den großen Fischen, um am Ende dann in den menschlichen Organismus zu gelangen. Wer erinnert sich nicht an die armen japanischen Fischer, die das mit ihrem Leben bezahlen mußten. Dieses Drama hätte uns eine Lehre sein müssen. Was für das Quecksilber zutraf, kann sich bei jedem nichtabbaufähigen Molekül wiederholen, das in die Stoffwechselprozesse des ökologischen Systems gelangt.

Leider will es der heute herrschende Modus in der Forschung, daß man nur von dem zu sprechen wagt, was durch Analyse nachgewiesen wurde. Diese Art von Forschungsarbeiten aber ist sehr teuer, und man führt sie erst dann durch, wenn der Schaden da ist. Und da die Vergiftung der Bodenflächen, wie wir sie vermuten, nicht mehr rückgängig zu machen scheint, wird man sie erst dann berücksichtigen, wenn es zu spät ist.

Sie sind wahrhaftig nicht lustig, heute abend…

Nehmen Sie's nicht tragisch; das kommt nur daher, daß ich daran denken muß, daß Erbsen dann nie mehr ihren ursprünglichen Geschmack haben werden... dabei gehören sie zu meinem Lieblingsgemüse. Mit der Zeit wird Gemüse nämlich fast so gut wie Obst.

Das kann man sich kaum vorstellen. Mir kommt alles Gemüse entweder fade oder zu streng im Geschmack vor: Salat, Fenchel, Kohl, Lauch, Chicoree. Sie werden doch nicht sagen, daß Chicoree irgendwie gut schmecken kann; ich habe ihn immer völlig langweilig gefunden.

Glauben Sie das nicht! Er kann duften wie eine Blume und so köstlich wie eine Frucht schmecken. Aber manchmal braucht es ziemlich lange, bis man dahin kommt, vor allem, wenn Sie früher viel gekochten Chicorée gegessen haben.

Ich war immer ganz wild auf gedünsteten Chicoree, mit einem Scheibchen Speck umwickelt.

Den konnte ich als Kind nicht ausstehen. Ich schob ihn auf dem Teller hin und her, und sobald meine Mutter sich umdrehte, warf ich ihn in den Mülleimer. Vielleicht esse ich ihn deswegen heute so gern roh. Ich konnte systematisch beobachten, daß Menschen, die viel gekochtes Gemüse gegessen haben, bei rohem Gemüse lange blokkiert bleiben. Wahrscheinlich ist der Organismus mit denaturierter Molekülen verstopft, die die entsprechenden Stoffwechselabläufe blockieren, und dann lehnt der Instinkt das rohe Gemüse ab, als könnte es sich nicht anpassen.

Jedenfalls kann Gemüse nie so köstlich sein wie Obst.

Gorillas tun sich an wildem Sellerie gütlich: Würde Obst ihnen besser schmecken, warum sollten sie sich dann damit geplagt haben, Kräuter zu kauen! Der Instinkt sorgt für das entsprechende Gleichgewicht zwischen Obst und

Gemüse, indem er nach Maßgabe des Säure-Basen-Gleichgewichts des Organismus und seines Bedarfs ganz allgemein mal dem Obst und mal dem Gemüse den Vorzug gibt. Da man früher mehr gekochtes Gemüse aß als Obst, stellt man am Anfang mit schöner Regelmäßigkeit eine Präferenz für Obst fest. Aber es gibt auch noch eine andere Ursache für diese mangelnde Symmetrie: Gemüse wird seit Jahrhunderten unter Gesichtspunkten ausgewählt, es gekocht zu essen, Obst dagegen, um es roh zu verzehren: Man wählte also im allgemeinen mildes Obst, aber ein strengeres Gemüse, damit es nach dem Kochen wenigstens noch ein Minimum an Geschmack hat. Aus diesem Grund neigt man immer dazu, zuviel Obst und nicht genug Gemüse zu essen, was zu einem mißlichen Ungleichgewicht führen kann. Das ist einer der Punkte, bei dem es am Anfang die meisten Umstellungsschwierigkeiten gibt. Man muß für jedes gewählte Produkt die Geschmacksskala neu einstimmen.

Dann ist Instinkto in der Theorie zwar sehr einfach, aber letztlich doch sehr schwierig in die Praxis umzusetzen?

Es ist so einfach, daß man es nicht einmal einem Tier zu erklären braucht. Aber die Menschen sind eben so kompliziert, daß sie nicht ohne eine ziemlich lange Zeit der Umkehrung und der Umgewöhnung des Instinkts davonkommen...

Wie lange rechnen Sie für diese Umgewöhnung?

Unter richtiger Anleitung reichen wohl drei Wochen. Das ist nicht übermäßig viel, verglichen mit den dreißig Jahren, die man wider die Natur erzogen wurde, macht das nur ein Fünfhundertzwanzigstel der Zeit aus.

Und wenn man ganz allein damit beginnt, so wie Sie es getan haben?

Ich habe noch niemanden gesehen, der es ohne die erforderliche Einweisung geschafft hat. Wir haben ja selbst Jahre damit verloren, im Dunkeln zu tasten, bis wir dann das herausgefunden haben, was man den ›Instinkto-Zustand‹ nennen kann. Also das normale Gleichgewicht seiner Funktionen und der Psyche. Wenn man dieses Gleichgewicht erst einmal gefunden hat, ist alles viel einfacher. Dann merkt man nämlich, was man jedes Mal verliert, wenn man einen Fehler macht. Es kommt zu einer gewissen Selbsterziehung.

Sie geben Kurse?

Ja, zweitägige Wochenendkurse. Früher hatte ich noch gehofft, daß man mit einem Tag theoretischer Unterweisung auskomme, aber nach wiederholten Fehlschlägen empfehle ich jetzt lieber einen zweitägigen theoretischen Einführungskurs, an den sich ein dreiwöchiges Praktikum mit täglichem Seminar anschließt.

Man muß sich also auf eine sehr ernsthafte Lehre gefaßt machen? Auf den ersten Blick scheint das so einfach zu sein, alles roh zu essen . . .

Da erinnern Sie mich an eine Geschichte, die man den jungen Konservatoriumsschülern zu erzählen pflegt: Ein kleiner Junge sitzt im Konzertsaal, wo sein großer Bruder, der schon ein sehr guter Geiger war, auf dem Podium ein Konzert gibt. Ein Herr, der das neben ihm sitzende Kind zum Musizieren ermutigen will, beugt sich zu ihm herunter und fragt: »Und du, spielst du auch so gut Geige?« Worauf der Junge ohne mit der Wimper zu zucken antwortet: »Ich weiß nicht, ich habe es noch nie probiert.« Man darf sich keinen Illusionen hingeben: Wenn ich Ihnen zeige, wie man auf dem Violoncello eine Tonleiter spielt, wie man den Bogen halten muß, wohin man die Finger setzt, werden Sie sehr schnell erfaßt haben, worin die Kunst des Instrumentalisten besteht. Aber wenn Sie versuchen, dem Instrument die ersten Töne zu entlocken, werden Sie nur ein schauerliches Gequietsche zuwege bringen. Mit Instinkto ist es fast ähnlich: Die Grundlagen hat man schnell erfaßt, weil sie sehr einfach sind. Aber in der Praxis werden Sie dann feststellen, daß die einfachsten Dinge schon recht kompliziert sind...

Was kann passieren, wenn man es nicht richtig macht?

Man verliert vor allem Zeit. Bei gewissen Krankheiten kann dies entscheidend sein.

Und wenn ich gesund bin?

Dann werden Sie nicht durchhalten. Sie werden beim Essen nicht die gewohnte Befriedigung empfinden. Kaffee, Croissants, Törtchen, die geliebte Brandade*...

Die liebe ich wirklich über alles.

Sie sehen, ich habe ein gutes Gedächtnis. Kurz, all die feinen Gerichte von damals werden ständig um Sie herumtanzen und schließlich Ihre besten Vorsätze hinwegfegen. Das ist ein bißchen so, als wollten Sie losreiten, ohne zuvor eine gute Gleichgewichtshaltung eingenommen zu haben. Versuchen Sie nur einmal, weiter seitlich zu sitzen, einige Grade neben der Vertikalen, da werden Sie nicht einen Kilometer weit kommen, und dann wird Ihr Kreuz nicht mehr mitmachen. Dann sind sie ganz schnell wieder in der Vertikalen –, aber unter dem Pferd.

Da ist übrigens noch etwas: Sobald Sie Ihrem Organismus und seinen Funktionen wieder etwas normalere Bedingungen verschaffen, wird er im Galopp auf alle möglichen Entgiftungsprozesse zupreschen.

---

* Provenzalisches Stockfischgericht

Das ist genau das, was ich von der Instinktotherapie erwarte.

Sie haben recht. Es gibt keinen anderen Weg, die wahre Gesundheit wiederherzustellen, als sich von den anormalen Stoffen zu befreien, die die Abwehrlage des Organismus stören.

Alles andere ist nur eine auf Symptome ausgerichtete Medizin.

Einverstanden. Aber mit einer Einschränkung: Wenn ein Symptom alarmierend wird, wäre es unsinnig, nicht auf das zurückzugreifen, was die Medizin an Sinnvollem zu bieten hat.

Aber woher soll man wissen, was sinnvoll ist und was nicht?

Das Problem stellt sich mit Instinkto nicht mehr auf die gleiche Weise: die Entgiftungsreaktionen des Körpers bleiben absolut unter Kontrolle. Wenn Sie ihn, nachdem eine solche Reaktion eingesetzt hat, aus dem Gleichgewicht bringen, laufen Sie Gefahr, den Organismus dermaßen zu überdrehen, daß dieser Prozeß wie eine ganz charakteristische Krankheit abläuft.

Denken Sie dabei an Viruskrankheiten, über die wir gestern sprachen?

Zum Beispiel.

Kann das gefährlich werden?

Wie es in der Mathematik heißt: das führt auf den Präzedenzfall zurück. Sie werden das wie den klassischen Ablauf solcher Krankheiten erleben: Fieber, Erschöpfung,

Transpiration, Katarrh, Hautausschläge, Schmerzen, Beschwerden... Eine gewöhnliche Hepatitis hinterläßt, wie es scheint, ihre Spuren in der Leber. Diese Erfahrung habe ich selbst gemacht, als ich 20 Jahre alt war. Ich habe Jahre gebraucht, um nicht mehr nach jeder Mahlzeit einen Druck im Magen zu haben. Richtig gelegt hat sich das erst, als die Instinktotherapie schon ausgereift war, etwa zehn Jahre später. Wenn Sie dagegen richtig ausbalanciert sind, werden Sie die Krankheit praktisch nicht spüren, sie verläuft unbemerkt, schmerzlos und hinterläßt auch keine organischen Störungen. Manchmal kommt es zudem zu einer Reaktion, die alsbald dazu tendiert, nachzulassen und zu verschwinden.

Sie sprachen schon zum zweiten Mal von Schmerz: Ist man weniger schmerzempfindlich?

Der Entzündungsschmerz verschwindet vollkommen, sobald man ernährungsmäßig korrekt ausbalanciert ist.

Wenn Sie sich also das Schienbein brechen, spüren Sie nichts mehr?

Der nützliche Schmerz besteht weiterhin. Irgend etwas muß mir ja signalisieren, daß mein Organismus angegriffen ist. Ich spreche vom Entzündungsschmerz, dem Schmerz, der sich nach dem Unfall langsam einstellt und die Dinge unnütz kompliziert.

Es ist aber doch normal, daß eine Entzündung mit einem gewissen Schmerz einhergeht...

Mit der traditionellen Nahrung, ja, da ist das völlig normal.

Sie haben also niemals Schmerzen, keinen Klopfschmerz des Blutes bei einer Gewebsstauung...

Nein, niemals.

Kaum zu glauben.

Und doch zeigen es unsere Versuche. Sie könnten es selbst nachprüfen. Schon nach drei Tagen Instinkto werden Sie, wenn Sie sich ein Bein brechen, keine entzündlichen Komplikationen haben, keinen Schmerz...

Das möchte ich lieber nicht ausprobieren.

Ja, aber um dieses Phänomen an sich beobachten zu können, müßten Sie schon irgendwo Schmerzen haben.

Wenn es weiter nichts ist: Ich habe häufig eine Migräne, bevor ich schlafen gehe.

So ein Glück! Sie werden schon bald feststellen können, daß sie wegbleibt.

Das stimmt, heute abend habe ich wirklich noch nichts gespürt. Aber wie erklärt denn die Medizin nun die Tatsache, daß ein Schmerz aufgrund geänderter Ernährungsgewohnheiten verschwindet?

Sie erklärt es überhaupt nicht, da sie dieses Phänomen noch nie beobachtet hat.

Und wie erklärt sie dann, daß es normalerweise zu einer Entzündung und zu einem Schmerz kommt, der ganz sinnlos ist?

Das erklärt sie auch nicht. Sie befindet nur, das sei normal. Und wenn es von einem Individuum zum andern Unterschiede gibt, behauptet sie, das sei psychologisch bedingt. Das ist allgemein in der Medizin üblich: Wenn man für eine Störung keine Erklärung hat, lastet man diese

Störung dem Seelenleben an. Da sich das überhaupt nicht nachprüfen läßt, ist man wenigstens sicher, daß einem nicht widersprochen wird.

Sie leugnen doch aber nicht den Einfluß der Psyche?

Überhaupt nicht. Ich denke nur, daß viele Krankheiten, da man eine ganze Reihe von Störungen auf keinen Fall auf die Ernährung zurückführen wollte, schlicht als psychosomatisch ausgegeben wurden, ohne daß man sich dabei auf irgend etwas hätte stützen können. In Wirklichkeit summieren sich die Ursachen.

Es wäre unsinnig, psychische Ursachen zu leugnen. Aber genauso unsinnig ist es, die Ernährungsursache zu leugnen.

Mit wurmstichigen Balken kann man kein solides Haus bauen. Das Baumaterial, aus dem unser Organismus gemacht ist, das sind die Moleküle, die durch den Mund zu uns hereinkommen.

Heißt es nicht, daß das, was den Menschen unrein macht, nicht das ist, was durch den Mund hineingelangt, sondern was aus ihm herauskommt?

Hier dürfen wir das Geistige und das Zeitliche nicht verwechseln. Haßerfüllte Worte vergiften unseren Geist ganz bestimmt mehr als die Tatsache, gegen dieses oder jenes Ernährungsgebot verstoßen zu haben, selbst wenn es biblisch wäre. Aber Weisheit des Geistes ist leider keine Garantie für die Gesundheit des Körpers. Man findet in keiner Heiligen Schrift wirklich brauchbare Lehren in bezug auf die Ernährung.

Immerhin gibt es doch in jeder Religion eine ganze Reihe von ernährungshygienischen Vorschriften: beispielsweise die Fastenzeit bei den Christen, der Ramadan bei den Muselmanen...

Nur daß das im Laufe der Zeit hübsch degeneriert ist. Ursprünglich dauerte die Fastenzeit sechsundvierzig Tage, nämlich von Aschermittwoch bis Ostern. Aber da das ein bißchen lang war, hat man sie auf einen Tag, Karfreitag, verkürzt und kompensiert die restlichen Tage durch den fleischfreien Freitag das ganze Jahr hindurch. Das Fleisch ersetzte man flugs durch Fisch, und schon war die Sache gelaufen. Nun konnte man sich wieder ganz nach Belieben den Bauch vollschlagen.

Mit dem Ramadan ist es ein bißchen anders: Da ist Essen nur zwischen Sonnenaufgang und Sonnenuntergang verboten, und wie es scheint, haben die Muselmanen noch nie Probleme gehabt, um nachts dann alles wieder aufzuholen. Auf Arabisch wird Ramadan ja auch Ramdam* ausgesprochen. Es ist denkbar, daß Fasten ganz am Anfang hieß, alles roh essen zu sollen, so als wolle man der Urnahrung seine Achtung erweisen. Sie haben bestimmt schon mal von den Fellachen gehört, die seit dem ersten Jahrhundert nach Christus in vollkommener Isolierung im Sudan wohnen und die alle ihre Sitten und Gebräuche von damals beibehalten haben. Diese Menschen haben, obwohl sie unter einer entsetzlichen Hungersnot litten, alle Lebensmittel abgelehnt, die man ihnen über eine Luftbrücke schickte, weil ihnen während des Sabbats jede gekochte Nahrung untersagt ist.

Was hätten Sie an ihrer Stelle getan? Ist es nicht besser, etwas Gekochtes zu essen, als Hungers zu sterben?

Da ich weiß, daß Kochen gefräßig macht, hätte ich gezögert... Ich habe in diesem Zusammenhang einen Versuch gemacht, damals, als ich eine ganze Menge wilder Maultiere hatte: Ich habe einige dieser kleinen Gäste mit gekochtem Futter gemästet, während die anderen nur rohe Nahrung bekamen. Und dann habe ich sie alle

---

* Vergleiche ›Tamtam‹ (Aufmerksamkeit erregende Betriebsamkeit)

fasten lassen. Die ersten waren der Hungerszeit gegenüber nicht widerstandsfähiger als die zweiten! Im Gegenteil. Mit Wiederaufnahme der Fütterung sind bei den ›gekochten‹ einige eingegangen, aber kein einziges Tier bei den ›rohen‹. Das in denaturierten Nahrungsmitteln enthaltene Fett enthält leider Toxine, die den Nutzeffekt, den es als ›Vorratskammer‹ eventuell haben könnte, wieder aufheben.

Es hat also gar keinen Vorteil, mollig zu sein.

Offenbar nicht.

Wie denken Sie über diejenigen, die behaupten, alles essen zu können, ohne daß es ihrem Körper schadet, wenn nur der Geist genügend entwickelt ist?

Ich werde auf Grund von Tatsachen antworten: Mein Yogalehrer, der direkt aus Indien gekommen ist, um dem Westen die Lehren der großen Yogameister zu überbringen, ist im besten Mannesalter an einem Herzinfarkt gestorben. Seine Weisheit hat ihn nicht vor unseren Ernährungsfehlern bewahrt, und was Ramakrishna anbelangt, so war er zweifellos eine der markantesten spirituellen Persönlichkeiten. Übrigens war er bekannt dafür, daß er schrecklich gern in Butter gesottene Reisfladen aß. Man weiß heute, daß diese Art des Bratens in hohem Maße kanzerogen ist. Dieser große Weise bekam Kehlkopfkrebs. Dort, wo die Reisfladen herunterrutschten. Zuerst hat er aufbegehrt gegen das ungerechte Schicksal, dann aber hat er sich mit seinem bevorstehenden Tod abgefunden und mutig schreckliche Leiden auf sich genommen.

Leiden kann für die geistige Entfaltung günstig sein.

Nun, dann wohlan: Vergiften wir uns, nehmen wir Rauschgift, führen wir die Folter ein, und schon werden wir das Heil haben. Nein, ich glaube, daß Ramakrishnas erste Reaktion völlig gerechtfertigt war: Er hatte ganz recht, aufzubegehren, denn das war ein Irrtum, der die Zeit seiner Mission auf Erden vorzeitig beendete. Ganz einfach ein Ernährungsirrtum, der ihm über seine Leitung zur Offenbarung nicht offenbart worden war.

Da kann man ja direkt den Glauben an das verlieren, was Spiritualität oder die Religion uns vermitteln können.

Ich glaube, daß wir hier ein paar Dinge vermengen, wenn wir erwarten, daß die geistige Erleuchtung uns Antworten auf einem ganz schnöden materiellen Gebiet gibt. Um das Ernährungsproblem zu lösen, brauchen wir nur unsere Intelligenz einzusetzen. Warum sollte der Schöpfer höchstpersönlich von seiner Wolke herabsteigen, um sich um den Dampf unserer Kochtöpfe zu kümmern ...

Behaupten Sie nicht im Gegenteil, daß unsere Intelligenz es war, die uns diesen Irrtum, unsere Nahrung zu kochen, beschert hat?

Zweifellos. Aber die Irrtümer der Intelligenz können wir auch nur mit Hilfe der Intelligenz korrigieren. Nur fromm und gottesfürchtig darauf zu warten, daß die Lösung von oben kommt, ohne sich selbst die Mühe zu machen, unsere liebgewonnenen Leib- und Magengewohnheiten in Frage zu stellen, scheint mir eher von intellektueller Faulheit als von Glauben zu zeugen.

Sie glauben mehr an Wissenschaft als an Religion?

Ja, wenn es sich um materielle Phänomene handelt. Denken Sie nur an all die Irrtümer, die die Geschichte des Katholizismus durchziehen, wie der Fall Galilei.

Diese beiden Phänomene werden immer wieder verwechselt: Materie und Geist.

Herrscht jetzt allgemein nicht eher die Tendenz vor, Körper und Geist als eine Einheit zu sehen?

Sicherlich wäre es besser gewesen, das, was eines war, nie zu trennen. Wir gehen geistige Dinge heute mit analytischen Formeln an, die für die Materie bestimmt waren, und versuchen die Probleme unserer Biologie durch ein Verhalten zu lösen, das eigentlich für das Geistige gelten sollte.

Auf die Erleuchtung zu warten, die uns die Speisefolge nennt, welche uns Gesundheit garantiert, heißt schon, Körper und Geist zu trennen. Der Zustand innerer Einheit entsteht durch Loslösung, also durch Infragestellung. Das finden Sie bei allen großen Philosophen, beim ›Wer bin ich‹ eines Sokrates, dem ›Richtet nicht‹ des Paulus und dem ›Weg der Mitte‹ eines Buddha. Ich glaube, daß ein solches Infragestellen, wenn es wirklich allumfassend ist, am Problem der Kochkost nicht vorbeigehen kann. Oder man kann es auch anders ausdrücken: Wenn einem bewußt ist, daß der molekularen Welt der Nahrung eine Art geistige Energie innewohnt – warum sollte man dann Unordnung in sie bringen?

Da könnte man Ihnen immer noch entgegenhalten, daß der Geist stärker ist als die Unordnung.

Wenn Sie eine Vase entzweimachen, an der Ihnen viel lag, dann können Sie noch so sehr beten; sie wird davon nicht wieder heil. Hingegen führt dieses Gebet Sie innerlich dazu, unter diesem Verlust nicht mehr zu leiden. Oder vielleicht führt die Vorsehung Ihnen einen guten Freund zu, der zufällig die Idee hat, Ihnen eine ähnliche Vase zu schenken. Wenn Sie Ihre Gesundheit zerstört haben, können Sie noch so viel beten, die Chancen, daß Ihre Organe wie durch ein Wunder ihre Unversehrtheit wiederfinden, ist ziemlich gering; aber das Gebet wird Ihnen helfen, Leiden oder das Sterben besser ertragen zu können. Vielleicht findet die Vorsehung für Sie einen Freund, der Ihre Angelegenheiten in die Hand nimmt...

Sie glauben nicht an die Wunder von Lourdes?

Ich glaube, daß es bei korrekter Ernährung noch viel mehr solcher Wunder gäbe. Ich habe mir von Leuten, die Geistigkeit über alles stellten, sagen lassen, daß die Ernährung völlig unwichtig sei. Wenn man diese Menschen dann bittet, auf ihre bisherigen Kochrezepte zu verzichten, wird die Ernährung plötzlich ungeheuer wichtig.

Das ändert nichts daran, daß Christus seinen Jüngern befahl, mit Brot und Wein zu kommunizieren.

Sie brauchen nur die Dosen zu beherzigen, die er vorgab, dann drohen Ihnen weder Fettleibigkeit noch Säuferwahn. Im Ernst, ich glaube, daß Jesus beim Heiligen Abendmahl andere Sorgen hatte als Probleme der Diätetik. Bestimmt hat er die Lebensmittel, die gerade zur Hand waren, genommen, um daraus Symbole oder Träger einer Speise höherer Natur zu machen.

Wenn es nicht indiskret ist... sind Sie gläubig?

Was nennen Sie ›glauben‹? Darin liegt die Indiskretion. Zu dem Thema gäbe es sehr viel zu sagen. Aber wenn Sie möchten, daß wir vor Sonnenuntergang fertig werden, müssen wir auf eine irdischere Speise zurückkommen.

Sie haben recht. Wir sprachen vom Entzündungsschmerz. Wie erklärt die Medizin die Entzündung?

Das ist ein grundlegender Prozeß, den der Organismus jedes Mal dann in Gang setzt, wenn er einer anormalen Situation abhelfen muß. Ob Sie sich einen Splitter unter den Nagel reißen, sich einen Knochen brechen oder ein

Insekt Ihnen sein Gift einspritzt – jedes Mal werden Sie dieselbe Gewebserweiterung feststellen, eine Rötung, die von einer Blutüberfülle zeugt, eine erhöhte Empfindlichkeit, die Sie zwingt, diesen Teil, der Ihnen zu schaffen macht, zu schonen. Während der Zeit läuft auf mikroskopischer Ebene ein ganzer Prozeß ab, Ihre weißen Blutkörperchen kommen aus Ihren Blutgefäßen heraus, um sich in den benachbarten Geweben zu verbreiten.

Die weißen Blutkörperchen können also aus der normalen Blutbahn heraustreten?

Im Notfall stellen verschiedene Hormone ihnen einen Sonderpassierschein aus! Dann dehnen sich die Wände der Kapillaren, so daß es zu einer generellen Schwellung kommt. Dadurch können die Blutkörperchen durch die gedehnten Wände hindurchtreten wie durch die Maschen eines Netzes, um ihre Aufgaben in der Katastrophenzone wahrzunehmen. Wissenschaftlich heißt diese Erscheinung Diapedese.

Die weißen Blutkörperchen sind so etwas wie Feuerwehrleute, die immer dann auftauchen, wenn es brennt oder wenn etwas überschwemmt ist?

Außerdem sind es sehr intelligente Feuerwehrleute. Und phantastisch organisiert. Man müßte sie vielmehr mit dem gesamten Militär- und Polizeiapparat eines Landes vergleichen. Da gibt es die aus mehreren Armeekorps bestehende Truppe, die mit der Abwehr der von außerhalb der Landesgrenzen drohenden Aggressoren beauftragt ist, dann die für die innere Ordnung sorgende Miliz mit ihren Detektiven, ihren Polizisten, ihren Richtern und Henkern und die städtische Müllabfuhr nicht zu vergessen.

Man braucht sich also nicht zu wundern, wenn überall dort, wo es etwas zu reparieren, zu reinigen, zu töten, zu evakuieren gibt, die weißen Blutkörperchen auftauchen.

Nun weiß ich aber immer noch nicht, warum mit traditioneller Nahrung Schmerzen auftreten, mit der Instinktotherapie aber nicht.

Da begeben wir uns wieder einmal in das Reich der Hypothesen. Ich glaube aber, daß wir eine sehr gute Erklärung dafür haben, der bisher auch nichts widerspricht:

Schmerzen sind ganz allgemein Zeichen einer Verletzung. Jedes Mal, wenn man im Organismus etwas zerstört, setzt sich ein Alarmsystem in Gang, und das Gehirn wird in Form von Schmerz über die Schäden informiert. Wenn man Ihnen beispielsweise unter irgendeinem Vorwand eine Nadel in den Po sticht, so tut Ihnen das solange weh, wie die Nadel weiterdringt, also solange wie Ihr Gewebe zusätzliche Verletzungen erfährt.

Auch wenn Sie einen Schuh anhaben, der Ihnen den Fuß wundscheuert, wenn man Sie mit Schwefelsäure bespritzt, die Ihre Haut angreift usw., werden Sie so lange Schmerzen empfinden, wie die Situation sich verschlimmert. Wir können folglich eine sehr einfache Gleichung aufstellen: Verletzung = Schmerz.

Was sich damit beweisen läßt, daß der Schmerz nachläßt, sobald die Nadel nicht weiterdringt, sobald Sie Ihren Schuh ausziehen oder sobald Sie die Säurereste abspülen, mit anderen Worten also, sobald es keine weiteren Verletzungen gibt. Wenden wir diesen Lehrsatz nun auf den Fall der Entzündung an...

Eben glaubte ich förmlich, meinen Mathematiklehrer zu hören...

Nur keine Aufregung, ich bin schon am Ende meiner Beweisführung: Wenn eine Entzündung mit diffusem Schmerz einhergeht, dann muß auf mikroskopischer Ebene eine Verletzung erfolgt sein, beispielsweise die Zerstörung von Zellen.

Und warum sollte das mit der einen Nahrung der Fall sein, mit der anderen aber nicht?

Wenn Sie Ihre Feuerwehrleute total verrückt machen, die Sie gerufen hatten, damit sie bei Ihnen den Brand löschen, was werden die dann tun?

Alle möglichen Dummheiten, vermute ich.

Sie werden Ihr Haus unter Wasser setzen, sich das Feuer vielleicht gar noch weiter ausbreiten lassen.

Die traditionelle Nahrung würde demnach also meine weißen Blutkörperchen nervös machen?

Die anormalen Moleküle behindern sie bei ihrer Arbeit. Als würden Sie Bananenschalen vor die Füße Ihrer Feuerwehrleute werfen und Niespulver verstreuen und Granaten ins Feuer rollen lassen... Ich übertreibe nicht: diese Visionen reichen noch gar nicht aus, um zu beschreiben, welch böse Streiche übelgesinnte Moleküle selbst einer so gut zum Kampf gerüsteten Zelle wie dem weißen Blutkörperchen spielen können.

Wenn ich Sie richtig verstehe, bringt die durch nicht ursprüngliche Nahrung bewirkte molekulare Unordnung mein Abwehrsystem durcheinander, und dieses würde also im Gewebe, wo es doch eigentlich die Ordnung wiederherstellen soll, Schäden anrichten, die sich durch einen Entzüngungsschmerz äußern...

Das ist die Erklärung, die ich vorschlage. Ich habe bisher noch nichts gefunden, was besser mit der Wirklichkeit übereinstimmen würde.

Ehrlich gesagt, klingt das gar nicht kompliziert. Warum ist die Medizin noch nicht darauf gekommen?

Sie ist darauf gekommen. Aber da sie das Vorhandensein anormaler durch Hitzebehandlung entstandener Moleküle nicht in ihre Überlegungen einbezieht, kann sie nicht erklären, warum das Immunsystem sich gegen körpereigene Zellen wendet.

Das Immunsystem –, ist das nicht eben das Abwehrsystem, bei dem die weißen Blutkörperchen mitwirken?

Ganz genau. Die Medizin beschreibt diesen gegen den eigenen Körper gerichteten Angriff sehr gut bei einer ganzen Reihe von sogenannten Autoimmunkrankheiten. Sie weiß auch, daß Entzündungen zu Selbstzerstörungsprozessen führen. Aber all das bleibt sehr ungereimt –, mal ist die Entzündung ein Aufbau- und mal ein Zerstörungsprozeß. Bei unserem soeben angeführten Beispiel versteht man wenigstens, warum dieser Prozeß mal aufbauend und mal entzündlich ist. Die schmerzlose Entzündung entspricht dem absolut kontrollierten Prozeß des Wiederaufbaus. Wenn der Körper aber mit anormalen Molekülen überschwemmt ist, gerät dieser Prozeß in Unordnung und ruft mikroskopisch kleine Verletzungen hervor, die man in Form von Schmerzen spürt.

Die schmerzhafte Entzündung ist also eigentlich der Prototyp der Autoimmunkrankheit?

Genau das meine ich. Sie bezeichnet unser durch die übliche Nahrung generell gestörtes Immunsystem. Was gleichzeitig zeigt, daß unsere unausgewogene Ernährung im gesamten Organismus eine generelle Selbstzerstörungstendenz induziert.

Die Entzündungen bleiben aber immer genau lokalisiert.

Es braucht nur ein einziger Vulkan auszubrechen, damit Sie daraus schließen, daß die tiefen Schichten des Magmas unter der Oberfläche des gesamten Kontinents aktiv geworden sind.

Kein beruhigender Gedanke – sich vorzustellen, daß die Soldaten, auf die man zur Verteidigung müßte zählen können, die legitimen Staatsbürger zu massakrieren beginnen.

Um so mehr, als das schlicht zum Tode führt. Die Theorie eines Autoimmunprozesses beim Altern erklärt auch die Degeneration der Organe: Jede mikroskopisch kleine Entzündung, die eigentlich zur Evakuierung einer toten Zelle führen müßte, verschlimmert sich dermaßen, daß sie alle Nachbarzellen zerstört; die in aller Eile produzierten Narbengewebszellen, die das Loch stopfen sollen, sind nicht in der Lage, die Aufgaben der spezialisierten Zellen zu übernehmen, deren Platz sie eingenommen haben. Und so sind die Organe schließlich mit nicht einsatzfähigen Zonen übersät, die verbleibenden aktiven Zellen sind überlastet, was die Degeneration noch beschleunigt, bis hin zur endgültigen Blockierung.

Ich glaubte, der Tod sei durch eine genetische Uhr festgelegt.

Diese beiden Prozesse können sich überlagern: das biologische Altern und das durch die ernährungsbedingte molekulare Unordnung verursachte autoimmune Altern. Aller Wahrscheinlichkeit nach läuft die genetische Uhr unter der Wirkung der durch Kochkost verursachten Vergiftung ebenfalls schneller. Eine Zelle, die in der Lage ist, sich 50mal zu reproduzieren, wird insofern schnell am Ende der Summe angelangt sein, als sie einer Vergiftung ausgesetzt war, durch die sie die Erneuerung in kürzeren Abständen bewerkstelligen muß.

Wonach also die Lebensdauer umgekehrt proportional zur Vergiftungsgeschwindigkeit wäre?

Bestens. Nun sprechen Sie sogar in mathematischen Termini mit mir!

Und die anderen Autoimmunkrankheiten?

Das sind meiner Meinung nach besondere Fälle dieses autoimmunen Alterungsprozesses, wenn dieser ein bestimmtes Organ oder eine bestimmte Körpergegend erfaßt. Wie Arteriosklerose, die in der Reihenfolge der Todesursachen den ersten Platz einnimmt in unserem Lande der gastronomischen Hochkonjunktur.

Ich dachte, sie würde auf das Cholesterin zurückgeführt?

Sagen wir der Einfachheit halber, daß durch den Cholesteringehalt der Ernst der allgemeinen Lage ermessen werden kann. Je größer dieser Gehalt, desto schneller degenerieren Ihre Arterien. Und da Sie genau so alt sind wie Ihre Arterien...

Haben Sie solche Fälle schon behandelt?

Kleine Bemerkung am Rande – ich behandele niemanden, die Instinktotherapie besteht darin, sich selbst zu behandeln! Das Cholesterin schmilzt wie Butter an der Sonne. Ich habe hartnäckige Fälle, bei denen das Cholesterin mehr als 25 Jahre lang allen Therapeutika getrotzt hat, sich in drei Wochen normalisieren sehen. Was nicht sehr erstaunlich ist, weil ursprüngliche Nahrung keine anormalen Fette enthält.

Sie wollten sicher ›tierische‹ Fette sagen.

Nein, anormale Fette, denn mit tierischem Fett gibt es überhaupt keine Probleme, sofern die Tiere korrekt ernährt wurden. Es enthält ungesättigte Fettsäuren und eine ganze Reihe von Substanzen mit hohem Nährwert.

Früher hielt man große Stücke auf rohes fettes Kalbfleisch, auf Speck oder rohen Schinken. Wie es scheint, liebte Zeus persönlich Fett über alles, jedenfalls der Prometheus-Sage nach zu urteilen.

Heute natürlich, mit den Granulaten, den Ölkuchen und dem, was sonst noch alles an die Tiere verfüttert wird, damit sie Gewicht zulegen, ist das Fettgewebe die Deponie für alle nur denkbaren Toxine geworden.

Steht aber hier nicht einfach das Übermaß an Fett zur Debatte?

Schlimmer sind die anormalen Substanzen, die das Fett infolge der schlechten Ernährung der Tiere enthält. Und, bevor diese zum menschlichen Verzehr gelangen, natürlich die durch gekochtes Futter bewirkte Denaturierung. Es stimmt, daß der Kochprozeß dazu führt, daß allgemein zuviel Fett gegessen wird, aber ich glaube trotzdem, daß man eher die Natur der Moleküle als das Übermaß des Fettverbrauchs anprangern muß.

Im Rahmen der Instinktotherapie ist das Problem schnell erledigt. Man ist vor jeder Denaturierung durch Hitzebehandlung geschützt, und außerdem ist es völlig unmöglich, den Bedarf an tierischem Fett auch nur geringfügig zu überschreiten. Die Speicheldrüsen stellen die Sekretion der entsprechenden Enzyme einfach ein, und so haben Sie den Eindruck, eine Kugel Knetgummi im Mund zu haben, die Ihnen am Gaumen klebt.

Das muß nicht angenehm sein?

Das Unangenehme ist dazu da, unsere Gesundheit zu gewährleisten: besser noch, diese überflüssigen Moleküle kleben am Gaumen als an den Arterien.

Ich habe noch immer nicht verstanden, warum Arteriosklerose zu den Autoimmunkrankheiten gehört.

Die weißen Blutkörperchen greifen die Arterienwände an, vermutlich, weil sie vollständig durchsetzt sind mit anormalen Molekülen; wenn dieser Prozeß zu schnell abläuft, werden die zerstörten Zellen nicht durch geeignete Zellen ersetzt, also muß der Körper die Löcher eilends stopfen so gut er kann. Dadurch kommt es zu einer Degeneration der Gefäßwände, die ihre Elastizität verlieren. Das kann so weit gehen, daß sie sich falten, daher dann auch der Bluthochdruck, der auf die Schwierigkeiten zurückzuführen ist, auf die das Herz stößt, um das Blut zirkulieren zu lassen; wenn sich nicht sogar ein Gerinnsel löst, eine enge Arterie verstopft und einen hübschen kleinen Infarkt bewirkt...

Wenn ich schon an etwas sterben muß, würde ich am liebsten an einem Infarkt steben.

Es heißt Infarkt, vom Lateinischen ›infarcire‹, was ›füllen‹ bedeutet. Die Etymologie sagt immer mehr aus, als man sie eigentlich aussagen lassen möchte. Die Arteriosklerose ist zweifellos die schlimmste Füllung, die die Küche unseren Arterien zuteil werden lassen hat!

Ich persönlich verzichte lieber auf diese Art von Euthanasie, denn ein Infarkt ist weder unbedingt sofort tödlich, noch garantiert schmerzlos. Nicht einmal der Herzinfarkt. Der Teil des in Ermangelung von Durchblutung erstickten Herzmuskels muß seine Arbeit fortsetzen, denn das Herz kann ja nicht mal kurz aufhören zu schlagen! Daher das Unwohlsein, die große Schwäche, der klassische Schmerz im linken Arm, alles wirklich nichts Beneidenswertes nach dem, was die Kranken sagen!

Was die von Hirnschlägen bewirkten Schlaganfälle anbelangt, die Sie entweder für den Rest Ihrer Tage halbseitig gelähmt lassen oder zum Verfall der geistigen Kräfte führen, wenn sie sich dermaßen oft wiederholen, daß sie Ihr Gehirn verschrumpeln lassen wie ein zu schnell aus dem Ofen geholtes Soufflé...

Das Gehirn kann zusammenschrumpfen?

Medizinisch heißt das Gehirnerweichung, und man findet es mehr oder weniger normal, daß das Gehirn einen guten Teil seines Volumens verloren hat, wenn man ins Pensionsalter kommt. Die Zerstörung der Neuronen ist wahrscheinlich auf zwei Dinge zurückzuführen: auf den Atemstillstand, der von der Verstopfung der Arteriolen herrührt, deren Aufgabe es ist, sie zu durchbluten, und durch die autoimmunen Mikroentzündungen. Beide Prozesse lassen sich mit der denaturierten Ernährung erklären: ein Hoch den Pommes frites!

Und glauben Sie, daß sich Arteriosklerose mit der Instinktotherapie zurückbildet?

Vorbeugen ist besser als heilen! Wenn die Verletzungen im Organismus zu groß waren, kann man im allgemeinen nicht mit einer vollständigen Wiederherstellung rechnen. Obwohl ich sehr ermutigende Fälle erlebt habe: zum Beispiel eine Dame um die Sechzig, die wegen eines Herzinfarkts operiert worden war und der der Arzt versichert hatte, sie werde nie mehr eine Treppe hinaufsteigen. Nach zwei Monaten Instinkto hatte sie sich so gut erholt, daß ihr Arzt beschloß, das System selber anzuwenden! Da sie schon pensioniert war, bot sie an, uns im Instinkto-Zentrum zu helfen und begann mit einem wahrhaft jugendlichen Elan zu arbeiten (ihr Gesicht war um zehn Jahre jünger geworden!); sie schleppte Kisten voll Äpfel, stieg die Treppen rauf, ohne aus der Puste zu kommen.

Wie ist es überhaupt mit der Puste, bei Ihrer Diät?

Bei meiner ›Anti-Diät‹ sollten Sie lieber sagen. Die Atemleistung verbessert sich eindeutig. Der Herzschlag wird ebenfalls ruhiger und tiefer. Morgens beim Aufwachen beispielsweise ist der Puls um 52 Schläge pro Minute.

Wie bei Sportlern.

Und ohne zwangsläufig Sport zu treiben. Damit kann das Herz sich zwischen jedem Schlag etwas länger erholen, was für seine Lebensdauer von äußerster Wichtigkeit ist.

Sie sind doch aber nicht gegen Sport?

Es gibt Sport und Sport. Das Konkurrenzdenken führt unweigerlich dazu, dem Körper mehr abzuverlangen als er geben kann. Man bringt ihn in eine Streßsituation, das Immunsystem stellt einen Teil seiner Tätigkeit ein (was sich paradoxerweise in dem Gefühl, bestens in Form zu sein, äußert, da man frei über die ganze Energie verfügen kann, die nicht mehr für die Säuberung des Organismus eingesetzt wird). Langfristig muß man sich da auf tiefgreifende Schäden gefaßt machen. Ich habe mehr als einen ehemaligen Tennis-, Fecht- oder Radsportmeister gesehen, der sein Rennen mit einer Krebserkrankung oder einem Infarkt beendete.

Mäßige sportliche Betätigung, die durchaus anstrengend sein kann, aber ohne daß man sich in seinen Anstrengungen wiederholt bis zum Äußersten verausgabt, scheint mir hingegen ganz und gar angezeigt, um die Auswirkungen des Pantoffelkinos auf die Zukunft des Durchschnittsbürgers zu kompensieren.

Soviel also zur Arteriosklerose, dieser netten Zivilisationskrankheit, die bald schon jeden zweiten Menschen tötet. Es gibt noch etliche andere Autoimmunkrankheiten, denn die weißen Blutkörperchen können alle Teile des Körpers angreifen.

Ich denke an Krampfadern. Können die auch so erklärt werden?

Die Venenwände, deren normale Zellen durch Narbengewebszellen ersetzt wurden, ertragen den Blutdruck nur schlecht, vor allem in den Beinen, wo der Druck stärker ist. Sie dehnen sich aus und degenerieren allmählich.

Was halten Sie von Operationen, bei denen die Vene entfernt wird?

Ich finde, daß es immer bedauerlich ist, die Integrität des Körpers anzutasten. Wenn man eine wichtige Leitung entfernt, werden die benachbarten Leitungen überlastet, das muß zwangsläufig zu einer verminderten Leistung oder, auf lange Sicht, zu Beschwerden führen.

Man darf aber wohl nicht hoffen, Krampfadern mit der Ernährung zu heilen!

Eben doch! Ich glaubte selbst nicht allzu sehr daran, aber ich habe mit eigenen Augen sehen können, daß Krampfadern sich manchmal völlig resorbieren, vor allem, wenn man die Sache frühzeitig angeht. Es sind auch noch ernsthafte Störungen wie Arteriitis und Vascularitis mit ausgezeichnetem Ergebnis behandelt worden. Ich denke da beispielsweise an den Fall eines Arztes um die Dreißig, der unter Vascularitis litt.

Schon wieder diese hochwissenschaftliche Terminologie! Ob Sie das bitte für einfache Sterbliche übersetzen?

Der Suffix ›itis‹ wird immer dann verwendet, wenn es sich um eine Entzündung handelt.

Wie bei Zellulitis?

Das ist nun die einzige Ausnahme. Zellulitis hat nichts mit einer Entzündung der Zellen zu tun. Bei diesem Leiden handelt es sich um durch Ablagerungen anormaler Fette so überdehntes Unterhautgewebe, daß es zu schmerzen beginnt.

Und diese Krankheit kann man mit Instinkto sicher leicht heilen?

Normalerweise in einigen Wochen oder einigen Monaten. Unter der Bedingung natürlich, die Therapie auch wirklich korrekt durchzuführen. Es ist nicht unbedingt einfach, seit Jahren abgelagerte Substanzen zu lösen, das muß unter genauso präzisen Bedingungen geschehen wie bei den als schwer geltenden Krankheiten.

Die Fette können alle möglichen Toxine enthalten, die, wenn sie im Blut erst einmal in Bewegung geraten sind, abgebaut und über die verfügbaren Wege nach draußen befördert werden müssen. Diese Arbeit wird der Organismus nur dann ausführen, wenn man ihm dafür die bestmöglichen Bedingungen bietet: eine vollkommen ausgewogene Ernährung, ausreichend Schlaf, keinen Streß, positive innere Einstellung, usw.

Dann ist eine Zellulitis praktisch ebenso schwer zu heilen wie eine Vascularitis?

Ich würde vielmehr sagen, daß eine Vascularitis ebenso leicht zu heilen ist wie eine Zellulitis. Eine schwere Krankheit ist nicht zwangsläufig hartnäckiger als eine gutartige, jedenfalls muß man über den angemessenen therapeutischen Schlüssel verfügen.

Bei der Vascularitis sind die Gefäße betroffen; die weißen Blutkörperchen beginnen ihre Wände anzugreifen. Da diese sehr dünn sind, dauert es nicht lange, bis sie verstopft sind. Dadurch werden einige Teile des Körpers nicht mehr korrekt durchblutet und sterben ab. Am folgenschwersten sind die Schädigungen für das Nervensystem. Der junge Arzt, von dem ich vorhin sprach, hatte schon das Gehör auf der linken Seite, die Beweglichkeit und Sensibilität von zwei Fingern eingebüßt, die vollkommen gelähmt waren, und sein Elektrokardiogramm wies eine Anomalie auf, denn der Herznerv, der den Herzschlag befehligt, war schwer betroffen (was technisch heißt, daß er einen Schenkelblock verloren hatte).

Die Krankheit steuerte langsam auf die Katastrophe zu. Die Spezialisten hatten zu einer Behandlung mit antimitotischen Mitteln geraten, eine Chemotherapie, wie man sie gewöhnlich zur Zerstörung von Krebszellen anwendet und die in seinem Falle die weißen Blutkörperchen zerstören sollte in der Hoffnung, den Schaden zu begrenzen.

Es ist doch abwegig, weiße Blutkörperchen abzutöten, die doch gerade den Organismus schützen sollen.

Sie sehen selbst: Die Medizin befindet sich in einer Sackgasse. Wie soll man die Ordnung in einem Land aufrechterhalten, wenn die Friedenshüter die Tobsucht haben... Was man noch nicht weiß, ist, daß diese Tobsucht durch die Ernährung hervorgerufen wird. Ich jedenfalls kann die Fakten nicht anders erklären: sobald unser ›kranker Arzt wider Willen‹ (wenn Sie Molière lieben) mit Instinkto begann, hat sein Zustand sich gebessert; in zwei Monaten waren seine beiden Finger wieder hergestellt; Blutanalysen ergaben, daß die Krankheit jede Virulenz verloren hatte. Und ich habe auch gerade die gute Nachricht bekommen, auf die ich wartete: Sein Elektrokardiogramm ist absolut normal. In weniger als acht Monaten!

Und was meint er medizinisch dazu?

Daß man in der Medizin von vorn beginnen muß... Er hat die Absicht, die Zusammenhänge zwischen einer nicht ursprünglichen Ernährung und immunologischen Störungen gründlich zu erforschen. Das ist ein sehr wichtiges Gebiet, denn je weiter man gelangt, desto mehr entdeckt man, daß Krankheiten, deren Ursache noch im Dunkeln liegt, in Wirklichkeit Autoimmunkrankheiten sind.

Haben Sie andere derart spektakuläre Heilungen erzielt?

In allen Fällen von Polyarthritis und von Lupus erythematodes disseminatus, bei denen die Instinktotherapie korrekt durchgeführt wurde, beispielsweise. Leider kostet es mich immer viel Mühe, die Gourmands von der Notwendigkeit zu überzeugen, ernährungsmäßig eine absolute Disziplin zu wahren.

Es ist schwer zu glauben, daß kleine Ausnahmen eine entscheidende Rolle spielen sollen!

Wir alle sind es gewohnt, alle möglichen Nahrungsmittel, die uns seit Jahrhunderten vertraut sind, als unschädlich anzusehen. Und da liegt eine der großen Klippen der Instinktotherapie. Wer kann sich schon vorstellen, daß ein Glas Milch oder ein Stück Brot wirklich schädlich sein können.

Und doch, wenn man erst mal aus dem üblichen Bezugssystem der Nahrungsgewohnheiten herausgelangt ist, dann muß man wohl oder übel anerkennen, daß die gewohnten Nahrungsmittel schädlich sind. Der Zusammenhang zwischen Ursache und Wirkung wird noch deutlicher, wo schon eine Krankheit vorliegt, denn da kommen die latenten Beschwerden an die Oberfläche, sobald ein Störfaktor auftritt.

Aber dann ist es ziemlich gefährlich, Ihr System zur Genesung einzusetzen, wenn man es nicht korrekt einsetzt?

Wenn Sie das Risiko, daß die alten Beschwerden wieder auftreten, gefährlich nennen...

Sie dürfen nicht vergessen, daß es darum geht, Kranke zu heilen, bei denen die Medizin nichts mehr ausrichten kann. Dieses Wunder muß man mit einem Minimum an Diszplin und Können bezahlen.

Die Leute kommen sicher zu Ihnen, wenn sie schon alles versucht haben?

Genau das geschieht leider bei den meisten schweren Krankheiten: Der Arzt, der sich ohnmächtig fühlt, mag dem Kranken die Wahrheit nicht sagen. Er ermutigt ihn, macht ihn glauben, daß es sich mit diesem oder jenem Medikament schon bessern werde. Wenn der Kranke merkt, wie machtlos die Medizin ist – wozu es manchmal mehrerer Jahre bedarf – beginnt seine lange Odyssee zu Homöopathen, Akupunkteuren, Radiästhesisten, Kartenlegern, die, alle von ihrer Kunst überzeugt, ihn noch einmal wertvolle Zeit verlieren lassen. Wenn er dann feststellt, daß die Partie endgültig verloren ist, dann beginnt er sich zu fragen, ob die Ernährungsfrage nicht vielleicht den Trumpf darstellte, der ihm in seinem Spiel fehlte.

Dabei müßte genau das Gegenteil geschehen, nämlich die Ernährungsweise zu korrigieren, bevor die Krankheit zu ernst wird und nur dann auf die Medizin zurückzugreifen, wenn der Zustand sich nicht bessert. Dann sähen die Statistiken anders aus...

Denken Sie mal an all die Menschen, die dadurch arbeitslos würden...

Aber nein! Ärzteschaft und Angehörige der Heilhilfsberufe wären weiterhin erforderlich, um die klinische Kontrolle zu gewährleisten, Ratschläge zu erteilen, die Ernährungsdisziplin zu fördern. Man müßte nur allen Beteiligten die entsprechende Ausbildung auf dem Ernährungssektor vermitteln.

Warum lehrt man die Instinktotherapie eigentlich nicht von vornherein an den Schulen?

Das wäre zweifellos nützlicher als Sexualerziehung! Man vermittelt den Kindern so gut wie nichts vom Gebiet der Ernährungshygiene. Man hat ihnen nichts Vernünftiges anzubieten, vielmehr gibt es Bonbons für gute Noten und Eis, das ihren Zahnschmelz angreift, und Kekse, die die

Naschhaftigkeit fördern. Später, wenn sie für sich selbst verantwortlich sind und auf ihre Linie oder auf ihre Gesundheit achten wollen, werden sie ein Leben lang mit genau den Fixierungen zu kämpfen haben, die wir ihnen durch unsere eigenen vermittelten.

Es wäre an der Zeit zu lernen, daß gute Gewohnheiten in der Kindheit erlernt werden. Statt des ewigen: »ein Löffel für Papi, ein Löffel für Mami & Co.« sollte man ihren Sinn für die natürlichen Gesetze der Ernährung schärfen, warum nicht. Beim Kind ist der Instinkt noch sehr machtvoll, er will sich nur äußern können. Und es ist Sache der Eltern, ihn nicht zu pervertieren. Ein ganz junger Organismus wehrt sich oft mit Macht gegen eine Ernährung, die ihm schaden könnte. Säuglinge erbrechen ihre erste Flaschennahrung und verziehen bei Brei das Gesicht. Wenn man ihnen ein Stück Obst anbietet, öffnen sie ganz weit das Mündchen, aber man fürchtet, daß sie krank werden und ahnt nicht, daß die von diesem natürlichen Nahrungsmittel ausgelöste Reaktion heilsam wäre. Oft bringt man Jahre damit zu, ein Kind zu zwingen, Tag für Tag seine Tasse Milchkaffee oder die braune Scheibe Fleisch zu essen, die es verabscheut, und wenn die Schranken fallen, dann freut man sich und sagt: »Richtig Appetit hat er bekommen, der Kleine«; dabei ist nur sein Schutzmechanismus aufgrund der vielen Wiederholungen aufgehoben.

Die Eltern brauchten als allererste eine generelle Umschulung, um zu lernen, die normale Entwicklung des Ernährungssinns bei ihren Kindern zu fördern. Denn sonst würde alle Mühe, die man von schulischer Seite unternehmen könnte, falsch aufgefaßt. Die Kinder würden sich hin- und hergezogen fühlen zwischen dem in der Schule Erlernten und den familiären Gewohnheiten. Von der Werbung im Fernsehen, im Film und auf Plakaten an jeder Straßenecke ganz zu schweigen.

Dem Umdenken in bezug auf die allgemeinen Nahrungsgewohnheiten stellen sich also nicht wenige Faktoren entgegen, und das wird sich erst mit Hilfe der Zeit ändern.

Aber man könnte den Kindern wenigstens die ersten biologischen Grundkenntnisse vermitteln, könnte ihnen erklären, daß die Anlage der menschlichen Gene bis in unendlich ferne Zeiten zurückreicht, daß sie hauptsächlich an nicht denaturierte Nahrungsmittel angepaßt sind, daß es auf der Geruchs- und Geschmacksebene Mechanismen gibt, die uns eine ausbalancierte Kost gewährleisten, daß eine ganze Reihe von Molekülen durch die Wirkung des Kochvorgangs gefährlich werden.

Ich glaube, diese Kenntnisse würden schon ausreichen, nicht in hemmungslose Schlemmerei zu verfallen. Und die Sozialversicherung würde bald Riesensummen einsparen!

Und wie ist es mit der Karies?

Der Cro-Magnon-Mensch brauchte keinen Zahnarzt. Wie ich Ihnen schon sagte, tauchen erste Anzeichen für Karies in der Menschheitsgeschichte im Neolithikum auf. Das ist im Laufe der Jahrhunderte leider nicht besser geworden, auch nicht seit der Erfindung der Zahnbürste.

Ich habe den Eindruck, daß die gegenwärtige Theorie über Karies an der Sache vorbeigeht. Es wird allgemein angenommen, daß die Bakterien sich von den Resten der letzten Mahlzeit ernähren, die am Zahnschmelz haften, inbesondere Zucker.

Was man Zahnbelag nennt?

Genau. Das Dumme ist nur, daß diese dünne Schicht aus Nahrungssubstanzen einige Stunden nach dem Zähneputzen wieder da ist. Sie können Ihre Zähne abends noch so gründlich und mit der besten Zahncreme geputzt haben, am nächsten Morgen ist diese Schicht wieder da, obwohl Sie nachts nichts gegessen haben.

Ich muß gestehen, darüber habe ich mir schon immer Gedanken gemacht.

Nach meinen Beobachtungen bildet sich Zahnbelag nicht direkt auf der Basis von Speiseresten, sondern von Stoffwechselresten, die entweder über die Schleimhaut des Mundes oder aber über die Kontaktzone zwischen der Zahnwurzel und der Zahn-Alveole oder dem Zahnfleisch. Daher auch der Zahnstein, der sich am Zahnhals absetzt.

Auszug aus:
›Le maladies à l'aube de la civilisation occidentale‹
Mirko D. Grmek; Verlag: Payot, S. 173, 174

Karies tritt heutzutage sehr viel häufiger auf als in der Vergangenheit. In Europa beginnen die Fälle ab dem Mittelalter zuzunehmen, eine Entwicklung, die sich in der Neuzeit eindeutig beschleunigt. Es besteht kein Zweifel darüber, daß dieser Anstieg vor allem auf die allmähliche Veränderung unserer Nahrungsgewohnheiten zurückzuführen ist. Zucker und Weißbrot sind wahrscheinlich die Hauptursache für ihr derzeit besonders häufiges Vorkommen, da diese die Tätigkeit der Mikroben des Zahnbelags begünstigen.

Man darf aber nicht glauben, daß eine derartig einfache Erklärung genügt. Die Ätiologie der Karies ist sehr komplex und zum großen Teil noch nicht geklärt. Sofern nur ein Minimum an Nahrungszufuhr gewährleistet ist, scheint ein Zuviel an Nahrung für das Zahngewebe ernstere Konsequenzen zu haben als ein Mangel: Im allgemeinen findet man jedenfalls bei den wohlhabenden Völkern häufiger kariöse Zähne als bei den wirtschaftlich schwächeren.

Anmerkung: Die autoimmun-bakterielle Theorie über Karies, zu der die anopsologische These führte, wird dieses Geheimnis vielleicht einmal lüften…

Und warum sollten diese Bakterien, die sich auf Kosten dieser Schicht vermehren, den Zahn selbst angreifen?

Ich glaube, daß sie in Wirklichkeit nicht das Dentin (Zahnbein) an sich angreifen, sondern sich vielmehr anormale Moleküle vornehmen, die sich von innen her in das Dentin eingeschleust haben.

Auch hier verkehren Sie das Problem?

Normalerweise wird das Dentin von Substanzen ernährt, die vom Zahnnerv aus diffundieren. Dort könnten anormale Moleküle in einer Art Filter in der Falle sitzen. Aufgabe des Immunsystems ist es nun, diese Substanzen zu zerstören. Leider verursachen die in diesem Prozeß befindlichen Bakterien große Schäden, denn es ist nicht normal, daß sich so viele fremde Moleküle im Zahnmaterial befinden. So analysiert, ist Karies eine Autoimmunkrankheit.

Jetzt verstehe ich gar nichts mehr: Was machen denn Mikroben in einem Autoimmunprozeß?

Verzeihung, ich vergaß, daß wir über dieses Thema noch gar nicht gesprochen haben: Man kann sich effektiv fragen, was alle krankmachenden Bakterien der Schöpfung in unserem armen Organismus zu suchen haben. Ich verstand das auch nicht, als ich noch auf der Schulbank saß und lernen mußte, daß alle möglichen Bakterien (Cholera, Typhus usw.) sich ständig in unserem Mund oder in unserem Verdauungstrakt aufhalten und nur von Zeit zu Zeit aus unerfindlichen Gründen virulent werden...

Natürlich, wenn Sie unter Ihren Ernährungsbedingungen keine Infektionen mehr beobachten.

Aber gerade durch die zuletzt beobachteten Infektionen ließ sich das Geheimnis entschlüsseln. Das geht bis in die

Zeit zurück, als ich noch hoffte, beweisen zu können, daß Milch ein ursprüngliches Nahrungsmittel ist. Ich dachte, sie könne uns, wegen ihres Proteingehalts, ermöglichen zu leben ohne zu töten. Und um ehrlich zu sein: Ich aß so schrecklich gerne Käse.

Wie schön, zu denken, daß Sie ein Mensch sind wie alle anderen.

Ich war sogar eindeutig ein größerer Gourmand als der Durchschnitt. Vielleicht habe ich ja aus diesem Grunde die Ernährungsweise eingeführt, bei der Genießen die Regel ist ... Jedenfalls haben wir zwei Ziegen gekauft, um unsere eigene biologische Milch, frisch vom Euter, zu haben. Ich war richtig enttäuscht, feststellen zu müssen, daß sich jedes Mal, wenn ich eine Milchkur machte, schon die kleinste Verletzung infizierte.

Es gibt Leute, die auch Milch trinken und die keine Infektionen bekommen.

Darauf kommen wir gleich noch zu sprechen. Bleiben wir im Moment bei den Tatsachen: Ich hatte eine 100%ig natürliche Nahrung, und unter solchen Bedingungen infizierten sich meine Verletzungen, sobald ich Milch zu mir nahm, ganz gleich ob in Form von Frischmilch oder als Dickmilch. Ich hatte ziemlich oft Kratzer an den Händen. Ich war damals dabei, den alten Bauernhof umzubauen, aus dem später unser erstes Institut wurde. Als sich einmal am linken Zeigefinger erste Anzeichen einer Infektion zeigten, beschloß ich, weiter Milch zu trinken, um zu sehen, wohin das führen würde. Die Entzündung in meinem Finger wurde bald zu einer eitrigen Beule, dann zeichnete sich ein roter Streifen auf dem Handrücken ab, der langsam bis zum Unterarm und dann bis zum Oberarm ging. Da ich eine Blutvergiftung befürchtete, hörte ich mit dem Milchtrinken auf, und schon am nächsten

Tag begann der Streifen zurückzugehen. Als er etwa in der Mitte des Unterarms war, fing ich wieder an, Milch zu trinken, um ganz sicher zu sein, daß es kein Zufall gewesen war. Der Streifen zog in wenigen Tagen wieder bis zum Oberarmknochen. Dieses Mal setzte ich die Milch endgültig ab, und langsam kam alles wieder in Ordnung. Diese Erfahrung hatte fast sechs Wochen gedauert. Ich habe noch am Ansatz des linken Zeigefingers eine kleine Narbe zurückbezahlten; sie ist etwas röter als der Rest der Hand.

Das muß man wissen, um es überhaupt zu sehen!

Mit Instinkto verheilte das schnell und gut. Wenn man sich geschnitten hat, beispielsweise, gerinnt das Blut ganz rasch, man verspürt keinerlei Schmerz, man sieht keine Rötung, und in einigen Tagen ist alles wieder zugeheilt.

Meine Frau machte genau die gleiche Erfahrung wie ich. Ich stellte sogar fest, daß es zu Infektionen auch ohne offene Wunden kommen kann, als begännen sie von innen heraus, was der These von der Mikrobe als Aggressor widerspricht.

Ich hatte außerdem bemerkt, daß der sich bildende Eiter nach Ziege roch, eine Mischung aus Milch und Urin. Ich dachte zuerst, daß es sich um eine Mikrobe handele, die uns beim Kontakt mit unserem Hornvieh infizierte. Aber keine wie auch immer geartete Hygienemaßnahme konnte diesen Geruch verhindern.

Nach sechsmonatigem Zögern beschloß ich, Milch unter die gefährlichen Lebensmittel einzureihen (adieu, Käse) und die Theorie zu ändern.

Indem Sie davon ausgingen, daß Milch anormale Moleküle enthält?

Man durfte wohl annehmen, daß die diesen Ziegengeruch tragenden Moleküle meine Darmschranke durchdrungen hatten. Und da ich bei diesen Infektionen noch Tage, nachdem ich die Milch abgesetzt hatte, auf sie stieß, war klar, daß sie sich in meinem Organismus akkumulieren konnten.

Und das haben alle späteren Beobachtungen bestätigt: Milch vergiftet uns wie ein denaturiertes Nahrungsmittel. Sie enthält Moleküle, an die unsere Enzyme vermutlich nicht angepaßt sind und die der Organismus über Hilfsausscheidungsorgane ausscheiden kann.

Dann ist für Sie eine Infektion so eine Art Ausgangstür?

Das klingt vielleicht ein bißchen nach Naturheilkundler, aber ich denke effektiv, daß es so ist.

Wozu sind dann die Mikroben da, warum scheidet der Körper solche parasitären Moleküle beispielsweise nicht einfach mit einer Absonderung von Serum aus?

Manchmal tut er das auch: Gewisse Hautausschläge treten in Form von durchsichtigen Blasen auf; in diesem Falle ist es ein Virus, das die Bildung von lauter Pickeln programmiert, um auf diese Weise unliebsame Moleküle auszuscheiden. In anderen Fällen trifft man auch auf Bakterien. Ich denke, daß der Organismus sie benutzt, damit sie gefährliche Moleküle abbauen, die mit seinen eigenen Enzymen abzubauen er nicht schafft. Mit Bakterien gewissermaßen als ›Mittelspersonen‹ verfügen wir praktisch über Enzyme.

Wie bei der Darmflora?

Genau. Unser Darm züchtet eine ganze Auswahl von Bakterien, deren Enzyme bestimmte Arbeiten verrichten, die unsere eigenen Enzyme nicht durchführen können. Ich denke, daß die sogenannten infektiösen Prozesse (die mit dem Instinkto-Bezugssystem nichts Infektiöses mehr an sich haben) in Wirklichkeit Symbiosen analog zu denen unseres Darms sind.

Unter solchen Gesichtspunkten könnte man einen Abszeß als eine Art Kläranlage betrachten, in der alle vom Blut transportierten parasitären Moleküle von den Enzymen der zu diesem Zwecke stark vermehrten Bakterien abgebaut werden.

Wie bei Kläranlagen, wo man Bakterienstämme einsetzt, deren Enzyme in der Lage sind, Erdöl-Derivate und andere nicht abbaubare umweltverschmutzte Stoffe zu verdauen.

Ich denke, daß das Leben unseren Ökologen voraus war.

Und bei Infektionskrankheiten, wie Typhus oder Tuberkulose?

Die Bakterien können ihre Entgiftungsarbeit in jeder beliebigen Körperstelle ausführen: im Darm, in der Lunge...

Aber warum gräbt der Tuberkelbazillus denn Kavernen? Das ist nicht gerade eine beruhigende Vorstellung.

Wenn man tagtäglich mit gekochten Kartoffeln oder irgendeinem anderen denaturierten Lebensmittel Moleküle aufnimmt, die der Kochsche Bazillus abbauen soll, dann vermehrt er sich dermaßen, daß er Verletzungen bewirkt. Man überschreitet die von unserem genetischen Programm vorgesehenen Normen, und dann wird dieser Entgiftungsprozeß zerstörerisch.

Warum vernichtet das Immunsystem dann nicht die überschüssigen Mikroben?

Da begeht man, glaube ich, den größten Denkfehler. Die Aufgabe des Immunsystems besteht nicht in erster Linie in der Zerstörung von Mikroben, sondern in der Eliminierung von gefährlichen Molekülen; im Rahmen dieses Ziels läßt es die Vermehrung von Bakterien zu, deren Enzyme den angesteuerten Abbauprozeß gewährleisten; wenn aber infolge einer unangemessenen Nahrungszufuhr zu viele Moleküle im Blut zur Zielscheibe werden, dann gerät dieser Prozeß dermaßen durcheinander, daß er Schäden anrichtet, die tödlich ausgehen können.

Die Natur hätte ruhig ein Sicherheitssystem erfinden können, das diese Art von Entgleisung verhindert.

Gerade in der Natur gab es eben sehr wenig anormale Moleküle: Es kam wohl vor, daß eine Knollenfrucht mal durch einen Lavastrom oder durch einen Brand geröstet wurde; aber die in unserem Gen-Bestand noch festgeschriebenen Entgiftungsmechanismen sind nicht an die molekularen Lawinen angepaßt, die wir unseren Kochgewohnheiten zu verdanken haben.

Ihrer Meinung nach ist also das Immunsystem nicht dazu da, gegen Mikroben zu kämpfen?

Es ist dazu da, die Vermehrung von Bakterien zu kontrollieren und die Vernichtung unerwünschter Bakterien zu gewährleisten. Es wird beispielsweise nur einige wenige, für eventuelle zukünftige Reinigungseinsätze erforderliche, in Reserve behalten. Und für diesen Einsatz braucht es sie sich dann nur vermehren zu lassen: Das erklärt auch das Vorhandensein von ›nicht-virulenten‹ Krankheitskeimen im Organismus.

Demnach müßte selbst der Begriff der Virulenz neu überdacht werden.

Genau. Ich hatte den immer sehr seltsam gefunden. Und daß manche Menschen Typhusbakterien (salmonella typhi) beherbergen können, ohne Typhus zu bekommen.

In der Medizin spricht man in diesen Fällen von ›gesunden Keimträgern‹. Sie sehen, daß die klassische Interpretationsart widersprüchlich ist. Wenn die Mikrobe das Agens der Krankheit ist, muß man auch zum Konzept vom ›gesunden Kranken‹ kommen. Nach der Konzeption, wie ich sie vorschlage, erscheint die Infektionskrankheit als der Sonderfall einer Immunkrankheit. Die vom Immunsystem normalerweise genutzte Bakterie vermehrt sich dermaßen, daß sie Verletzungen hervorruft. Das ist ein bißchen so, als würden Alliierte zu mächtig; dann drohen sie sich in Feinde zu verwandeln.

Die Infektion als Autoimmunkrankheit... Das ist schon überraschend!

Wie bei der Karies: die Bakterien, die eigentlich als Müllabfuhr dienen sollten, graben Kavernen in die verminten Zonen unseres Dentins.

Was Sie verlangen, ist ein totales Umdenken. Glauben Sie, daß die Ärzteschaft Ihnen da folgen wird?

Die meisten Ärzte wissen sehr wohl, daß in unserer heutigen Medizin nicht alles so läuft, wie es eigentlich sollte. Aber die Forscher können tun, was sie wollen: das Problem läßt sich nicht außerhalb des Bezugssystems der gekochten Nahrung lösen. Man muß wissen, was in uns abläuft, wenn die Nahrung den von unserem genetischen Programm vorgesehenen Normen entspricht, denn sonst sind Interpretationsfehler unvermeidlich. Wenn beispielsweise eine Reinigungsaktion zu gefährlich ist, so scheint sich der Organismus darauf zu verstehen, unnütze Risiken zu umgehen. Darum kommt es zu solchen Infektionen, wie man sie nach dem Verzehr von Milchprodukten beobachten kann, paradoxerweise auch nur, wenn die Ernährung ansonsten korrekt ist. Wenn nicht, geschieht gar nichts.

Dann meint man also, man widerstehe solchen Infektionen, und dabei ist man in Wirklichkeit gar nicht in der Lage, zu reagieren?

Man sieht häufig, wie Leute, die niemals Wehwehchen hatten, plötzlich von Krebs oder einem Herzversagen hinweggerafft werden. Da wurde die Abwehrlage in der Tiefe unterminiert.

Wenn ich diese Argumentation noch weiterführe, dann muß man oft krank sein, um guter Gesundheit zu sein?

Mit dem üblichen kulinarischen Bezugssystem gelangt man effektiv zu diesem Paradox. Das Ganze wird klarer, wenn Sie nicht mehr ›Krankheit‹ sagen, wie es fälschlich die Medizin tat, sondern ›Entgiftungsprozeß‹ oder auch ›Orthopathie‹, um derart aufzuzeigen, daß es sich um Beschwerden handelt, die der Wiederherstellung der Ordnung dienen. Dann wird nämlich klar ersichtlich, daß solche ordnenden Prozesse zur Gesundheit beitragen.

Letzten Endes handelt es sich also nur um eine Störung nützlicher Prozesse. Der Krankheitsbegriff existiert für Sie gar nicht mehr?

Weit gefehlt. Wenn die Vergiftung des Organismus einen kritischen Stand erreicht hat, sind gewisse Funktionen nicht mehr möglich. Dann degeneriert die Sache, und dann kommt es zur Krankheit: Krebs, zum Beispiel. Man darf nur diese echten Krankheiten nicht mit den Orthopathien verwechseln. Die ersten entwickeln sich zur Unordnung hin, während die zweiten die Ordnung wiederherzustellen bestrebt sind (außer wenn gewisse unvorhergesehene Faktoren dazu führen, daß der Organismus die Kontrolle verliert; in diesem Falle geht auch da die Entwicklung in Richtung Unordnung, und dann kann man ebenfalls von Krankheit sprechen).

Unter den traditionellen Ernährungsbedingungen entwickeln Orthopathien sich häufig auf die Komplikation zu, und daher kommt es, daß die Medizin sie mit echten Krankheiten verwechselt. Das ist vermutlich der größte medizinische Fehler aller Zeiten: Indem man Orthopathien ›heilt‹, also mit anderen Worten, diese Entgiftungsprozesse mit Hilfe von Antibiotika oder welchen Therapeutika auch immer, unterbricht, wird der Organismus immer mehr vergiftet, und dadurch kommt es zu einer Zunahme echter Krankheiten, die dann effektiv unheilbar sind.

Gewisse Schulen der Naturheilkunde behaupten im Gegenteil, daß alle Krankheiten nützlich seien, Krebs nicht ausgenommen. Auch da begeht man einen schwerwiegenden Irrtum, denn man läuft Gefahr, unter dem Vorwand, ›die Natur machen zu lassen‹ überhaupt nicht einzugreifen, während die Natur dabei ist, sich zu zerstören. Ich sage lieber, daß ein pathologischer Fall vorliegt, sobald ein Prozeß in Unordnung gerät: molekulare Anomalien, Verletzungen, Entartungen, Tumore. Meiner bescheidenen Meinung nach ist Krebs keine nützliche Krankheit. Schon sein Prinzip selbst ist Unordnung: Das Immunsystem ist nicht mehr in der Lage, die verrückt gewordenen Zellen zu erkennen oder zu zerstören.

Die Schulmedizin erkennt die Wichtigkeit des Ernährungsfaktors im Krebsgeschehen inzwischen aber an.

Seit 1980 etwa haben epidemiologische Untersuchungen ergeben, daß zwischen Ernährung und Krebs ein enger Zusammenhang besteht. Das ist ein gewaltiger Fortschritt! Ich lächle, weil ich gerade an eine Geschichte denken muß, die einem meiner Patienten passiert ist (obwohl die Bezeichnung Patient nicht korrekt ist, da ich nichts weiter tue, als andere zu lehren, ihre eigenen Instinktäußerungen zu erkennen). Jedenfalls war dieser Mann, ein Wasserbauingenieur, zu mir gekommen, nachdem man bei ihm gerade ein undifferenziertes trophoblastisches Teratom diagnostiziert hatte...

Mir fallen die Augen zu vor Müdigkeit, haben Sie ein bißchen Mitleid mit meinen Ohren.

Das ist eine Krebsart, die Sie in weniger als drei Jahren dahinrafft; damals war in den Statistiken nicht ein Überlebender verzeichnet.

Der Unglückliche, dem der Arzt nicht die Wahrheit gesagt hatte, jedenfalls nicht die ganze Wahrheit, zog es vor, sich einer Chemotherapie zu unterziehen und das, was ich ihm ›ganz roh‹ über Ernährungsgewohnheiten servierte, lieber zu vergessen. Ein Jahr später kam er mit zwei Metastasen in der linken Lunge zurück. Dieses Mal beschloß er, die Instinktotherapie 100%ig zu praktizieren, was ihm übrigens auch eine große innere Ruhe verlieh. Man fühlt sich viel wohler in seiner Haut, wenn man den Eindruck hat, recht zu tun, das heißt, den großen Naturgesetzen zu gehorchen. Das ist ein wichtiger psychologischer Faktor.

Von Monat zu Monat beobachteten wir seine Röntgenbilder, und unsere Hoffnungen erfüllten sich: Die Metastasen verschwanden völlig. Einige Jahre vergingen, sein Arzt war verstimmt und erzählte etwas von Spontanheilung, ohne ihn überhaupt nur zu fragen, worin seine Diät eigentlich genau bestanden hätte.

Der Arzt hätte sich dieses Falls doch annehmen müssen, um diese Erfahrung auch anderen Kranken zugute kommen zu lassen.

Sie sind wirklich arg gutgläubig. Wenn ein Mann der Heilkunst sich in seinen ersten Diagnosen so widerlegt sieht, dann bleibt ihm kein anderer Ausweg, als diese Diagnose zu verleugnen. Der Äskulapstab der Gottheit Medizin muß unversehrt bleiben.

Advances in cancer research, Band 32, 1980,
Academic Press, New York, S. 329–331

»Wir haben gegenwärtig den unstrittigen Beweis dafür, daß die Krebsinzidenz vor allem der verschiedenen Tumore von einem Land zum andern und von Region zu Region völlig verschieden ist. Unter den Risikofaktoren für Krebs hat wahrscheinlich keiner eine solche Bedeutung wie die Nahrung und unsere Ernährungsweise. Die verschiedenen Aspekte, mit denen sich dieser Artikel befaßt, haben den Beweis erbracht, daß Umgebungseinflüsse wie auch berufliche oder genetische Faktoren für die Ätiologie dieser Krebsarten mit Recht ausgeschlossen werden können. Obwohl die Notwendigkeit, für die epidemiologischen und empirischen Gegebenheiten eine analytische Erklärung zu finden, unsere experimentelle Forschung zu Recht beschäftigt, darf sie sich im Interesse der Volksgesundheit und in Anbetracht ihrer großen damit einhergehenden Verantwortung nicht davon abhalten lassen, schon jetzt alle Möglichkeiten eines Eingreifens zu nutzen, also noch bevor die rein mechanische Abfolge des Krebsgeschehens endgültig genau geklärt ist. Diätetische Maßnahmen scheinen, mit gewissen Einschränkungen, eine außerordentlich günstige Relation von Vor- und Nachteilen zu bieten, eine Sachlage, bei der die Bevölkerung wenig zu verlieren, aber wahrscheinlich viel zu gewinnen hätte. Wenn alle Maßnahmen ergriffen und darüber hinaus die Krebsarten, die man bereits vermeiden kann, also die umwelt- und berufsbedingten, eliminiert würden, dann träten wir in eine Epoche ein, da keine Krebsart noch länger eine der Haupttodesursachen des Menschen wäre.«

Ich finde es einfach skandalös, Kranken nicht die Wahrheit zu sagen. Man nimmt ihnen damit jede Chance, anders als auf dem Weg der Schulmedizin gesund zu werden.

Solange die Medizin meint, es gebe kein Heil durch andere Wege als die ihren, solange wird sie sich nicht nur berechtigt, sondern sogar verpflichtet fühlen zu lügen. Es gibt sogar einen Passus im Kodex der Standespflichten, mit dem es dem Arzt verboten wird, seinem Patienten die Wahrheit zu sagen, wenn dieser dadurch Schaden nehmen könnte...

Das müssen Sie sich einmal vorstellen: die Medizin, das ist die Kunst zu heilen; die Wahrheit aber wirkt dem Placebo-Effekt entgegen, und der Placebo-Effekt ist zur Heilung nötig, also ist Medizin ganz legal die Kunst, Kranke anzulügen.

Oh, welch schöner Syllogismus.

Sie mögen die formale Logik nicht?

Und was ist aus Ihrem Krebskranken geworden?

Er ist heute, acht Jahre später, in Höchstform. Seine Krankheit ist nur noch eine böse Erinnerung.

Die Kranken, die Ihnen ihr Leben verdanken, sind Ihnen doch bestimmt bis in alle Ewigkeit dankbar. Fürchten Sie nicht, auf lange Sicht ein neuer Christus von Montfaver oder so etwas wie ein Guru der Gesundheit zu werden?

Da kann ich Sie wirklich beruhigen: die Menschen, die ihre Haut dank der Instinktotherapie retteten, machen aus mir häufig den Sündenbock für einen Verlust, über den sie untröstlich sind, nämlich all der oralen Reizmittel, die für sie immer so etwas wie die Rückkehr zur Mutterbrust gewesen waren...

Und wenn sie mir bewußt dankbar sind, so sind sie mir unbewußt gram. Aber ich erwarte auch gar keine besondere Dankbarkeit. Ich bin davongekommen, ich habe einige Erkenntnisse gewonnen, da ist es ganz normal, daß ich andere daran teilhaben lasse.

Wissen Sie, was ein proselytischer Trieb ist? Wenn man Hühnern ein Stück Fleisch vorwirft, so fängt das erste, das es gefunden hat, an zu gackern, so daß die anderen sofort wissen, daß es in seiner Nähe etwas zu holen gibt.

Aus diesem Grunde ist es erforderlich, andere an dem teilhaben zu lassen, was man selbst entdeckt hat.

Sie glauben, das geschehe instinktiv?

Die Instinkte sind sehr komplex, beim Menschen. Aber ich erzählte Ihnen diese Geschichte mit dem Teratom aus einem ganz anderen Grund: Mein ehemaliger Patient beschloß, als seine Heilung sich nach all den Jahren bestätigt hatte, über diese Erfahrung zu berichten. Er organisierte also Konferenzen, lud Journalisten ein, die einen langen Artikel in einer der größten Tageszeitungen der französischen Schweiz brachten. In dem Bestreben um Objektivität baten die Journalisten auch die bedeutenden Kanzerologen des Kantonalkrankenhauses um eine Stellungnahme.

Diese Herren erklärten auf das Entschiedenste, das alles könne nur ein Schwindel sein, denn es gebe keinerlei Beweise dafür, daß eine besondere Ernährung irgendeinen nachhaltigen Einfluß auf diese Krankheit habe.

Man hätte ihnen antworten können, daß sie ebenfalls keinerlei Beweise dafür hätten, daß eine besondere Ernährung keinen nachhaltigen Einfluß auf diese Krankheit habe.

Das nenne ich formale Logik! Diese armen Chefärzte wußten sicherlich nicht, daß ein Jahr zuvor die Amerikaner, die uns Europäern immer um eine Wellenlänge voraus sind und den Schweizern daher um zwei Wellenlängen, in ihren alleroffiziellsten Annalen die gegenteilige Feststellung veröffentlicht hatten. Ich zitiere: »Beim Krebs kommt sicherlich keinem Risikofaktor eine größere Bedeutung zu als der Nahrung und der Ernährungsweise.« Seitdem habe ich nichts mehr gehört...

Die Wissenschaft kommt also genau zu dem Schluß, zu dem Sie schon von allein gekommen waren?

Die Statistiken haben bewiesen, daß es da einen ursächlichen Zusammenhang gibt. Man forscht in bezug auf kanzerogene Stoffe; meiner Meinung nach ist das nicht das Wichtigste. Diese Substanzen machen die genetische Information der Zelle kaputt, aber normalerweise ist das Immunsystem dafür da, das zu erkennen und die anormalen Zellen zu zerstören. Wir fabrizieren jeden Tag Hunderte von mißlungenen Zellen, die zum Glück hinausbefördert werden, bevor sie in uns ebensoviele Tumore produzieren. Das Problem besteht also darin herauszufinden, warum das Immunsystem seiner Aufgabe nicht mehr nachkommt.

Ich glaube, ich errate Ihren Gedanken schon: Der molekulare Schleier, der von der denaturierten Nahrung gebildet wurde, setzt es außerstande sich einzumischen.

In groben Zügen, ja. Wenn wir mit irgendeinem Nahrungsmittel Proteine zu uns nehmen, sind unsere Enzyme dazu da, sie in kleine Stücke zu zerteilen. Nur, damit unsere Enzyme diese Arbeit ordentlich durchführen können, müssen sie an diese Proteine angepaßt sein. Wenn wir ursprüngliche Nahrungsmittel aufnehmen, dürfte es da im Prinzip auch keine Probleme geben, solange man die vom Instinkt vorgegebenen Dosen nicht überschreitet, denn sonst könnte es passieren, daß ein Teil dieses

Proteins im Blut (oder der Lymphe) ankommt, ohne vollständig abgebaut zu sein.

Schon eine einfache Überlastung bewirkt also eine anormale Situation.

Was zeigt, wie wichtig das instinktive Ausbalancieren ist. Im Fall von nicht ursprünglichen Nahrungsmitteln, wie Milch, stoßen wir etwa auf das gleiche Schema. Einmal abgesehen davon, daß eine Dosierung durch den Instinkt nicht erfolgt, ist es hierbei die Natur der Proteine, die unser Enzymsystem zum Erliegen bringen kann. Von der Kuh oder der Ziege synthetisierte Proteine drohen in das Blut zu gelangen und dabei eine diesen Säugetieren eigene Struktur zu behalten, eine Struktur, die also im menschlichen Organismus fremd ist.

Dann gab es noch den Fall der durch Kochen denaturierten Nahrungsmittel: auch hierbei erfolgt keine Dosierung durch den Instinkt, und somit besteht die Gefahr einer Überlastung. Außerdem können die durch Hitzeeinwirkung herumgeschubsten Proteine, deformiert oder mit anderen Komponenten gekoppelt, der Wachsamkeit unserer Enzyme entgehen und in unseren Organismus gelangen, ohne ihre fremde Struktur dabei zu verlieren.

Wird's nicht zu kompliziert?

Nein, ich kann Ihnen noch sehr gut folgen. Diese fremden Eiweißstoffe müssen also immunologische Reaktionen bewirken?

Ganz bestimmt. Das Problem der Unverträglichkeit gegenüber Milch und Gluten ist bekannt. Aber solche Unverträglichkeitserscheinungen müssen nicht unbedingt lange anhalten. Nach einer gewissen Zeit verzichtet der Organismus darauf zu reagieren. Das Immunsystem gelangt nun in den ›Toleranzzustand‹, wie die Spezialisten das nennen; das ist der Moment, wo die jungen Mütter sich dann freuen und sagen: »Ah, jetzt hat mein Baby sich an die Milch gewöhnt.« In Wirklichkeit verteidigt sich der Organismus nur nicht länger; künftig kann das körperfremde Eiweiß überall eindringen, ohne dabei von irgend etwas aufgehalten zu werden; es kann sich im Fett lösen, sich auf der Zellmembran festsetzen, in das Plasma eindringen, die DNS im Zellkern kaputtmachen.

Ist es das, was Sie mir schon in bezug auf die naturfremden Nahrungsmoleküle erklärt haben?

Auszug aus:
Immunreaktion auf vom Verdauungstrakt aufgenommene Umwelt (Nahrungsmittel-)antigene.
»Federation proceedings«, Band 36 Nr. 5, April 1977, Seiten 1782/3.

Angeblich ist die Absorption von Makromolekülen in einer immunologisch aktiven Form durch den Darm des normalen Erwachsenen nicht möglich, zum einen, weil sie einerseits im Darmlumen vollständig abgebaut würden, zum anderen, weil die Darmschleimhaut für Makromoleküle undurchlässig sein soll (Darmschranke).

Eine nahrungsbedingte Antigenreaktion kann nach Aufnahme von in der Nahrung enthaltenen Antigenproteinen nachgewiesen werden, wie direkte immunchemische Messungen zeigen.

Es ist klar, daß der normale Erwachsene Makormoleküle beträchtlicher Menge über den Darm aufnimmt.

Ist eine kritische Proteinkonzentration in der Umgebung der Zelle erreicht, kommt es zu einer Einstülpung der Membrane, und es bilden sich intrazelluläre Vesikel. Dieser Prozeß setzt sich durch eine spontane Bewegung des Vesikels im Innern der Zelle fort. Der größte Teil der aufgenommenen Proteine

Bei Proteinen (oder eventuell anderen großen Molekülen) stellt das Problem sich anders. Sie haben einen unserem Organismus fremden immunologischen Steckbrief.

Dann spielen diese Moleküle also die Rolle von Antigenen?

Ach! Warum haben Sie mir denn nicht gleich gesagt, daß Sie wissen, was Antigene sind!... In der Tat, alle diese großen Moleküle bewirken normalerweise eine Reaktion

---

wird von den Enzymen der Lysosome verdaut, kleine Mengen aber werden durch die Zelle bis zur auf der anderen Seite der Schleimhäute befindlichen extrazellulären Körperflüssigkeit transportiert, wodurch ein Übertritt ins Blut oder in die Lymphe also möglich ist.

Diese Proteine können, so wird vermutet, außer über den intrazellulären Transport auch auf interzellulärem Weg diffundieren, zwischen den Verbindungspunkten, durch die die Epithelzellen miteinander verschweißt sind.

Anmerkung 1: Damit ist also die Theorie, die Darmschranke verhindere ein Eindringen von fremden Eiweißen, endgültig hinfällig (Bitte an die Biochemiker, dies zur Kenntnis zu nehmen). Das Eindringen von Nahrungsmittelantigenen in den Organismus und die auf Grund der Wiederholung erfolgende Induktion der Immuntoleranz bahnt dem Krebs geradezu den Weg (Bitte an die Immunologen, sich darüber Gedanken zu machen!).

Anmerkung 2: Leider äußert sich diese Toleranz durch das Fehlen von Intoleranz den üblichen Lebensmitteln gegenüber; sie wird infolgedessen von der Medizin als normal betrachtet. Paradoxerweise ist der präcanceröse Organismus derjenige, welcher die altüberlieferten Irrtümer in der Ernährung am ehesten toleriert (Bitte an alle Kanzerologen, über diesen Punkt sehr lange zu meditieren!).

---

des Immunsystems, man kann sagen, daß es sich um Nahrungsmittelantigene handelt. Aber Vorsicht, auch hier ist die Medizin mal wieder einem Interpretationsfehler zum Opfer gefallen. Da jeder Organismus seit frühester Kindheit von denselben Nahrungsmittelantigenen heimgesucht wird, wird jeder Organismus auch mehr oder weniger in den gleichen Toleranzzustand versetzt, so daß man meint, dieser Toleranzzustand sei normal. Und wenn der Organismus dann wirklich normal reagiert, spricht man von Intoleranz.

Womit wir wieder beim Bezugssystem des Ursprünglichen wären.

Erinnern Sie sich noch an die Milchsendungen, die in die Dritte Welt gingen? Die unglücklichen Nutznießer dieser Aktion, die noch nie Milch getrunken hatten, bekamen solche Unverträglichkeitserscheinungen, daß sie die Amerikaner beschuldigten, sie vergiftet zu haben: da hatten sie auch völlig recht, nur war es kein dem Milchpulver zugesetztes Gift, sondern die Milch selbst, die ihre Beschwerden hervorgerufen hatte. Und niemand hat das erfaßt.

Ist das derselbe Fall wie bei der Milch, die in Entwicklungsländern so viele Neugeborene getötet hat?

Man hat Keimen die Schuld gegeben, die sich in dem Wasser befunden hätten, mit denen die Afrikanerinnen ihre Fläschchen zubereiteten. Das ist ein bißchen schnell dahergesagt, denn in diesen Ländern sitzen überall Salmonellen, selbst auf den Brustspitzen der Frauen!

Haben Sie da persönliche Erfahrungen?

Mit den Salmonellen ja, mit den Brustspitzen nicht. Aber vielleicht könnte man das vorsehen... Die Instinktotherapie scheint zu Großem berufen, in den nächsten Jahren...

In neuen Organismen ruft Milch Unverträglichkeitserscheinungen hervor, und es ist gesetzlich vorgeschrieben, Babys, die schon einmal eine Milchintoleranz durchgemacht haben, Milch künftig nur in Kliniken unter entsprechender ärztlicher Aufsicht zu verabreichen, da sie durch einen anaphylaktischen Schock zum Tode führen kann.

Auszug aus:
›Cahiers de nutrition et diététique‹
›Welche Milch für den Säugling?‹ Jean Lestradet. (Und welche Proteine für den Erwachsenen?...)

Die Proteine der Kuhmilch und ganz besonders das Betalactoglobulin, das in Frauenmilch nicht vorhanden ist, sind fremde Eiweißstoffe, die zur Bildung von Antikörpern führen können.

Diese können zunächst zu einer in den meisten Fällen unerkannt bleibenden (kleine Darmblutungen), häufig aber auch sichtbar werdenden Intoleranz nicht nur in bezug auf die Verdauung, sondern auch allgemeiner Natur führen.

Bestimmte Infektionskrankheiten des Nasen-Rachen-Raumes oder der Lungen scheinen effektiv von einer solchen Intoleranz herzurühren. Darüber hinaus wird das Eindringen dieser fremden Proteine bei einigen Personen Prozesse auslösen, die später zu allergischen Erscheinungen führen (Enterokolitis, Ekzeme, Asthma usw.).

Anmerkung: Die Ernährungswissenschaftler haben sich vielfach zu Nahrungsmittelunverträglichkeiten geäußert. Sollte man sich nicht vielmehr Gedanken machen über Toleranzen, die nicht zu einer Allergie, sondern zu Krebs führen können?

Aber, wie gesagt, mir scheint der ›Toleranzzustand‹ der gefährlichere zu sein: Wenn der ganze Organismus von Proteinen des Typs ›Kuh‹ beispielsweise heimgesucht wird, dann wird jede Zelle gewissermaßen von einem fremden Siegel geprägt. Daher kann der Körper dann nicht mehr gefahrlos aus diesem Toleranzzustand herauskommen.

Weil es sonst zur Selbstzerstörung durch das Immunsystem kommt?

Das ist ganz klar: Wenn dieses darangeht, alles zu zerstören, was fremd ist, wird es die Zellen zerstören, die von den fremden Molekülen markiert wurden. Bleibt der Toleranzzustand bestehen, so bringt das auch kein besseres Ergebnis.

Stellen Sie sich vor, daß sich eine Krebszelle bildet und daß diese genau die Erkennungsantigene hat, die zu der bereits gebildeten Toleranz passen...

Erkennungsantigene?

Eine Krebszelle, deren DNS anormal ist, produziert anormale Proteine, die dem Immunsystem erlauben, sie aufzuspüren, wenn alles gut geht.

Ich verstehe. Wenn diese Proteine infolge des von dem Nahrungsmittelantigen induzierten Toleranzzustandes nicht erkannt werden, wird die Zelle auch nicht aufgespürt.

Das ergibt sich zwangsläufig.

Und die Kanzerologen haben nie dran gedacht?

Noch nicht. Sie sind zu sehr mit ihren kanzerogenen Substanzen und ihrer Chemotherapie beschäftigt.

Aber das ist doch unfaßbar. Jedes Kind könnte diese Theorie verstehen.

Kanzerologen sind keine Kinder.

Also, da sucht man seit einem Jahrhundert, und dabei wäre alles so einfach gewesen. Einfach nicht an die Nahrung gedacht zu haben…

Doch, unter gastronomischen Gesichtspunkten hat man ja viel an sie gedacht! Eine ›Brandade‹ ist ja auch so gut!

Drehen Sie nicht noch das Messer in der Wunde herum!

Und nicht den Fisch in der Pfanne. Dann wird alles besser gehen.

Als ich Ihnen sagte, daß Sie der Kochkost den Krieg erklären…

Die Kochkost hat der Menschheit den Krieg erklärt.

Haben Sie konkrete Fakten, die Ihre Theorie über den Krebs bestätigen?

Die Spontanheilungen, die ich mit der Instinktotherapie beobachten konnte, und auch Krebserkrankungen bei meinen Versuchsmäusen, die beispielsweise mit Getreide gefüttert wurden.

Sie denken, daß Getreide kanzerogen ist?

Nicht kanzerogen im engeren Sinne. Ich glaube eher, daß es anormale Proteine enthält, die, wie die Milch auch, entweder zu Intoleranzen oder auch zu Toleranzen führen und folglich dem Krebs Tür und Tor öffnen können. Ich habe den Eindruck, daß die Hauptursachen für diese unheilvolle Krankheit sind: Milch und ihre Derivate, Getreide und alles, was man daraus macht, Brot, Teigwaren usw., Erhitztes in jeder Form und die Nahrungsüberlastung ganz allgemein.

Die durch die Nahrung hervorgerufene Störung des Organismus, sei sie quantitativer oder qualitativer Art, führt zu einer immunologischen Unordnung im Körper, und diese Störung äußert sich entweder durch Krebs oder aber durch Autoimmunkrankheiten.

Da man seit einem halben Jahrhundert große Fortschritte auf dem Gebiet der Arzneimittel gemacht hat, hindert man die sogenannten Infektionskrankheiten besser denn je zuvor daran, ihre Reinigungsaufgabe zu erledigen (man impft ja sogar gegen Grippe), so daß Krebs und die Autoimmunkrankheiten noch gewaltig zunehmen werden.

Dann wären die Fortschritte der Medizin also die Ursache für die Zunahme schwerer Krankheiten?

Zumindest wäre es sicherlich ratsam, unsere Hygiene- und Impfmaßnahmen, die Antibiotika-Therapien und so weiter in Frage zu stellen. Ich glaube, die Medizin ist gegenwärtig an einem Wendepunkt angelangt; der Auftrieb der Naturheilverfahren ist dafür der beste Beweis. Wenn die große Gottheit Medizin nicht möchte, daß die Sache schlecht für sie ausgeht, dann wäre sie gut beraten, ein Auge auf die Erkenntnisse zu richten, die sie seit Jahrhunderten im dunkeln belassen hat.

Früher hieß es, es sei wichtig, seine Kinderkrankheiten gehabt zu haben.

Und heute impft man drauflos, ohne auch nur einen Moment darüber nachzudenken, ob die Viren und Mikroben nicht vielleicht irgendeine Funktion haben. Und wenn ein Arzt effektiv versucht, einen anderen Standpunkt verlauten zu lassen – ich denke an einen, der behauptete, Typhus könne Krebsheilungen bewirken, was sich mit meiner Meinung deckt –, dann stempelt man ihn zum Ketzer oder Verbrecher.

Man möchte meinen, wir lebten noch zur Zeit der Inquisition!

Ist die Ärztekammer nicht aufgelöst worden? Ich habe das sagen hören... Sie haben recht, in bezug auf Ernährung und Pathologie verlassen wir eben gerade das Mittelalter. Wir wagen es nicht, unsere Tabus in Frage zu stellen. Die ganze wissenschaftliche Forschung erfolgte unter Respektierung von Traditionen, so wie man Astronomie zu Zeiten Galileis betrieb. Ich glaube, daß sich das ändern muß. In jedem Jahr, das man verstreichen läßt, könnten Millionen von Todesfällen verhindert werden.

Das wäre ja alles sehr schön, aber wenn Ihre Methode sich durchsetzte, hätten wir eine Bevölkerungsexplosion. Stellen Sie sich vor, jeder wird 120 Jahre alt...

Da sprechen Sie ein ganz anderes Kapitel an, und nicht das unwichtigste. Es ist etwas zu spät, um jetzt noch darüber zu sprechen. Ich möchte Ihnen nur sagen, daß die Instinktotherapie ganz im Gegenteil endgültig erlauben würde, die Gefahr der Überbevölkerung zu bannen.

Macht die ursprüngliche Nahrung impotent?

Ich kenne einen Diätetiker, der sich tatsächlich erlaubte, so etwas Albernes zu schreiben. Ohne den geringsten Beweis, möchte ich gleich klarstellen!

Kommt es auch in sexueller Hinsicht zu Veränderungen?

Ohne die Vergiftung durch gekochte Produkte beobachtet man bei allen psychischen Funktionen Veränderungen. Sie müßten nur meine Schweine sehen: Sie werden feststellen, daß sie keinen Ringelschwanz haben. Sie wedeln mit ihm herum, als sei er ein Ventilator, um die Fliegen zu verscheuchen.

Also wirklich, mit der Instinktotherapie sind wir noch nicht am Ende der Überraschungen angelangt.

Wir müssen unsere kulturellen Wertvorstellungen eben ändern.

Trotzdem sehe ich keinen Zusammenhang zwischen dem Schwanz Ihrer Schweine und meiner Psyche.

Dabei ist es das dem Menschen am nächsten stehende Tier. Bei Schweinen ist der Ringelschwanz ein Zeichen von Angst. Wildscheine haben einen geraden Schwanz, und das kommt nicht nur von der Freiheit, denn die haben meine Schweine auch, selbst wenn sie eingesperrt sind.

Und das ist wirklich eine Frage der Ernährung?

Die durch Erhitzen entstehenden Moleküle, die im Organismus schmarotzen, haben einen Einfluß auf das Nervensystem. Wir sprachen im Zusammenhang mit Gluten, den Mäusen und der Schizophrenie bereits darüber. Es scheint sich aber leider um ein sehr viel allgemeineres Thema zu handeln. Die Vergiftung durch unsere Kochgewohnheiten ist universell, und niemand weiß, wie der Mensch sich verhalten würde, wenn er nicht einen Ringelschwanz hätte!

. . .?

Diese Probleme lassen sich nur lösen, wenn man sie an sich selbst erfährt. Sie werden sehen, wie Angst, Streß,

Aggressivität und Depressionen von Ihnen abfallen – all das, was der geistigen Entwicklung, was der Liebe und dem Glück im Wege steht.

Ein bißchen der Gral?

Beginnen wir doch mit dem Anfang: mens sana in corpore sano ...*

* gesunder Geist im gesunden Körper

Theoretische Zusammenfassung

Instinktotherapie* und Anopsologie**

Die *Instinktotherapie,* eine auf der Anopsologie beruhende Methode, nutzt zur Regulierung des Ernährungsgleichgewichts vor allem den Instinkt sowie die den ›Toleranzzustand‹ des Organismus aufhebende Wirkung ursprünglicher Kost.

Die *Anopsologie* (aus dem Griechischen: an = ohne, opson = zubereitete Mahlzeit) ist die Lehre vom Menschen – oder von den Lebensprozessen überhaupt –, nach der Kunstgriffe, die sich auf unsere theoretische Intelligenz gründen – und vor allem Kunstgriffe auf kulinarischem Gebiet – zu vermeiden sind.

Synopsis

Nahrungsmittel sind dann als ursprünglich zu bezeichnen, wenn sie nicht durch Kunstgriffe verändert, sondern so belassen wurden, wie sie in der Natur vorkommen, wie sie also beispielsweise ein Tier sich in seinem natürlichen Biotop zu beschaffen vermag. Die Kunstgriffe, mit denen der Mensch die Nahrung kraft seiner theoretischen Intelligenz verändern kann, lassen sich in fünf Hauptarten einteilen:

---

* Die *Instinktotherapie* nutzt zur Regulierung des Ernährungsgleichgewichts vor allem den Instinkt sowie den »Toleranzzustand« des Organismus aufhebende Wirkung ursprünglicher Kost (= ausschließlich rohe Nahrung).

** Die *Anopsologie* (aus dem Griechischen: an = ohne, opson = zubereitete Mahlzeit) ist die Lehre vom Menschen – oder von den Lebensprozessen überhaupt –, nach der Kunstgriffe aufgrund unserer theoretischen Intelligenz – vor allem solche auf kulinarischem Gebiet – zu vermeiden sind.

1. *mechanische Denaturierung* durch: Mischen, Würzen, Aufeinanderschichten, Extrahieren, Zerkleinern, Pressen, Mixen usw.

2. *thermische Denaturierung* durch: verschiedene Garungsprozesse, Heißlufttrocknung, Kühlen, Tiefgefrieren, Bestrahlen usw.

3. *künstliche Auslese* durch bestimmte Landbau- und Viehzuchttechniken

4. *Konsum von Tiermilch und ihrer Derivate*

5. *Chemikalien:* Düngemittel, Pestizide, Additive, Syntheseprodukte, Medikamente usw.

Bei der Rückkehr zu ursprünglicher Kost läßt sich beobachten, daß der außerordentlich präzise Ernährungsinstinkt, der sich vor allem in einer sich verändernden Geruchs- und Geschmackswahrnehmung äußert, seine Funktion wieder aufnimmt.

Aus dieser Erfahrung heraus können wir das Gesetz des Ernährungsinstinkts formulieren: Jedes ursprüngliche, geruchlich wie geschmacklich anziehende Nahrungsmittel ist für den Organismus nützlich und umgekehrt. Dieses Gesetz läßt sich unmittelbar von den Evolutionsgesetzen ableiten: Ein in der freien Natur lebendes Tier, das instinktbestimmt giftige oder einer ausgewogenen Ernährung abträgliche Pflanzen fräße, wäre anderen gegenüber unterlegen und würde von der natürlichen Auslese eliminiert. Der Ernährungsinstinkt hat sich also, wie jede andere Körperfunktion, im Laufe der Zeit nur immer noch verbessern können.

Diese Entwicklung erfolgte allerdings ausschließlich auf der Basis von ursprünglichen Nahrungsmitteln, und es ist daher nicht verwunderlich, daß die Instinktmechanismen durch eine nicht ursprüngliche Kost außer Funktion gesetzt werden, denn diese ist entwicklungsgeschichtlich noch zu neu, als daß unser genetischer Kode sich an sie hätte anpassen können. Daß die Programmierung des Ernährungsinstinkts *angeboren* ist, läßt sich auf Grund von Versuchen mit Neugeborenen nachweisen; sie sind effektiv unmittelbar nach der Geburt schon in der Lage, ihre Nahrung korrekt auszuwählen und zu dosieren.

Ein für den Organismus nützliches Nahrungsmittel kann während des Verzehrs, und zwar sobald der körperliche Bedarf gedeckt ist, unnütz oder gar schädlich werden; sein Geschmack schlägt dann plötzlich um oder löst unangenehme Empfindungen aus (saurer, herber, adstringierender, beißender, brennender, bitterer Geschmack; rauhe, trockene, klebrige Konsistenz o. ä.).

Diese Veränderung wollen wir einmal ›instinktive Sperre‹ nennen.

An dieser Stelle sei darauf hingewiesen, daß Geschmack und Geruch sich nicht mit anderen Sinnen vergleichen lassen; sie sind die unmittelbare Äußerung des Ernährungsinstinkts, wie es die neurophysiologischen Strukturen des Riechkolbens und des Hypothalamus (Teil des Zwischenhirns) zeigen, welcher den der Kortex (äußeren Zellschicht) übermittelten Nervenimpuls den jeweiligen Stoffwechselgegebenheiten entsprechend modulieren kann.

Die diversen Instinktsignale werden, in dem Maße wie der Organismus sich der durch die übliche gekochte Kulturkost verursachten Überlastung und der damit einhergehenden Stoffwechselschlacken entledigt, klarer und intensiver, und damit entdeckt man dann *ursprüngliche Geschmacksempfindungen,* die ungleich köstlicher und befriedigender sind als die von der kulinarischen Gastronomie gebotenen.

Vom anthropologischen Standpunkt aus kann man die Kochkunst als die Folge einer Art *Kurzschluß zwischen der Intelligenz und dem Instinkt* ansehen, vermögen wir uns doch mit unserer Intelligenz, indem wir äußere Gegebenheiten verändern, Genuß nach Belieben zu verschaffen, unseren Instinkt also folglich zu täuschen. Damit ist dieser künstlich erzielte Genuß, auf den unser Nervensystem genetisch gar nicht eingestellt ist, letztlich nichts anderes als eine Sinnestäuschung. Darüber hinaus bewirkt er eine zunehmende Überlastung des Organismus, wodurch die Intensität des Genusses allmählich nachläßt, was dem eigentlich angestrebten Ziel widerspricht. Diese Überlastung führt dazu, daß gerade die ursprünglichen Nahrungsmittel (mit denen die Geschmacksmechanismen korrekt funktionieren) nicht mehr so gut zu schmecken scheinen, so daß Genuß schließlich nur noch mit Kochkost erzielt werden kann.

Hier ist das Kochen zu einer Art Falle geworden, in die die Menschheit infolge der Entwicklung ihrer theoretischen Intelligenz geraten ist.

Bei unverfälschter Naturkost ist alles, was für den Gaumen gut ist, auch gut für den Körper und alles, was für den Körper schlecht ist, schlecht für den Gaumen. Bei Instinkto braucht man sich also nur das zuzuführen, was von Natur aus geschmacklich verlockend ist; das ist das *Gesetz des Genusses.*

Mit unserer Kochkunst hingegen vermögen wir das, was für den Organismus schlecht ist, so zuzubereiten, daß es für den Gaumen gut wird – ein Genuß, der zum Irrweg führt. Denn dann muß man, um das Ausmaß des Schadens zu begrenzen, bewußt eingreifen, muß Ernährungsrichtlinien aufstellen, und mit der durch die üblichen Eßgewohnheiten hervorgerufenen Fehlregulation des Organismus (Fettleibigkeit, Herz und Gefäße betreffende Störungen usw.) einerseits und dem Stellenwert, den die Ernährungswissenschaft heute hat – Suche nach Essensfahrplänen, nach Diätmaßnahmen usw. – andererseits, ist eben diese Entwicklung auch eingetreten.

Mit ursprünglichen Nahrungsmitteln gibt es keine Feinschmeckerei, da es auch Genuß und Schädigung gleichzeitig nicht geben kann (wenn das Nahrungsmittel gut schmeckt, ist es nützlich, und wenn es schädlich ist, stößt sein Geschmack uns ab).

Bei Beachtung des Ernährungsinstinkts wird das Problem einer korrekten Ernährung grundlegend gelöst. Anstatt den jeweiligen Bedarf des Organismus ermitteln zu wollen (mit all den Unwägbarkeiten, die eine solche Diagnose infolge der außerordentlichen Vielschichtigkeit des Ernährungsprozesses und der erheblichen Schwankungen, denen dieser unterliegt, zwangsläufig mit sich bringen muß), braucht man sich nur nach dem vom Geruchs- und Geschmackssinn vermittelten Genuß zu richten –, einer Äußerung des Instinkts, der den tatsächlichen Bedarf des Organismus unmittelbar zu signalisieren und unvorhersehbaren, oft beträchtlichen mengenmäßigen Schwankungen Rechnung zu tragen imstande ist.

An dieser Stelle sei darauf hingewiesen, daß die Instinktotherapie keine ›Diät‹ ist; sie beinhaltet weder gegen die Natur gerichtete Gebote noch Verbote; vielmehr besteht sie einfach darin, Kunstgriffe zu unterlassen, die die Instinktmechanismen aufheben oder die Stoffwechselfunktionen vor unlösbare Probleme stellen könnten.

Durch die natürliche Auslese paßt sich zwar jede Art an die Gegebenheiten ihres Biotops an; nur bedarf es für eine solche Anpassung mehrerer Generationen, denn der genetische Kode verändert sich im Laufe der Zeit nur sehr langsam (weniger als 1% in 6 Millionen Jahren, also seit die ersten Hominiden* sich vom Schimpansen abspalteten); das Kochen aber kam erst vor etwa zehntausend Jahren auf. Jede durch künstliche Eingriffe geschaffene Neuerung in der Ernährungsweise kann den Stoffwechsel vor ein neues Problem stellen und pathologische Konsequenzen nach sich ziehen. Daher muß man sich bei jedem kulinarischen Eingriff auch fragen

- ob für diesen eine *genetische Anpassung* nötig gewesen war oder wäre
- ob eine solche Anpassung *möglich* ist
- und ob *überhaupt Zeit war* für eine solche Anpassung.

---

* Vertreter der Familie der Menschenartigen

Mit nicht ursprünglichen Nahrungsmitteln gelangen Moleküle in den Organismus, die es im ursprünglichen Nahrungsspektrum nicht gab. Deshalb besteht auch *überhaupt kein Grund dafür,* warum die vom genetischen Kode programmierten *Enzyme* sich an diese angepaßt haben sollten. Diese ›naturfremden‹ Moleküle können durch chemische Reaktionen entstehen, wie sie bei küchentechnischer Verarbeitung von Lebensmitteln auftreten, oder aber dem Organismus durch eine Nahrung zugeführt werden, die nicht zur ursprünglichen naturbestimmten Ernährung des Menschen gehört (wie Tiermilch). Einige dieser Moleküle vermag der Körper nicht normal umzusetzen; sie sammeln sich im Organismus an – im Blut, in der Lymphe; in den Zellvakuolen; in den interstitiellen Zonen (Amylose) oder aber im Fett (Membranen, Kollagen, Knochenbälkchen, Dentin usw.) – und bewirkten auf diese Weise eine *kulinarische Vergiftung.*

In den Untersuchungen über das Stoffwechselgeschehen wurde diesen anormalen Molekülen bisher noch nicht Rechnung getragen, dabei ist zu befürchten, daß eine solche kulinarische Vergiftung eine ganze Reihe von Beschwerden verursacht, weil sie zu einer ›Molekularpathologie‹ führt, die – zumindest teilweise – der eigentliche Auslöser zahlreicher Krankheiten ist.

Da unter Umständen schon winzige Mengen ausreichen, um schwere gesundheitliche Störungen zu bewirken, wird es nicht einfach sein, diese naturfremden Toxine, die alle vitalen Prozesse in Mitleidenschaft ziehen können, nachzuweisen. Immerhin ist es möglich, die fehlenden analytischen Mittel – eine Folge der auf diesem Gebiet herrschenden Unklarheit – mit dem Geruchssinn auszugleichen: effektiv hat die Erfahrung gezeigt, daß ein anormaler Geruch stets – und das gilt für alle Substanzen, die den Organismus verlassen – ein Zeichen für einen pathologischen Prozeß ist.

Die ganze Medizin wurde begründet, ohne daß dem Auftreten derartiger parasitärer Substanzen kulinarischer

Herkunft jemals Rechnung getragen worden wäre. Nach dieser These, durch die sich die untergrabene Widerstandskraft des Organismus erklären läßt, muß aber auch die Bedeutung aller Krankheiten neu überdacht werden.

Nach dem Homöostaseprinzip (Tendenz des Organismus, sein Gleichgewicht und seine Unversehrtheit spontan wiederherzustellen) kann man davon ausgehen, daß im Körper Entgiftungsprozesse ablaufen, die dazu bestimmt sind, wenigstens einen Teil dieser naturfremden Toxine auszuscheiden. Solche Prozesse gehen mit verschiedenen Symptomen einher, die die Medizin in Unkenntnis dieser Molekularpathologie für krankhaft hält. Es dürfte also eine ganze Reihe von *›nützlichen Krankheiten‹* geben (Entgiftungsprozesse oder auch ›Orthopathien‹), die der Wiederherstellung der Gesundheit dienen.

Nach unseren Erfahrungen scheint es sich bei den meisten sogenannten Infektionskrankheiten in Wirklichkeit um Orthopathien zu handeln. Daher müssen wir auch das klassische Konzept vom *Virus* und von der *Bakterie* in Frage stellen, denn diese können nicht mehr zwangsläufig als Krankheitskeime angesehen werden. Ein Virus führt der Zelle nämlich ein DNS- oder RNS-Fragment zu, welches gewissermaßen die Funktion einer Art Zusatzprogramm für den genetischen Kode übernimmt und ihm damit ermöglicht, verschiedene, ursprünglich nicht vorgesehene Toxine, eben die naturfremden Moleküle, zu eliminieren. Die Bakterie wiederum, deren Vermehrung unter Instinktobedingungen absolut unter Kontrolle bleibt, wird vom Organismus offenbar als ›Enzymlieferant‹ genutzt; ihre Enzyme vermögen naturfremde Moleküle und deren Metaboliten abzubauen, also jene Derivate, die nicht zum Zuständigkeitsbereich seiner eigenen, in erster Linie an natürliche Moleküle und deren normale Metaboliten angepaßten Enzyme gehören.

Von dieser These ausgehend, muß man die medzinische Interpretation von insbesondere drei Phänomenen unter einem neuen Aspekt, nämlich dem ihres Zweckes, betrachten:

- *Katarrh der Schleimhäute:* Er ermöglicht dem Organismus, sich der normalen Sekretionswege zu bedienen, um Fremdstoffe in Form von dickflüssigem Schleim auszuscheiden.
- *Hautausschläge* aller Art: Gewissermaßen als Sicherheitsventile dienend, gewähren sie Substanzen Durchlaß, die über andere Ausscheidungsorgane nicht eliminiert werden können.
- *Entzündungen:* Ihr Zweck besteht unter anderem darin, den weißen Blutkörperchen den Durchtritt durch die gedehnten Kapillaren zu ermöglichen, damit sie im Gewebe ihre ebenfalls auf Fremdstoffe zielende ›Reinigungsarbeit‹ verrichten können (Diapedese). Mit seinem Immunsystem verfügt der Organismus sozusagen über einen Polizeiapparat; ihm obliegt es, fremde Zellen und Moleküle aufzuspüren und zu zerstören. Seine wichtigsten ›Beamten‹ sind die weißen Blutkörperchen, von denen einige Antikörper herzustellen vermögen, und spezielle Eiweiße, welche ergänzend die ›Entsorgung‹ übernehmen. Auch dieses zur Wahrung der Unversehrtheit des Organismus unerläßliche System ist genetisch in erster Linie an Fremdstoffe angepaßt, die ihm aus dem ursprünglichen Milieu drohen könnten, und daher ist es unter Umständen nicht imstande, auf naturfremde Moleküle oder auf in seiner Programmierung nicht vorgesehene kanzeröse Zellen korrekt zu reagieren (auf Zellen beispielsweise, die kanzerös wurden, weil in ihren Kern naturfremde Moleküle eingedrungen sind).

Wird das Immunsystem von naturfremden Molekülen zu häufig gefordert, so streikt es: Der Organismus gelangt in einen Zustand der ›Immuntoleranz‹ und wird sich daher von fremden Molekülen überwältigen lassen, die seine Abwehrlage unterminieren, die in seine Zellen eindringen, sich auf den Zellmembranen festsetzen werden usw. Und wenn dann eine Krebszelle auftaucht, so kann es geschehen, daß die Moleküle ihrer Membran, die eigentlich vom Immunsystem erkannt werden müßten, zufällig in die Gruppe der ›tolerierten‹ Moleküle gelangt waren, so daß diese Zelle weder erkannt noch zerstört werden wird und folglich ein Tumorwachstum auslösen kann. Mit dieser Theorie können wir auch *Allergien* erklären: Wenn sich im Gewebe ernährungsbedingte Fremdstoffe angesammelt haben, so reicht ein scheinbar minimaler Faktor (Pollen, Staub, Medikamente usw.), um den ›Toleranzzustand‹ einzuschränken oder aufzuheben, was sich in einem völlig disproportionierten Entzündungsprozeß äußert. Mit der Anwesenheit von Nahrungsmittel-Fremdmolekülen, die sich durch einen solchen Toleranzzustand akkumulieren konnten, lassen sich auch die sogenannten Autoimmunkrankheiten grundsätzlich erklären: das Immunsystem zerstört, sobald der Toleranzzustand aufgehoben ist, die von den Nahrungsmittelantigenen markierten Zellen, als handele es sich um fremde Zellen.

Im Blut befindliche anormale Moleküle vermögen die Funktion von Neuronen und Synapsen zu stören, und zwar entweder, indem sie diese hemmen oder aber ihre Erregbarkeit steigern. Die anormal verstärkten Nervenimpulse können zu einem Zustand der Selbsterregung führen und je nach Fall, von der Tendenz zu Zwangsvorstellungen bis hin zu Schizophrenie, das psychische Gleichgewicht in all seinen Komponenten und auf allen Stufen verändern. Bei Anwendung der Instinktotherapie läßt sich effektiv beobachten, wie der Angst-, Streß- und Aggressivitätspegel allmählich sinkt und Schlaflosigkeit, wirre Träume, Tics (nervöse Muskelzuckungen) usw. verschwinden. Was den Sexualtrieb anbelangt, der nicht länger durch eine *endogene Exziation** parasitiert wird, so neigt er zur Wiederaufnahme der ursprünglichen Funktio-

* im Körper selbst entstandene Erregung

nen, einst Heiliger Eros genannt. Daher müssen auch die Aussagen der Psychoanalyse neu überdacht werden.

Gesundheit wird nicht länger mit der Abwesenheit von Krankheit gleichgesetzt, sondern, ganz im Gegenteil, als die Fähigkeit des Organismus definiert, auf Fremdstoffe zu reagieren, mit anderen Worten also damit, wie der Körper ›nützliche Krankheiten‹ durchsteht. Durch die instinktive Regulierung der Nahrungsmenge bleiben äußerliche Symptome im allgemeinen bedeutungslos (Ruhe der Organe) oder zumindest ohne größere Konsequenzen.

Die Erfahrung hat gezeigt, daß die Entgiftung des Organismus mit der gleichen Geschwindigkeit erfolgt wie zuvor seine Vergiftung. Eine Verbesserung des Allgemeinzustandes und die Heilung von Krankheiten setzen ein, sobald der Vergiftungsgrad unterhalb eine kritische Schwelle gelangt ist, was um so schneller geht, je kürzer die Krankheit zurückliegt.

Echte Krankheiten heilen dabei relativ schnell aus, während Entgiftungsprozesse andauern, bis die Fremdstoffe vollständig ausgeschieden sind (aber in abgeschwächter Form, sofern die Ernährung korrekt ausbalanciert wird).

Ein Gewichtsverlust kann entweder die Eliminierung von *Fremdstoffen* oder aber von *nützlichen Substanzen* anzeigen (Reserven, Zytolyse, Dehydratation). Nach dem Übergang zur Instinktotherapie kommt es im allgemeinen zu einem Gewichtsverlust (etwa 1 Kilo), zum einen auf Grund der verringerten Wassereinlagerung im Körper durch Wegfall des Gebrauchs von Kochsalz und zum andern durch die Eliminierung von unerwünschten Molekülen, die infolge des durch die Kochkost bewirkten Toleranzzustandes im Organismus gespeichert worden waren. Nach diesem anfänglichen Gewichtsverlust kommt es zur Ausbildung einer besseren Muskulatur und zu klaren Verjüngungserscheinungen.

Die tatsächliche Lebenserwartung des Menschen ist schwer einschätzbar, da die Kochkost sich universell durchgesetzt hat; die kulinarische Vergiftung dürfte aber für einen pathologisch autoimmunen Alterungsprozeß verantwortlich sein, welcher das genetisch bestimmte Altern überlagert.

Zur erfolgreichen Durchführung der Instinktotherapie bedarf es einer ausreichenden theoretischen und praktischen Unterweisung sowie einer Versorgung mit Nahrungsmitteln, die präzisen Kriterien entsprechen müssen.

Eine ärztliche Kontrolle ist wünschenswert, im Falle eines schweren pathologischen Prozesses sogar unabdingbar.

Nach der Entgiftungsphase und in dem Maße, wie die Instinktotherapie korrekt durchgeführt wird, müßte der Allgemeinzustand folgenden Kriterien entsprechen:

- generelles Wohlbefinden, ausgeglichene Stimmung, nervliche Entspannung
- Wegfall von Verdauungsbeschwerden, Magenknurren, Übelkeit, Völlegefühl, Sodbrennen, Übersäurung usw.
- Wegfall von Transpiration, Exsudaten, Schuppen, fettigem Haar usw.
- minimaler Körpergeruch (Atem, Achseln, Füße, Stuhl, Sexualorgane usw.)
- geregelter (1 bis 2 täglich), geformter, nicht schmierender Stuhl
- schnelles Einschlafen, tiefer Schlaf, leichtes Erwachen
- intensiver Genuß bei den Mahlzeiten, keinerlei Frustrationsgefühle
- mäßiger Durst, Wohlgeschmack des Wassers
- Durchhaltevermögen bei physischer und intellektueller Anstrengung
- Wegfall von Nervosität, Streßempfinden, Angstgefühlen, Irritierbarkeit, Schüchternheit, Lampenfieber, Schwindel, wirren Träumen usw.
- Normalisierung von Sexualfunktion und Menstruation
- geringere Neigung zu Blutungen, blauen Flecken, Hämotomen der Leistenbeuge, Hämorrhoiden, Krampfadern usw.

- Normalisierung von Entzündungsprozessen, Wegfall von Migräne, Anginen, Zahnschmerzen, Sinusitis, Sonnenbrand usw.
- Widerstandsfähigkeit gegenüber Infektionen (Desinfizienzien und Antibiotika überflüssig)
- Wegfall von Allergien, Heuschnupfen, Urtikaria, Ekzemen, Asthma usw.
- Resistenz gegen Parasiten: Spulwürmer, Madenwürmer, Bandwürmer, Amöben, Toxoplasmose, Malaria usw.)
- leichtere Anfälligkeit für Viren, aber spontane Kontrolle der entsprechenden Reaktion: fast vollständiger Wegfall der üblichen Symptome; abgeschwächte oder stille Form)
- Besserung des Hautbildes, Wegfall von starker Hornhautbildung, von Schrunden, Hühneraugen, übermäßigem Haarwuchs usw.)
- Wegfall von feuchten Händen und Füßen
- Wegfall von Kälteempfindlichkeit sowie von kalten Händen und Füßen
- Steigerung der intellektuellen Klarheit (Schnelligkeit, Konzentration, Gedächtnis, Reflexe, Sensibilität, Intuition)
- Besserung oder spontane Heilung zahlreicher Krankheiten, einschließlich Neoplasma- und Autoimmunerkrankungen.

FRAPAR.

Do it yourself

Und wenn Sie nun zur Tat schreiten wollen...

Die Instinktfunktionen wieder in Gang zu setzen ist nicht so einfach, wie es zunächst den Anschein haben mag: Es braucht viel Intelligenz, um den Fallen, die die Intelligenz uns stellt, zu entgehen! Es bedarf einer gründlichen theoretischen und praktischen Einweisung, wenn man die bei einem Alleingang leicht auftretenden Klippen umschiffen und einen Zeitverlust vermeiden will. Die Instinktopioniere haben selbst jahrelang herumexperimentiert, bis das System schließlich ausgereift war.

Dennoch finden Sie auf den folgenden Seiten einige grundsätzliche Regeln. Wenn alles gut läuft, müßte diese Anleitung ausreichen, um eine erste Instinktoerfahrung von 3–5 Tagen zu machen, die Ihnen schon im Hinblick auf Ihre Verdauung außerordentlich gut tun wird.

Schnellprogramm in 25 Punkten. Die ersten Schritte zur Wiederentdeckung Ihres Instinkts

1. Tag

1 Besorgen Sie sich 5 bis 6 Sorten frisches Obst; 5 bis 6 Gemüsearten; Walnüsse, Haselnüsse, Mandeln, Kokosnüsse; ein Glas garantiert kalt geschleuderten Honig und Kassie.*

2 Nehmen Sie kein Frühstück, sondern trinken Sie nur ein Mineralwasser Ihrer Wahl.

3 Arrangieren Sie mittags das Obst nett in ein oder zwei Körben, und stellen Sie diese für den ersten Gang auf den Tisch.

4 Riechen Sie so lange an jeder Obstsorte, bis Sie für eine dann eine Vorliebe verspüren.

5 Beißen Sie hinein, und essen Sie so lange, bis ihr Geschmack sich verändert oder sonst irgendeine unangenehme Empfindung auslöst: ein feines Stechen, einen scharfen, sauren, bitteren, herben, zusammenziehenden Geschmack, Widerwillen usw. (Hören Sie nicht nach der ersten Frucht unbedingt schon auf zu essen, zwingen Sie sich aber auch nicht, sie zu Ende zu essen).

* Frucht (Samesschote)

6 Wählen Sie eventuell noch ein weiteres Obst aus, verfahren Sie wie unter 4 und 5 beschrieben, und essen Sie auch hier bis zur instinktiven Sperre.

7 Sie können das Ganze auch noch mit einer dritten Obstsorte durchexerzieren; mehr sollten es nach Möglichkeit aber nicht sein.

Hören Sie jedoch sofort auf, wenn keine der Früchte mehr verlockend riecht oder wenn Sie ein Völlegefühl verspüren.

8 Räumen Sie die Obstkörbe ab, und legen Sie die Ölfrüchte vor sich hin. Soilten sie für Sie praktisch nach gar nichts riechen, so probieren Sie alle Sorten durch, und nehmen Sie sich dann die vor, die Ihnen am besten geschmeckt hat. Sollten sie Ihnen allesamt trocken oder fade erscheinen, so zwingen Sie sich nicht!

9 Öffnen Sie das Honigglas: wenn der Honig gut riecht, nehmen Sie ein paar Löffel; im Prinzip so viel, bis er für Sie kein ›Bouquet‹ mehr hat (und hören Sie auf, sobald er einfach nur noch süß schmeckt oder auf der Zunge brennt).

10 Wenn alles gut gelaufen ist, werden Sie Ihre Verdauung überhaupt nicht spüren. Sollte zufällig eine Entgiftungsreaktion einsetzen (Migräne, Übelkeit), dann lutschen Sie unter Beachtung der instinktiven Sperre (feines Stechen oder Brennen auf der Zunge) einige Scheiben Kassies.

11 Am Nachmittag können Sie soviel Wasser trinken wie Sie mögen.

12 Arrangieren Sie am Abend das Gemüse so appetitlich wie möglich in einem Korb.

13 Suchen Sie sich wie unter 4 und 5 beschrieben eine erste Gemüseart aus, und essen Sie bis zur instinktiven Sperre (wenn also Geschmack oder Konsistenz unangenehm werden) soviel Sie mögen.

14 Exerzieren Sie das Ganze nochmals mit einem zweiten, eventuell auch mit einem dritten Gemüse durch.

15 Ersetzen Sie dann das Gemüse durch Ihr Obst, wählen Sie (wie unter 4 beschrieben) eine Sorte aus, und hören Sie zu essen auf, sobald der Geschmack umschlägt. Sollte keine Obstsorte Sie reizen, gehen Sie sofort zur nächsten Phase über.

16 Versuchen Sie, wie unter Punkt 8 erwähnt, nochmals Ihr Glück mit den Ölfrüchten und dem Honig, aber zwingen Sie sich, weil Sie fürchten, sonst vielleicht nicht genug zu essen, vor allem nicht, wenn Sie eigentlich keine Lust darauf verspüren; hören Sie aber aus Angst vor einem Zuviel auch nicht zu früh auf.

17 Lutschen Sie am Abend vor dem Einschlafen noch ein paar Scheiben Kassies.

2. Tag

18 Gehen Sie am nächsten Morgen wieder einkaufen, und bereichern Sie die Palette um weitere Sorten bzw. ergänzen Sie die fehlenden Nahrungsmittel.

Vielleicht können Sie ein Ei vorsehen (vom Bauernhof, wenn Sie keine Bio-Geflügelfarm kennen), vielleicht auch schon ein paar Muscheln oder Fisch (es kann durchaus sein, daß Sie sogar schon erstaunt sein werden über die Wirkung, die sie auf Ihr Befinden ausüben!).

19 Verfahren Sie mittags wie am ersten Tag.

20 Beginnen Sie am Abend mit tierischem Eiweiß. Riechen Sie an den Meeresfrüchten, um herauszufinden, auf welche Sie Lust haben. Und falls Sie davon gar nichts reizt, so probieren Sie das Gelbe Ihres Eis (spucken Sie es wieder aus, wenn es Ihnen nicht schmeckt). Sie können, wenn es Ihnen angenehm ist, auch (getrennt!) das Eiweiß essen.

Vor allem aber zwingen Sie sich bei diesem tierischen Eiweiß auf keinen Fall; hören Sie gleich bei der ersten unangenehmen Empfindung zu essen auf (fader, teigiger Geschmack, leichte Übelkeit usw.).

21 Setzen Sie Ihr Abendessen wie unter 12 bis 16 beschrieben fort.

22 Erhöhen Sie die Kassies-Dosis vor dem Schlafengehen, es sei denn, Sie spüren eine übermäßige Verdauungstätigkeit. Übergehen Sie nicht ein leichtes Stechen auf der Zunge oder im Hals, das Ihnen anzeigt, daß die Höchstdosis erreicht ist.

3. Tag

23 Verfahren Sie wie für den zweiten Tag. Wenn Sie bei Ihrem Metzger gutes Fleisch finden (das gehört mit zu den schwierigsten Problemen überhaupt), so fügen Sie es dem Protein-Sortiment vom Abend hinzu. Das können Sie unter Umständen auch noch zwei weitere Tage tun, mehr zunächst aber nicht, da Sie sonst Gefahr laufen, Entgiftungsreaktionen auszulösen, die einer genaueren Kontrolle bedürften.

24 Gehen Sie aber behutsam vor, um nun die sogenannte Normalkost wieder aufzunehmen, und verzichten Sie lieber auf ein Schlemmermahl zur Feier des Endes der mageren Tage!

25 Sollten Probleme auftreten (die immer auf ein falsches Vorgehen zurückzuführen sind), setzen Sie sich mit Ihrem Hausarzt oder, besser noch, mit einem Arzt in Verbindung, der sich in der Instinktotherapie auskennt.

Zu Ihrer Beruhigung sei gleich gesagt, daß es bei den Tausenden von Fällen, die wir mitverfolgen konnten, praktisch niemals größere Anfangsschwierigkeiten gab. Allerdings muß gleich dazu bemerkt werden, daß alle Anfänger ihre ersten ›Weihen‹ in einem angemessenen Rahmen empfingen, und dazu gehörten auch Nahrungsmittel in der erforderlichen Qualität sowie entsprechende Ratschläge. Ein überstürzter Beginn hat unseres Wissens langfristig noch nie etwas gebracht.

Weitere Informationen

Sie werden nun also eine völlig neue Erfahrung machen, eine Erfahrung, die Ihnen indessen nur eine sehr begrenzte Vorstellung von den Genüssen vermitteln kann, die mit ursprünglicher Nahrung zu erzielen sind. Teilen Sie uns doch kurz etwas über Ihre eigenen Beobachtungen mit (aus naheliegenden Gründen können wir Ihnen leider nicht persönlich antworten). Wenn Sie diese Erfahrung vertiefen wollen, vor allem aber wenn Sie ein gesundheitliches Problem haben, sollten Sie unbedingt einen unserer Einführungskurse besuchen und an einem Seminar über den Wiederaufbau des Instinkts in einem spezialisierten Institut teilnehmen.

Schreiben Sie uns, falls Sie Auskünfte haben wollen. Die Anschrift lautet:

Centre national d'Instinctotherapie
Château de Montramé – Soisy-Bolly
F-77650 Longueville

Stichwortverzeichnis